Kapiteleinteilung: siehe vordere Umschlaginnenseite

TOP 10

1 PONTA DA PIEDADE ➤ 124

Vor Lagos eröffnen sich Bilderbuchansichten – majestätische und bizarre Klippen, durchbrochen von natürlichen Bögen und Grotten. Eine Bootstour ist ideal, um sie zu erkunden.

2 CABO DE SÃO VICENTE ➤ 127

Tief unten gurgelt die See, oft pfeift ein höllischer Wind – spektakulär stößt das nach dem hl. Vinzenz benannte Kap in die See.

3 PRAIA DA FALÉSIA ➤ 92

Dieser herrliche Strand ist das sandige Aushängeschild der Algarve. Im Osten der Feriengemeinde Albufeira spannt er sich über viele Kilometer in die Weite – überragt von den imposanten Wänden einer rostroten Steilküste.

4 OLHÃO ➤ 94

Ein echtes Highlight ist die Fischmarkthalle. Auch um die Obst- und Gemüsestände des Markts pulsiert das Leben, vor allem samstags.

5 PRAIA DO AMADO ➤ 158

Ein wildromantischer und rauer Atlantikstrand (Bild links bei Ebbe), in der Nähe von Carrapateira: Hier finden Surfer ihr ideales Tummelbecken an der Costa Vicentina.

6 IGREJA DE SÃO LOURENÇO ➤ 96

Azulejos ziehen Besucher in dieser kleinen Kirche am Rand von Almancil in den Bann. Die Dekors aus Kacheln sind kaum zu toppen.

7 TAVIRA ➤ 66

Stadt am Fluss, Stadt der Kirchen, viele Einkehrmöglichkeiten, eine kleine Burg, eine Camera Obscura – Tavira ist das Sprungbrett zur Ilha de Tavira und hat viele verlockende Facetten!

8 RIO GUADIANA ➤ 70

Still strömt der Grenzfluss an dem Burgort Alcoutim vorbei, an den vogelreichen Feuchtgebieten der Reserva Natural do Sapal und an Vila Real de Santo António.

9 ILHA DA CULATRA ➤ 98

Die Insel mit den hübschen Orten Culatra und Farol ist eine Welt für sich. Allein der Bootsausflug durch den Naturpark Ria da Formosa lohnt den Besuch.

10 FARO ➤ 100

Die größte Stadt der Algarve überrascht mit ihrem Hafen, historischer Architektur und ihrer quirligen Lebendigkeit. Die sehenswerte Altstadt ist gut erhalten und von wuchtigen Mauern umgeben.

DAS ALGARVE

Erleben, was die Algarve ausmacht, ihr einzigartiges Flair spüren. So, wie die Einheimischen selbst.

BEACHLIFE

Strände mögen für die *Algarvios* von klein auf selbstverständlich sein, doch Sonnen- und Badefreuden überlassen sie keineswegs nur den Gästen aus aller Welt! In allen erdenklichen Formaten gibt es Dutzende Strände zur Auswahl: ob eingefasst zwischen Klippen wie um die **Ponta da Piedade** (▶ 124) oder in Form langer Sandbänder wie um **Monte Gordo** (▶ 79) und auf der Ilha de Tavira (▶ 80). Überall werden Strandträume wahr.

FISCH FRISCH VOM GRILL

Rauchsäulen verheißen Gutes und machen Appetit. Sie stammen von einfachen Restaurants und von Freiluftgrills, auf denen Schwertfisch- und Lachsstücke, Sardinen und vielerlei mehr landet. Hochgenuss garantiert!

FIT FOR FUN

Golfen, Stand Up Paddling, Seekajaktouren – nichts ist unmöglich an der Algarve. Beliebte Fernwanderrouten sind die **Via Algarviana** (▶ 60) und die **Rota Vicentina** (▶ 42), tolle Surferstrände liegen an der **Costa Vicentina** (▶ 153). Und radeln lässt es sich bestens auf der 214 km langen **Ecovia** (▶ 179), die das **Cabo de São Vicente** (▶ 127) im Westen mit dem portugiesisch-spanischen Grenzfluss **Rio Guadiana** (▶ 70) im Osten verbindet.

Die herrlichen Strände der Algarve begeistern – auch auf Erinnerungsfotos.

GEFÜHL

An der Algarve liegt ein Flattern in der Luft: Wie hier vor Lagos kreisen oft Möwen über bunten Fischerbooten und hoffen, etwas vom Fang des Tages abzubekommen.

Das Algarve Gefühl

MÄRKTE

Ob im Freien oder in Hallen, ob an der Küste oder im Hinterland, ob klein oder groß – die Einheimischen lieben ihre Märkte, auf denen sie sich mit frischem Meeresgetier, Obst, Gemüse, Honig, Knoblauch, Gewürzen, Würsten und Käse eindecken. Die Top-Märkte der Region sind in **Olhão** (➤ 94) und in **Loulé** (➤ 112). Dort herrscht vor allem samstagvormittags Volksfeststimmung. Stürzen Sie sich mit in den Trubel!

DIREKTVERKAUF VOR DEM HAUS

Neben den Märkten, auf denen Bauern oder Imker ihre Produkte verkaufen, gibt es den Direktverkauf vor dem eigenen Haus. Vielerorts fallen an Straßen kleine Kisten oder Netze auf, in denen pflück- und erntefrische Waren vom Feld oder aus dem privaten Garten liegen. Je nach Jahreszeit können das Orangen, Zitronen, Mandarinen, Melonen oder andere Produkte sein. Der Direkteinkauf spart den Zwischenhändler – und mangels Rechnung dürfte auch Vater Staat zur Freude aller nicht mitverdienen.

KLEINE PAUSE ZWISCHENDURCH

Zum südländischen Lebensgefühl gehört die kleine Pause zwischendurch – und dazu wiederum ein Kaffee! Das kann ein winzig kleiner Espresso (*café*) sein, den die Einheimischen mit reichlich Zucker trinken. Oder ein großer Milchkaffee (*galão*), der im Glas serviert wird und nach der Kunst verlangt, das Behältnis anzufassen, ohne sich zu verbrennen.

AUSGELASSENE FESTE

Die *Algarvios* geben sich eher zurückhaltend, aber bei Festen bricht es aus ihnen heraus. Karneval feiern die Einheimischen in **Loulé** (➤ 112), im kleinen **Alte** (➤ 113) und andernorts tagelang, aber auch bei Sommer- und Patronatsfesten herrscht ausgelassene Stimmung. Lassen Sie sich anstecken, feiern Sie mit!

SONNENGEREIFTE TROPFEN

Zum Algarve-Feeling gehören die Weine (➤ 26) der Region, wie sie um **Alvor** (➤ 144) produziert werden. Weich und fruchtig kommen die Weißen daher, körperreich die Roten. Keine Frage, da steckt die Sonne des Südens drin!

Die Orangenernte ist an der Algarve im Dezember und im Juni.

Das Magazin

MAURISCHES ERBE

Ein Stück Nordafrika an der Algarve

Es begab sich im 8. Jh., als im Süden Portugals neue Fremd-herrscher in die Fußstapfen von Phöniziern, Griechen, Römern und Barbaren traten: die Mauren. Bis zum 13. Jh. prägten ihre Kultur und Architektur die Region.

Wer genau hinsieht und hinhört, trifft an der Algarve auf allgegenwärtige Spuren der Mauren. Das beginnt bereits beim Namen, der aus dem arabischen *Al Gharb* – »der Westen« – hervorgegangen ist. Gemeint war die westliche Grenze des islamischen Reichs, das sich weit über die Iberische Halbinsel, also auch das heutige Spanien, erstreckte. In der neuen Heimat der dunkelhäutigen Fremden entstanden Orte, Moscheen, Koranschulen und Paläste, die sie mit hufeisenförmigen Bögen, hölzernen Kassettendecken, Steingitterfenstern und den bis heute verbreiteten Azulejos (➤ 30) schmückten. Zur ökonomischen Basis der Mauren gehörten Landwirtschaft und Textilverarbeitung, die Handelsfäden wurden über den gesamten Mittelmeerraum versponnen.

Kalkweiße Häuser, gut gefüllte Vorratskammern

Bei den Häusern kam Kalkweiß zur Verwendung, noch heute typisch für das Bild vieler Dörfer. So fühlt man sich mancherorts an der Algarve in ein Stückchen Nordafrika versetzt. Im Inneren der maurischen Bauten hatte die Vorratskammer eine große Bedeutung. Um Haltbarkeit zu gewährleisten, galt es, Methoden und Materialien in Einklang zu bringen. Schließlich

Die Mandelbäume der Algarve brachten einst die Mauren mit.

kam es nicht nur darauf an, verschiedene Nahrungsmittel zu trocknen, einzusalzen, in Essig oder Honig einzulegen, sondern auch die richtigen Gefäße für die Einlagerung zu verwenden. Große, teils bemalte Keramiktöpfe konnten eingesalzenes Fleisch, eingelegte Oliven, Olivenöl, Getreide und vielerlei mehr enthalten. Wasser natürlich auch.

Förderer von Landwirtschaft und Kultur

Die Mauren bauten Mandeln, Feigen, Zitrusfrüchte und Aprikosen an, wobei sie ausgefeilte Bewässerungstechniken anwendeten und eine besondere Vorliebe für Gartenanlagen hegten. Mit ihren wirtschaftlichen Fortschritten und als Förderer von hoch entwickelter Kultur und Wissenschaft stellten die Mauren das christliche Abendland jener Epoche komplett in den Schatten.

Im Küstenhinterland der Algarve verwandelten sie Silves in einen blühenden Sitz, der im 11. Jh. sogar Portugals Hauptstadt Lissabon an Ausmaß und Bedeutung übertroffen haben soll. Dichter, Geschichtsschreiber und Juristen lebten in jener Ära in Silves, das seinerzeit *Xelb* (auch: *Chelb*) hieß. Und aus dem kleinen Cacela Velha stammte der Poet Ibn Darraj Al-Qastalli (958–1030), an den bis heute der Name eines Platzes erinnert, wie man bei einem Bummel durch das Dorf bemerkt. Ein weiterer Dichter aus dem 11. Jh., Abû Al-Abdarî, wird in Cacela Velha mit einem Straßennamen gewürdigt.

Lokale Quellen rühmen die Burg von Silves als das »schönste militärische Denkmal der islamischen Epoche in Portugal«. Hinzuzufügen

An der ganzen Algarve deuten auch Details wie Straßennamen (hier in Tavira) auf das maurische Erbe hin.

Oft schon im Januar beginnt an der Algarve mit der Mandelblüte der Frühling.

ist, dass inzwischen extrem stark restauratorisch Hand angelegt worden ist, was niemandem entgeht, der das weite Areal durchstreift. Im Gegensatz zur Festung von Silves hat sich eine ursprünglich maurische Burg wie jene von Alvor jedoch nur in winzigen Fragmenten über die lange Zeit retten können.

Frieden und Machtkämpfe

Moslems und Christen lebten damals zeitweise in friedlichem Miteinander. Ein Beleg dafür war, so sagt man, dass lange vor der Existenz eines Leuchtturms am Cabo de São Vicente gleichzeitig ein Kloster und eine Moschee bestanden haben sollen. Allerdings waren die Mauren kein geschlossener Verbund, sondern im Lauf der Zeiten in eigene Machtkämpfe verstrickt, die bis an die Algarve reichten. Auf den Zerfall des gewaltigen Kalifats von Córdoba im 11. Jahrhundert – bis dahin die in Spanien angesiedelte Schaltzentrale der Macht – folgte die Ära der Kleinkönigreiche, bis sich zwei Dynastien ausbreiteten: die Almoraviden und die Almohaden. Die Stadt Tavira wurde 1167 von den Almohaden erobert, doch deren Präsenz währte nur einige Jahrzehnte. Forscher haben in Tavira im Bereich des Convento da Graça, der heutigen Pousada, ein kleines Almohadenviertel nachgewiesen; einige Häuser wurden um einen zentralen Hof erbaut.

Rückeroberung: Aus Minaretten wurden Glockentürme

Auf Dauer nicht aufzuhalten war die Reconquista, die christliche Rückeroberung im Zeichen des Kreuzes. Unerbittlich rückte die Grenze von Norden her vor. Angespornt vom Königshaus, hatten die Mitglieder der Ritterorden ihre Hände im Spiel, denen der Islam natürlich ein Dorn im Auge war. Es kam zu Vertreibungen, Unterwerfungen und Überlagerun-

Das Magazin

DIE LEGENDE VOM SCHNEE

Es gibt viele, leicht voneinander abweichende Versionen, doch alle *Algarvios* kennen die Legende vom Schnee, eine Überlieferung aus maurischer Zeit: Ein junger, kriegserprobter Lokalfürst aus Silves, so heißt es, nahm einmal eine Dame aus dem nördlichen Europa zu einer seiner Frauen. Sie war eine der Gefangenen aus einer Schlacht. Blond und blauäugig und vielleicht sogar eine Prinzessin soll sie gewesen sein. Nach und nach befiel sie eine tiefe Traurigkeit, die jedoch nichts mit dem Fürsten zu tun hatte. Der Grund war schlichtweg dieser: In der Sonnenregion der Algarve vermisste sie aus ihrer Heimat vor allem den Schnee. Da ließ der Herrscher aus Liebe zu seiner Frau im ganzen Reich Mandelbäume pflanzen – und zu Jahresbeginn, wenn sie wunderbar zu blühen anfingen, breitete sich eine weiße Blütendecke über dem weiten Land aus und die Landschaft sah dann jedes Mal aus wie verschneit. Die Prinzessin war getröstet, und sehnsüchtig blickten der Fürst und die Prinzessin seither Jahr für Jahr der nächsten Mandelblüte entgegen.

In Taviras Straßen ist der maurische Einfluss bis heute gegenwärtig.

Archäologen haben im Hof der Burg von Silves Teile der maurischen Burg freigelegt.

gen, auch architektonisch. Moscheen wurden in Kirchen verwandelt, besonders prägnant in Mértola in der benachbarten Region Alentejo. Und aus Minaretten wurden Glockentürme, so wie in Loulé an der Hauptkirche. An der Algarve fand die Reconquista im Laufe des 13. Jhs. ihren Abschluss, weitaus früher als in der spanischen Nachbarregion Andalusien, wo sich die Dynastie der Nasriden noch bis zum Fall von Granada 1492 zu halten vermochte. Nach der Rückeroberung wurde die Algarve mit dem Königreich von Portugal vereint.

Von den Archäologen wiederentdeckt

Die Zeit hat vielerlei Spuren verwischt, zumindest auf den ersten Blick. So sind die Archäologen bis heute gefordert, Vergangenes freizulegen, wie sie es in der kleinen Altstadt von Loulé hinter einer Mauer an dem Platz Largo de Dom Pedro I. mit den Banhos Islâmicos (Islamischen Bädern) begonnen haben. Öffentliche Bäder waren in der islamischen Gesellschaft wichtig, sie waren Schauplätze von Reinigungsritualen, Treffpunkte und Plauderstuben. Männer und Frauen nutzten die Bäder getrennt. Ein Hamam war wie in Loulé in drei Zonen aufgeteilt: einen heißen, einen mittelwarmen und einen kühleren Saal. Im Heißbereich begann das Baderitual.

Sprachliches Erbe

Bedingt durch die lange Maurenherrschaft sind eine Reihe von Wörtern aus dem Arabischen ins Portugiesische eingeflossen und noch heute in Gebrauch. Insgesamt sind nicht es weniger als 1200 Wörter arabischer Herkunft, darunter *aldeia* (Dorf). Über Substantive hinaus bezeugen einige Ortsnamen an der Algarve die vormalige Präsenz der Mauren, darunter Algoz, Aljezur, Alvor, Alcantarilha, Almancil, Albufeira und Bensafrim; und der Name des Rio Guadiana basiert auf dem arabischen *Wadi Yanah*.

PRINZ HEINRICH

Ein Seefahrer, der keiner war

Er war eine prägende Persönlichkeit des Spätmittelalters. Er half mit, Portugals Entdeckungsgeschichte ins Rollen zu bringen: Prinz Heinrich (1394–1460), auf Portugiesisch Infante Dom Henrique, ein Sohn von König João I. und Filipa de Lencastre. Heinrich stammte aus Porto und lebte später bis zu seinem Tod lange an der Algarve.

Treffpunkt Lagos, Praça do Infante Dom Henrique. Hier begegnen Sie Heinrich garantiert, hier schauen Sie zu ihm auf. Hoch auf seinem Denkmalsockel verharrt er in Sitzposition, majestätisch und gelassen zugleich, gekleidet in ein edles Gewand. Er wirkt erhaben und entschlossen, macht den Eindruck eines Gelehrten. Der Platz für das Denkmal ist nicht zufällig gewählt, war doch Lagos »die ideale Bühne«, wie eine lokale Quelle allzu überschwänglich verbürgt, »um das große Epos der portugiesischen Entdeckungen in Szene zu setzen, denn in dieser Stadt – der zu jener Zeit größten an der Algarve – plante der Infant Heinrich der Seefahrer die Entdeckung des afrikanischen Kontinents.«

Mythische Galionsfigur der portugiesischen Entdeckungen
Heinrichs Beiname »der Seefahrer«, auf Portugiesisch *O Navegador*, ist im Grunde irreführend. Obgleich 1415 maßgeblich an der portugiesischen Eroberung von Ceuta in Nordafrika beteiligt, war er später nicht selbst an Bord von Karavellen unterwegs, sondern stand als Planer und Förderer hinter den Entdeckungsfahrten. Dem voraus gingen seine Ernennungen zum Gouverneur der Algarve und zum Großmeister des geldpotenten Christusordens.

Unter Heinrich und seinem Vater João I. geriet die portugiesische Seefahrt in Schwung. Langfristig ging es – aus historischer Rückschau sind wir schlauer – um bahnbrechende Routen in Richtung Übersee, die Portugal später zur kolonialen Welt- und Handelsmacht aufsteigen ließen. So weit war es zu Heinrichs Zeiten jedoch noch nicht. Die Folgen der Unternehmungen dürfte er selbst kaum abgeschätzt haben.

Die Nautikschule von Sagres – eine Legende
Als Großmeister des Christusordens mit den nötigen finanziellen Mitteln ausstaffiert, soll Heinrich an der Algarve eine Nautikschule ins Leben gerufen haben, in der sich internationale Gelehrte einfanden und als Navigato-

Prinz Heinrich, dargestellt auf einer Azulejos-Wand in Sagres

Das Magazin

ren, Astronomen, Schiffsbauer und Kartografen ihr Know-how der Seefahrt einbrachten. Ein Ausbildungs- und Schulungszentrum also, von dem der britische Reiseschriftsteller Samuel Purchas (1577–1626) kurz vor seinem Tod in seinem Werk »Hakluytus posthumus or Purchas: His Pilgrimes...« berichtete. Allerdings nicht aus eigener Anschauung, sondern Generationen nach Heinrichs Ableben. Ob es eine solche Nautikschule auf der Festung von Sagres (▶ 129) überhaupt gegeben hat, obgleich sie in vielen Büchern beschrieben wurde, ist strittig und eher unwahrscheinlich.

BEGEGNUNGEN MIT PRINZ HEINRICH
■ Festung von Sagres (▶ 129)
■ Denkmal auf der Praça do Infante Dom Henrique in Lagos (▶ 133)
■ Wachsfigur im Museu de Cera dos Descobrimentos in Lagos (▶ 134)
■ Ermida da Nossa Senhora de Guadalupe (▶ 146), an der Straße zwischen Lagos und Vila do Bispo: In in dieser Kapelle soll sich Prinz Heinrich des Öfteren zur Messe eingefunden haben.

Die Beschreibungen dürften eher der menschlichen Fantasie entsprungen sein, die sich ausmalte, wie Heinrich und seine Männer auf der Burganlage hoch über dem Atlantik zusammenfanden, die See im Blick, umgeben von einer spektakulären Kulisse. Diverse Quellen besagen, dass die Entdeckungsfahrten sehr wohl vorbereitet wurden – nur nicht hier und nicht zwangsläufig unter der Leitung Prinz Heinrichs. Realgeschichtlich sah es in Portugals Seefahrerhistorie so aus, dass auf die Entdeckung der Azoren im Jahr 1427 Expeditionen entlang der westafrikanischen Küste folgten, obgleich Schauermärchen um unheimliche Meeresbestien und Magnetberge kursierten. 1434 gelang es Gil Eannes, das sagenumrankte Kap Bojador an der Westküste Afrikas zu passieren.

Die dunkle Seite der Medaille

Bei den Entdeckungsreisen spielten monetäre Interessen natürlich eine entscheidende Rolle. Zur Vermehrung von Vermögen und Einkünften verkaufte Heinrich vorausschauend Handelslizenzen an Kaufleute und sicherte sich einen Teil der erhofften Gewinne. Allmählich wurde der Afrikahandel immer einträglicher, verknüpft mit der Einfuhr von Sklaven, die in ungeheuren Mengen nach Portugal verschleppt wurden. 1444, zu Lebzeiten Heinrichs also, fand in Lagos, der Hauptoperationsbasis der Schiffe, der erste Sklavenmarkt statt. Und das war ein düsteres Kapitel in der Ära der Entdeckungen, die Jahrzehnte nach Heinrichs Tod 1460 in Sagres ihre – aus portugiesischer Sicht – größten Höhepunkte erlebte: die Umseglung des Kaps der Guten Hoffnung unter Bartolomeu Dias, der von Vasco da Gama geebnete Seeweg nach Indien, 1500 schließlich die Ankunft von Pedro Álvares Cabral in Brasilien. Dass es in der Folge in Südamerika zum Beginn der Kolonialherrschaft kam, die Überlagerungen von Völkern, großes Leid und millionenfache Einfuhren von Sklaven mit sich brachte, rücken die Eroberungsfahrten in ein anderes Licht. Und Heinrich, obgleich zu jener Zeit lange tot, trug daran seinen Anteil an Mitschuld.

Historiker holen den Helden vom Sockel

Allein vor diesem Hintergrund ist eine heroische Überschätzung Heinrichs, wie sie oftmals anklingt, fehl am Platz. Sicher dürfte der Königsspross begabt und gelehrt gewesen sein, aber war er wirklich ein Visionär und der wissenschaftlich universell Interessierte, als der er häufig skizziert worden ist? Dies muss dahingestellt bleiben. Portugiesische Historiker wie António Henrique de Oliveira Marques (1933–2007) haben die Bedeutung von Heinrichs Person und Wirkung relativiert. Für Oliveira Marques war Prinz Heinrich der Seefahrer zeitlebens ein Militarist und Expansionspolitiker, für den die Eroberungen im Norden des »Schwarzen Kontinents« ohnehin wichtiger waren als fernere Entdeckungsreisen. Das Interesse an Astrologie, Astronomie, Mathematik und nautischer Wissenschaft war in Adelskreisen der damaligen Zeit weit verbreitet – Ausländer zu empfangen und ihren Geschichten zuzuhören, war keineswegs ungewöhnlich. Allerdings: Handelsinteressen und Profitgier hatten bei Heinrich absolute Priorität.

Als Statthalter der Algarve und von Ceutas, wo Schifffahrt und Fischerei von herausragender Bedeutung waren, wusste der Prinz ganz genau, wie ertragreich das Meer sein konnte, wenn man es nur richtig ausbeutete, so Oliveira Marques, der in seiner »Geschichte Portugals und des portugiesischen Weltreichs« treffende Beispiele zur Algarve angeführt hat: »So sicherte er sich das Monopol für den Thunfischfang im ganzen Königreich Algarve, ein Zehntel des gesamten Fangs der Fischer von Monte Gordo sowie Privilegien und Einkünfte aus dem Fang junger Thunfische und von Rabenfischen.«

Eine nähere Beschäftigung mit Prinz Heinrich dem Seefahrer zeigt auf alle Fälle eines: Geschichte und mythische Verklärung, ausgelöst durch Autoren des 16. Jhs. gingen Hand in Hand. Verdienste und Qualitäten, die Heinrich von frühen Autoren wie Giovanni Battista Ramusio und Damião de Góis zugeschrieben wurden, dürfte er vielleicht nie errungen bzw. besessen haben. Die Legendenbildung verlangt nach gesunder Distanz.

Trutzig blickt die Festung auf dem Cabo de São Vicente bei Sagres in den Atlantik – Befand sich hier die Seefahrerschule Heinrichs?

NICHT NUR KORKEN

Knorrig und buschig zugleich wirken sie, majestätisch breiten sie ihre Äste und Kronen aus: die Korkeichen. Werden sie alle neun Jahre geschält, glänzen die Stämme zunächst honigfarben, später rostrot. Das geerntete Material wird getrocknet und auf unterschiedlichste Weise verarbeitet, nicht nur zu Sekt- und Weinflaschenkorken.

Kaum zu glauben, was aus einer runzligen Schale wie Kork alles entstehen kann! Der Baum, der dahintersteckt, die Korkeiche (*Quercus suber*), auf Portugiesisch *sobreiros*, ist genügsam, immergrün und so etwas wie ein Nationalsymbol. Landesweit bedecken Korkeichenwälder Hunderttausende Hektar. Portugal ist weltweit der maßgebliche Korkproduzent. Die Konkurrenz kommt vornehmlich aus Spanien und Marokko.

Die Wirtschaftskraft am Straßenrand
Tauchen Sie ein in die faszinierende Welt des Korks, die sich im hügeldurchsetzten Algarve-Hinterland eröffnet, wo Sie wunderbar frische Luft einatmen und die Vögel in den Zweigen zwitschern hören können. Hier

Korkeichen werden nur alle neun Jahre geschält und bilden märchenhafte Wälder.

Nach dem Schälen von Mai bis September wird der Kork gestapelt.

durchfahren Sie Korkeichenwälder, hier wurzelt ein Stück Wirtschaftskraft der Algarve. Denn Korkeichen sind keine launige Zier der Natur, sondern seit langer Zeit mit den Interessen industrieller Verarbeitung verknüpft. Darauf weisen die Korkstapel an den Straßen hin, die Sie während der Korkerntezeit zwischen Ende Mai und September sehen. Diese oftmals lang gestreckten Stapel sollen vor allem die Aufmerksamkeit vorbeifahrender potenzieller Käufer erregen. Durch die Art, wie der Stapel aufgeschichtet

SO MACHEN SIE BEKANNTSCHAFT MIT DER WELT DES KORKS

■ Korkeichenwälder finden Sie z. B. in der **Serra de Monchique** (➤ 136), der **Serra do Caldeirão** (➤ 113) und um **São Brás de Alportel** (➤ 109).

■ Im **Museu do Traje** in São Brás de Alportel (➤ 109) gibt es eine äußerst aufschlussreiche Abteilung zum Thema Kork, präsentiert in einem Nebengebäude des Museums.

■ Anfragen zu organisierten Korktouren können Sie an **Rota da Cortiça** (São Brás de Alportel, Tel. 289 84 00 18, Handy 960 07 08 06, E-Mail info@rotadacortica.pt, www.rotadacortica.pt, auf Deutsch) richten.

■ Touren zum Thema Kork veranstaltet auch **Algarve Rotas** (Mesquita Baixa, São Brás de Alportel, Handy 918 20 49 77, E-Mail: turismo@algarverotas.com, www.algarverotas.com, auf Englisch).

ist, haben Profis gleich eine ungefähre Kilozahl im Blick – und damit den Preis, den sie den Besitzern anbieten.

Die Kunst des Abschälens

Für die Aufstapelung des Korks braucht es ebenso viel Geschick wie für das Abrinden, für das erfahrene Korkeichenschäler herangezogen werden. Alles ist Handarbeit, die keine Muskelkraft erfordert, sondern Gefühl und Routine. Nur so kann es gelingen, mit der Axt die Rinde zu spalten und möglichst große Platten zu lösen. An einem einzigem Tag schafft ein einzelner Abschäler Dutzende von Korkeichen. Geschält wird alle neun Jahre immer nur der untere Teil des Stamms, danach wird per Pinselmarkierung die letzte Ziffer des Erntejahrs aufgetragen. Eine 6 bedeutet also: 2016 geschält, die nächste Ernte steht 2025 an. Gut Ding will Weile haben, was sich auch daran zeigt, dass eine Korkeiche erst nach etwa 25 bis 30 Jahren zur ersten Schälung bereit ist. Ein bis zwei Schälungen später beginnt sie dann, qualitativ guten Kork zu produzieren. Die Bäume können es durchaus auf ein Alter von 150 bis 200 Jahren bringen, was bedeutet, dass sie bis zu 16- oder 17-mal gewinnbringend geschält werden können.

Korkfabriken in vielen kleinen Schuppen

In und um das Landstädtchen São Brás de Alportel existieren mehrere Korkfabriken – und das ist alles andere als neu. In der zweiten Hälfte des 19. Jhs. begann die Verbreitung des Korks in der umliegenden Region, wobei mancher Eseltreiber, der zuvor lediglich Kork transportiert hatte, auf den Geschmack kam und selbst zum Korkindustriellen aufstieg. Es gab Dutzende solcher »Fabriken«, wobei der Terminus nicht falsch ausgelegt werden darf. Eine »Fabrik« bestand nicht selten aus einem simplen Schuppen mit einem Kessel für das Auskochen des Korks, damit die Insekten verschwanden und der Kork dehnbarer wurde. Zur Ausstattung zählten überdies eine Werkbank zum Zuschneiden und eine Presse zum Bündeln

Alte mächtige Korkeichen prägen viele Landstriche an der Algarve.

Von links nach rechts: Das Schälen erfordert Know-how und Fingerspitzengefühl; Umhängetaschen aus Kork sind ein Unikat mit individueller Maserung; die Kork-Abteilung im Volkskundemuseum von São Brás de Alportel.

der Korkpakete. Flaschenkorken wurden damals in mühevoller Klein- und Handarbeit aus kleinen Würfeln gefertigt, deren Kanten abgeschnitten und letztlich abgerundet wurden. Die erwirtschafteten Gewinne brachten in São Brás de Alportel protzige Villen und ein wohlhabendes Bürgertum hervor.

Verarbeitung: Das letzte Wort hat die Natur

Wie seinerzeit wird heute in den Korkbetrieben das abgerindete Rohmaterial zunächst getrocknet, was Jahre dauern kann, damit vor allem die enthaltenen Harze ebenfalls trocknen. Erster Arbeitsgang in der Fabrik ist der des Kochens geblieben. Der weitere Verarbeitungsprozess, zu dem Press-, neuerliche Trocken- und schließlich Schneidevorgänge gehören, ist äußerst komplex. Da es sich um ein Naturmaterial handelt, können Stücke derselben Rinde mal dünner und mal dicker sein. Schneidet man sie durch, kommen manchmal Beschädigungen durch Ungeziefer zum Vorschein. Und das reicht dann nicht für die Verarbeitung zu hochwertigen Verschlüssen von Wein-, Sekt- oder Champagnerflaschen. Aus minderwertigem Material werden Granulate gewonnen.

Vom Flaschenkorken bis zur Wärmedämmung

Kork besitzt vielerlei Eigenschaften und Vorteile, die der Mensch seit alters her schätzt. Früher nahmen Arbeiter gern vorgekochtes Essen in Korkgefäßen mit aufs Feld. Die Behältnisse hielten es einige Zeit warm. Und Löffel aus Kork dienten vortrefflich zum Schöpfen von Wasser, Suppe und Eintöpfen. Kork ist leicht, gut pressbar, in gewissem Maße biegbar und recycelbar. Es eignet sich hervorragend zur thermischen und akustischen Isolierung: Kork dämpft Lärm, Kork stößt Wasser ab. Als Endmaterial ist es heute unglaublich vielseitig verwendbar, die Nachfrage ganz unterschied-

lich. Klassiker sind und bleiben die Flaschenkorken, schlanke für die Weine, deutlich voluminösere für Schaumweine. Mit Kork lassen sich Häuser in Skandinavien und Nordamerika wärmedämmen, Griffe von Nordic-Walking-Stöcken versehen, Fußbodenbeläge gestalten, Untersetzer und orthopädische Schuheinlagen fertigen. Kork ist außerdem in Baseball-, Golf- und Badmintonbällen enthalten.

Modische Designs aus samtigem Korkleder

Auch in Design und Mode ist Kork inzwischen beliebt. Nach langwierigen Umwandlungsprozessen entsteht aus Kork sogenanntes Korkleder, das eine Alternative zu Tierleder ist. »Wer Leder mag, aber die Tiere nicht quälen möchte, sollte Korkleder tragen«, propagieren die Verantwortlichen der in São Brás de Alportel ansässigen Initiative der Korkroute Rota da Cortiça (▶ 23, Kasten). Korkleder hat dank kunsthandwerklicher Kreativität eine breite Palette an originellen

> »Wer Leder mag, aber die Tiere nicht quälen möchte, sollte Korkleder tragen«

modischen Artikeln hervorgebracht. Das können Damenhandtaschen und Portemonnaies sein ebenso wie Gürtel, Schuhe, iPad-Mappen, Krawatten, Mützen, Hüte und Mauspads.

Fahren Sie einmal mit der Hand über das Material! Es fühlt sich weich, regelrecht samtig an. Korklederelemente geben auch Schmuck pfiffige Noten, Armbändern und Halsketten ebenso wie Ringen, Ohrringen und Anhängern. Es gibt sogar Regenschirme und Hochzeitskleider aus Korkleder. Fest steht: Die natürliche, ganz unterschiedlich verlaufende Maserung macht jedes Stück Korklederarbeit zum Unikat. Welch ein Ausdruck von Klasse und Individualität!

WEINE DER ALGARVE

Sonne in der Flasche

Phönizier, Griechen und Römer kannten in Portugal bereits den Weinhandel. Im Mittelalter fungierte der *vinho* ebenfalls als wichtiges Exportprodukt. Auf Portugals Weinlandkarte haben die Tropfen der Algarve mittlerweile einen festen Platz, ob Rote, Rosés oder Weiße.

Wie das duftet! Holzig, vollfruchtig, einfach durchdringend! Wer eine Weinkellerei der Algarve betritt, kommt bereits durch die Nase auf den Geschmack. Den Ausschlag für einen erfolgreichen Anbau geben das trockene heiße Vorzugsklima mit relativ geringen Temperaturschwankungen und über 3000 Sonnenstunden pro Jahr, die vielfältigen Böden, die Nähe zum Atlantik sowie die Berg- und Hügelbarrieren, die die Weinanbaugebiete vor kühlen Winden aus dem Norden schützen. Gleichzeitig profitieren die Winzer der Region von den wärmeren Winden, die von Süden her aus Nordafrika heranwehen. Ein Algarve-Wein, das ist einfach ein Stück Sonne in der Flasche.

Rebsorten, Wein-Revival und Anbaugebiete

Traditionelle Rebsorten an der Algarve sind *Negra Mole* und *Castelão* für Rotweine sowie *Síria* und *Arinto* für Weißweine. Der Algarve-Wein hat seine Renaissance erlebt. Einst weit verbreitet, verschwand er fast vollständig aus der Region, nicht zuletzt verdrängt durch großflächig angelegte Hotel- und Wohnanlagen. Seit einiger Zeit, die etwa mit der Jahrtausendwende

BESUCH BEIM WINZER

Besuche, wie sie im Großlager der Kooperative der Adega Cooperativa do Algarve möglich sind, sollten Sie rechtzeitig ankündigen. Pro Person kostet ein Kellereibesuch mit Kostprobe ca. 7,50–10 €.

- **Quinta dos Vales:** Sítio dos Vales, Estômbar, Tel. 282 43 10 36, www.quintados vales.eu, Mo–Fr 9–12 und 14–18 Uhr; mit Unterkunft und Kunsttreff.
- **Adega Quinta do Morgado da Torre Sítio da Penina:** Alvor (ausgeschilderter Abzweig ab der N 125 bei Alvor), Tel. 282 47 68 66, www.morgadodatorre.com, Mo–Fr 10–12 und 14–17 Uhr.
- **Adega do Cantor – Quinta do Miradouro:** Guia, Tel. 289 57 26 66, www.winesvida nova.com, Mo–Fr 10–13 und 14–17 Uhr.
- **Adega Cooperativa do Algarve:** Estrada Nacional 125, Lagoa, Tel. 282 34 21 81, adega.lagoa@sapo.pt, Di–Sa 10–13 und 14–18 Uhr; im Gebäude der Kooperative ist die Kunstinitiative Arte Algarve untergebracht.

anzusetzen ist, findet jedoch eine starke Rückbesinnung statt. Weingärten sehen Sie mittlerweile küstennah bei Alvor, aber auch weiter landeinwärts Richtung Querença. Lagoa ist Sitz einer Winzervereinigung, der **Adega Cooperativa do Algarve**. Und bei Guia hat niemand Geringerer als der berühmte britische Popsänger Sir Cliff Richard erfolgreich in eine Kellerei investiert, die **Adega do Cantor**. Vielerorts sind neue Rebsorten eingeführt worden. Die vier Anbauregionen mit geschützter Herkunftsbezeichnung, der *Denominação de Origem*, heißen Lagoa, Lagos, Portimão und Tavira. Der Blick auf die Gesamtproduktion zeigt, dass mittlerweile auch Weine aus biologischem Anbau (*vinhos biológicos*) an Gewicht gewinnen.

Qualitätstropfen und experimentierfreudige Winzer

Fortschrittlich denkende Winzer mit modernen Weinbauprinzipien und Höchstansprüchen an sich selbst haben sich die richtigen Lagen ausgesucht und setzen auf Qualität statt Quantität. Mit Massenproduzenten kann und will man es an der Algarve nicht aufnehmen. Für die Wiedergeburt bester Algarve-Weine steht die Kellerei **Quinta dos Vales** bei Estômbar, deren älteste Weingärten von Ende der 1990er-Jahre datieren und die

DEGUSTATIONSNOTIZEN

Eine Kostprobe dürfen Sie sich nicht entgehen lassen. Zur Einstimmung und zum Abgleich helfen diese Degustationsnotizen:

- **Weißweine:** leicht, trocken und trotzdem fruchtig; zitrusfarben; Aromen z. B. von grünen Äpfeln, Birnen, Pfirsichen, tropischen Früchten wie Ananas oder Passionsfrucht, Banane oder Tangerine, dazu mitunter ein Minihauch Spargel.
- **Roséweine:** ausgewogen, trocken, frisch und fruchtig; durchdringende Aromen von roten Früchten, also Erd- und Himbeeren, außerdem etwas Brombeere und Tropenfrucht wie Guave.
- **Rotweine:** durchdringende Farbkompositionen von Rubinrot bis hin zu schwarzen Kirschen; beim Aroma schwingen u. a. dunkle Pflaumen mit, rote und schwarze Beeren, Gewürze, weißer Pfeffer, Schokolade.

technologisch z. B. mit temperaturkontrollierter Fermentation und Edelstahltanks auf den neuesten Stand gebracht worden ist. Selbstverständlich dürfen Eichenholzfässer für den Ausbau der Weine nicht fehlen. Die eigenen Rebgärten umfassen 19 ha. Auf den hier vorherrschenden Kalkböden ist stetig weiterexperimentiert worden. Dabei hat man auch neue Rebsorten gepflanzt, darunter *Syrah*, *Cabernet Sauvignon*, *Touriga Franca*, *Touriga Nacional* und *Alicante Bouschet*.

Heranwachsende Weinreben im Frühling (oben); die Kellerei von Cliff Richards Weingut Adega do Cantor (links)

Preisgekrönte Kellereien vom Familien- bis zum Großbetrieb

Der Rebschnitt setzt auf der **Quinta dos Vales** zwischen Ende Dezember und Mitte Februar ein. Die Lese von Hand startet Anfang August und geht bis in den September, andernorts kann sie bis in den Oktober anhalten. »Alle unsere Weinberge werden durch ein Tröpfchenbewässerungssystem mit Wasser versorgt«, wird bei der Quinta dos Vales hervorgehoben, deren Weine mehrfach preisgekrönt worden sind. Deutlich bescheidener aufgezogen sind familiengeführte Kellereien wie die **Adega Quinta do Morgado da Torre** bei Alvor, ebenfalls bereits mit diversen Preisen ausgezeichnet. Da machen Verkostung und Direkteinkauf einfach Freude!

AZULEJOS

Azulejos sind die für Portugal so typischen Keramikfliesen. Sie schmücken ganze Hausfassaden und Innenhöfe, Kirchenwände und Ruhebänke. Ebenso können sie als Tür- und Fensterumrahmungen fungieren. Auch für Urlauber an der Algarve sind Azulejos dekorative Dauerbegleiter.

Auswärtige Betrachter wundern sich über Bilderwände und Farbkompositonen aus Azulejos, die den Portugiesen schon seit ihrer Kindheit vertraut sind. Wer die Algarve mit den Augen des Gastes durchreist, wird begeistert sein von der Kachelvielfalt und ihrer Strahlkraft in Blau, Weiß, Gelb und vielerlei Nuancen mehr. Das werden Sie in Faro sehen, in Tavira, Vila Real de Santo António, Alvor und selbst in dem winzigen Alferce in der Serra de Monchique. Einfach überall und immer wieder. Es ist keine Übertreibung zu sagen, dass die Orte und Städte der Algarve einem Freilichtmuseum der Azulejos-Kunst gleichen. Wobei auch Innenräume ausgekleidet sind, besonders Gotteshäuser, allen voran die Igreja de São Lourenço dos Matos am Ortsrand von Almancil.

Dekor mit viel Geschichte

Urheber der Azulejos waren die Mauren mit dem, was sie »kleinen, glatten, polierten Stein« nannten – *al-zuleique*. Nach der Rückeroberung der Iberischen Halbinsel aus muslimischer Hand blieben die dekorativen Fliesen, die geschmackvoll Böden und Wände zierten, nicht nur haften, sondern erfreuten sich einer stetigen Weiterentwicklung. Bevor die Produktion der Azulejos im eigenen Land begann, gab Portugals König Manuel I., der Namensgeber der Manuelinik, eines prunkvollen Architekturstils, Großbestellungen im spanischen Sevilla auf. Auch spätere Herrscher und Kirchenfürsten fanden Geschmack an den Kacheln. Was für Royals und Gottes Stellvertreter auf Erden gut war, färbte umso stärker auf die gesellschaftlichen Niederungen ab. Überall schmückten die Menschen bald Fassaden mit Azulejos sowie Treppenaufgänge, Gartenanlagen, Brunnen,

Azulejosbilder stellen oft biblische Szenen (links) dar oder auch historische wie die Krönung von Peter IV. und die Verfassungsgebung im Jahr 1826 (unten).

Das Magazin

Terrassen. Wie in keinem anderen europäischen Land wurden die Azulejos in Portugal übernommen und verbreiteten sich. Einzig in Spaniens Süden gibt es vergleichbare Dekors.

Vom Glaubensbekenntnis bis zum praktischen Zweck

Die Vielfalt der Motive ist enorm. Werbetafeln für Geschäfte, Cafés und Restaurants können in Form von Keramikmotiven gestaltet sein. Es gibt

Azulejos, die Relieffliesen maurischen Ursprungs, die im portugiesischen Barock ihre Blütezeit als prunkvolle Dekoration an Kirchenwänden erlebten, sind wie hier in Tavira auch ein beliebtes Schmuckelement für Hauseingänge und Fassaden.

auch Straßenschilder und Stadtwappen aus Azulejos. Ebenso tauchen geometrische und florale Muster auf. Wandumspannende Großformate zeigen Heiligen-, Brauchtums- und Geschichtsszenen. Die Farben sind dabei nie bunt durcheinander gewürfelt, sondern stets harmonisch aufeinander abgestimmt.

Die farbigen Fliesen sind ein Schmuckelement, aber ihre Bedeutung reicht über die Dekoration hinaus. Platzieren Hausbesitzer ein kleines Azulejos-Bildnis von Christus oder der hl. Maria an ihrer Fassade, so ist dies als Glaubenskenntnis zu verstehen, verbunden mit dem Wunsch, dem Gebäude symbolischen Schutz zu verleihen. Auch ein Bildnis der hl. Barbara, der Patronin gegen Gewitter und Feuergefahren, kann sicher nicht schaden. Werden komplette Fassaden mit Azulejos belegt, hat dies über die Verschönerung hinaus praktische Zwecke. Azulejos strahlen wohlige Kühle ab, außerdem wird das mit Azulejos geflieste Gemäuer besser gegen Feuchtigkeit geschützt. Ebenso dämpfen die Fliesen den Lärm von der Straße.

Open-Air-Kunst und Mitbringsel

Eine Reise durch die Algarve ist gleichzeitig immer eine Reise durch die Welt der Azulejos, ein Kunsterlebnis zum Nulltarif und für Fotografiebegeisterte ein garantierter Füller von Speicherkarten. Azulejos sind auch nette Souvenirs, handlich und einfach zu transportieren, leicht anzubringen und wetterbeständig.

Auch das historische Stadtwappen von Faro begegnet aufmerksamen Besuchern als Azulejomotiv.

TOP DREI: KIRCHEN MIT AZULEJOS

Schöne Auskleidungen mit Azulejos finden Sie vielfach in Gotteshäusern, z. B. in der Sé (Kathedrale) in Faro (▶ 100) und in der Igreja de Santo António in Lagos (▶ 133). Ganz oben auf der Rangliste der besonders aufwendig gestalteten Kirchen und Kapellen stehen jedoch folgende:

- die **Igreja de São Lourenço dos Matos** am Rand von Almancil (▶ 96)
- die **Ermida Nossa Senhora da Conceição** im historischen Zentrum von Loulé (▶ 113)
- die **Igreja da Misericórdia** in der Altstadt von Tavira (▶ 67)

Kulinarische SCHÄTZE

Die Algarve bringt einen so richtig auf den Geschmack und zergeht auf der Zunge, zumindest, wenn man gerade im Restaurant ein Stück butterweichen Fisch oder eine Portion Herzmuscheln genießt. Trotz zurückgegangener Fanggründe deckt noch immer das Meer entscheidend den Tisch.

Fische und Schalentiere sind unverzichtbare Bestandteile der Algarve-Küche. Besucher können davon profitieren. Was gibt es für Fischliebhaber Schöneres als mit Meerblick Fangfrisches zu probieren – gegrillt oder aus dem Ofen. Oft tischen einfache Restaurants eine solche Qualität auf, dass man glatt zwei bis drei Sterne für höchste Kochkünste vergeben möchte. Beliebt für die Zubereitung ist der Kupfertopf (*cataplana*) mit verschließbarem Deckel, in dem wunderbar Fisch, Krustentiere, Fleisch und/oder Wurststücke mit Gemüse, Zwiebeln Kartoffeln etc. garen können. Vervollkommnen lässt sich der Genuss mit einem Algarve-Wein (▶26).

Von Sardinen bis Seeteufel

Klassiker auf den Speisekarten sind gegrillte Sardinen (*sardinhas assadas* oder *sardinhas grehadas*). Auch Makrele (*carapau*) und den in ganz Portugal verbreiteten Stockfisch (getrockneter Kabeljau, *bacalhau*) gibt es. Fischliebhaber mit Ansprüchen bestellen gern Schellfisch (*pescada*), Goldbrasse (*dourada*), Tunfisch (*atum*), Seebarsch (*robalo*), Seezunge (*linguado*), Meerbarbe (*salmonete*) und Schwertfisch (*peixe espardarte*). Mayonnaise, Butter und Zitrone gehören zu Schwertfischsteaks ebenso wie zum gegrillten Tunfisch. Ansonsten kann es vielleicht etwas zu trocken zugehen. Seeteufel (*tamboril*) wird gern mariniert (Zitronensaft, Olivenöl, Salz, Petersilie, Pfeffer), bevor er zusammen mit Zwiebeln, Speck und Paprika auf den Grillspieß wandert. Beliebt ist auch Seeteufel-Reis (*arroz de tamboril*), der in Restaurants meist nur ab zwei Personen serviert wird.

Herz- und Entenmuscheln

Zu den Krustentieren zählen kleine Herzmuscheln (*amêijoas*), die mit Olivenöl, Knoblauch, Koriander und mitunter einem Schluck Weißwein gekocht werden. Für den erlesenen Geschmack bestimmt sind Entenmuscheln (*percebes*), die von Profisammlern bei extrem arbeitsaufwendigen und nicht weniger gefährlichen Manövern von den Felsen geerntet werden, was ihren hohen Preis erklärt. Lassen Sie sich nicht vom Äußeren dieser Delikatessen abschrecken: Entenmuscheln zählen zu den Krebstieren. Sie sehen nicht wie klassische Muscheln aus und sind alles andere als Schönheiten!

Tintenfische und Krake

Entenmuscheln sind für den einen eine Delikatesse, für den anderen eben Geschmackssache, was ebenso für die kleinen Tintenfische (*lulas*) und Krake bzw. Oktopus (*polvo*) gilt. Beliebt ist Krake mit gekochten Kartoffeln (*polvo à lagareiro*). Dem Tintenfisch aus der

José Pinheiro aus Vila do Bispo gilt als *Cataplana*-König (oben), eine seiner Spezialitäten ist eine *Cataplana* mit Seafood (Mitte). Zu den beliebtesten Meeresfrüchten an der Algarve zählen Entenmuscheln (unten).

Das Magazin

Herzhafte Chouriço-Würste sind eine Spezialität der Region rund um Tavira.

Grillpfanne gibt man den letzten Pfiff, indem man ihn am Ende ein wenig in Weißwein schmort. Alternativ bekommen Tintenfische eine Füllung, die aus den eigenen, klein geschnittenen Fangarmen sowie Zwiebel- und Möhrenstückchen bestehen kann.

Für Fleischhungrige

Aus der nördlichen Nachbarregion Alentejo stammt ein köstliches Schweinefleischgericht mit Herzmuscheln (*carne de porco à alentejana*), das man auch an der Algarve probieren kann. Beliebt sind auch gegrillte Lammkoteletts (*costeletas de borrego grelhadas*), mit Minzsauce! Eine verlässliche Wahl ist ein Steak (*bife*), preisgünstiger das Grillhähnchen (*frango assado*), das die Einheimischen gern mit scharfer Piripiri-Sauce essen.

Absacker

Der kräftige, typische Absacker an der Algarve ist der Erdbeerbaumschnaps (*medronho*), ein Klarer, der es beileibe in sich hat und nicht selten mit etwa 50 Volumenprozent daherkommt. Erdbeerbäume mit ihren roten Früchten sieht man u. a. in der Serra de Monchique, wo der Schnaps auch gebrannt wird.

MITTELMEER-DIÄT AM ATLANTIK

Die Bewohner der Atlantikregion Algarve essen tendenziell eher Mittelmeerküche. Sie beherzigen die ausgewogene Ernährungsweise der sogenannten *dieta mediterrânica*, die dazu beiträgt, Herz-Kreislauf-Erkrankungen zu verhindern. Bei der »Mittelmeer-Diät« gelten zehn Gebote:

❶ Olivenöl ist beim Braten, Kochen und in Salatsoßen die Hauptfettquelle.

❷ Essen Sie reichlich Obst, Gemüse und Trockenfrüchte; die Verwendung von Knoblauch ist ebenfalls wichtig.

❸ Verzichten Sie keinesfalls auf Brot und Cerealien.

❹ Geben Sie saisonalen, möglichst wenig behandelten Früchten den Vorzug.

❺ Binden Sie Milchprodukte wie Joghurt und Käse in den Ernährungsplan ein.

❻ Essen Sie rotes Fleisch und Eier nur in geringen Maßen.

❼ Gönnen Sie sich reichlich Fisch.

❽ Essen Sie Süßes nur zu besonderen Anlässen und machen Sie Obst zu Ihrem Standardnachtisch.

❾ Wasser ist Ihr häufigstes Getränk, aber ein Gläschen Rotwein zum Essen ist durchaus erlaubt.

❿ Jeden Tag ein wenig Bewegung ist so wichtig wie ausgewogenes Essen.

FLORA und FAUNA

Die Natur an der Algarve stimuliert alle Sinne. Sie riechen und schmecken regelrecht, was alles an Aromen von Kräutern und vielerlei mehr in der Luft liegt. Derweil fährt der Wind durch Eukalyptus, Mimosen, Schirmpinien. Störche nisten auf den Dächern, Flamingos stelzen umher, und auch ein Blick durch die Schnorchelbrille gehört zum Urlaubsgefühl.

Bald nach der Ankunft stellt sich dieses herrliche Gefühl ein: Flora und Fauna geben dem Süden Portugals einen regelrecht exotischen Anstrich! Selbst langjährige Algarve-Besucher begeistern sich immer wieder aufs Neue für die mediterrane Vegetation und treffen beim Durchstreifen der Landschaft auf Opuntien, Agaven, Mimosen, Wacholder, Lavendel, Strand-Grasnelken, Zwergpalmen und Oleander. Was die Fauna angeht, bekommen Urlauber beim Birdwatching und unter Wasser die spektakulärsten Vertreter der Tierwelt zu sehen.

Orangen und Mandeln, Palmen und Zistrosen

In wirtschaftlich größerem Rahmen nutzen die *Algarvios* die Orangen- und Mandelbäume und im etwas küstenferneren Hinterland die Korkeichen. Außerdem gedeihen Johannisbrot-, Oliven- und Granatapfelbäume, Feigen, Zitronen, Mandarinen, Mispeln, im Gebirge auch Steineichen und die Erdbeerbäume mit ihren hellroten Früchten. Der herrlich duftende Eukalyptus ist Naturexperten ein Dorn im Auge, da er rasend schnell wächst und den Boden allzu stark auslaugt. Auch Mittagsblumen zählen eher zu den Schädlingen. Hibiskussträucher und Palmen werden zur Zierde ange-

Das Magazin

pflanzt, während weitläufige Gebiete an der **Costa Vicentina** (➤ 153) mit natürlich gewachsenen Zistrosen überzogen sind, die zwischen März und Mai blühen. Das Frühjahr ist die beste Zeit, um das gesamte Pflanzen-Patchwork in bester Blüte zu sehen. An der Costa Vicentina, wo Macchia-gewächse und Büsche charakteristisch sind, halten Winde die Vegetation recht niedrig und drücken die Pflanzen regelrecht zum Boden hinunter.

Im Reich der Flamingos

Für Birdwatcher ist die Algarve ein wahres Paradies – es sind einige Hundert Vogelarten dokumentiert. Besonders schön zu beobachten sind rosa Flamingos, die unnachahmlich grazil durch Feuchtgebiete stelzen und mit ihren Seihschnäbeln das Wasser durchkämmen. Ihre Leibspeise sind die winzig kleinen Salinenkrebse, die sich als Mikro-Shrimps bezeichnen lassen. Flamingos sind an der Algarve nicht nur temporäre Gäste, die zu Winterquartieren in Afrika aufbrechen, sondern bleiben mittlerweile zunehmend ganzjährig. Wenn sie sich schwerfällig erheben und zu kleinen

TOP-SPOTS FÜR VOGELBEOBACHTER

Bringen Sie ein Fernglas und eine Kamera mit leistungsstarkem Zoom bzw. Teleobjektiv mit, dann werden Sie Ihre Freude haben! Birdwatching ist auch eine prima Aktivität für 🧒 Familien mit Kindern – und das zum Nulltarif. Top-Spots sind:

- der **Parque Natural da Ria Formosa** (➤ 108) bei Faro und Olhão (➤ Abb. unten: Flamingos in der Salinenlandschaft rund um Olhão)
- die **Ria de Alvor** bei Alvor (➤ 145)
- die Salinengebiete und die **Reserva Natural do Sapal** (➤ 78) bei Castro Marim
- die **Lagoa dos Salgados** (➤ 139), ein Binnensee bei Armação de Pêra
- der **Parque Natural do Sudoeste Alentejano e da Costa Vicentina** (➤ 155) an der Costa Vicentina

Beim Dolphin Watching schwimmt mit etwas Glück eine ganze Delfinfamilie vorbei.

rosa Formationen aufsteigen, wird es für Fotografen spektakulär. Von der Form her wirken Flamingos dann wie fliegende Haarklammern!

Störche, Reiher und Adler

Selbst in Städten wie Faro und Portimão sieht man die wuchtigen Nester der Weißstörche, die einen Zentner und mehr auf die Waage bringen können. Die Nähe zu den Menschen und der Straßenlärm stören die gefiederten Freunde nicht. Verschiedene Möwenarten gibt es an der Küste überall reichlich zu sehen. Etwas mehr Glück und Ausdauer braucht man, um Silberreiher, Seidenreiher, Eisvögel, Purpurhühner, Löffler und die zur Familie der Kormorane gehörenden Krähenscharben zu beobachten. Außerdem kommen vor: Großer Brachvogel, Rotschenkel, Stelzenläufer, Austernfischer, Säbelschnäbler, Seeregenpfeifer, Sichelstrandläufer und Brandseeschwalben. Rar machen sich Fischadler, Wanderfalken und Habichtsadler. Für sie alle bereitet der Atlantik mit seinem immensen Tidenhub einen reich gedeckten Tisch. Setzt die Ebbe ein, bleiben vielerlei Kleintiere im Schlick zurück und sind vor keinem Vogelschnabel sicher.

Von Delfinen und Seepferdchen

Wer beispielsweise ab Lagos (► 135) bei einer Tour aufs Meer hinausfährt, hat gute Chancen, Delfine zu sichten – Große Tümmler, Streifendelfine, Fleckendelfine oder die sogenannten Gewöhnlichen Delfine. Einzig auf Tauchgängen werden Sie vielleicht Bekanntschaft mit Tintenfischen, Seeaalen und Seesternen machen, an Land dürften Sie die für den **Parque Natural do Sudoeste Alentejano e da Costa Vicentina** dokumentierten Füchse und Pardelluchse nur in Ausnahmefällen zu Gesicht bekommen. Seltenheitswert im **Parque Natural da Ria Formosa** haben Fischotter und Chamäleons. Versteckt halten sich im dortigen Naturpark auch die mit zwei Arten vertretenen Seepferdchen. Es gibt jedoch Tourveranstalter, die ihre Gäste möglichst nah und behutsam an die Winzlinge heranbringen: mit Schnorchelmasken. Die Seepferdchenkolonie im Parque Natural da Ria Formosa gilt als eine der größten in Europa.

Urlaub auf dem Land

Wer die Algarve von einer ganz anderen Seiten entdecken und es ruhig und stressfrei angehen lassen will, quartiert sich in Landhäusern ein – eine individuelle Form des Tourismus mit hohem Erholungswert.

Gleich nebenan zwitschern Vögel. Ein sachter Wind raschelt durch Oliven- und Orangenbäume. Weit und breit kein Motorenlärm, der Blick schweift über die Hügel. *Turismo Rural* (ländlicher Tourismus) ist das Richtige für alle, die die Seele in aller Seelenruhe baumeln lassen und die andere Algarve erleben wollen. Hier kann man sich selbst wieder erden und den eigenen Urlaubsrhythmus ungezwungen gestalten. Je nach Adresse (➤ Kasten unten) kann die Atmosphäre bodenständig sein oder einen Hauch Exklusivität mit vielen Annehmlichkeiten bieten. Mieten kann man ein ganzes Haus oder ein Zimmer in einem ländlichen Gästehaus.

Echte Refugien

Landhausquartiere sind echte Refugien, versteckte Winkel für Fans von Natur und weitgehend unverfälschtem Landleben. Gleichwohl können Sie sich alle Möglichkeiten offen halten und bei Ausflügen rasch die Küste und die Strände erreichen, sofern Sie im Mietwagen anreisen, was unbedingt zu empfehlen ist. Die Algarve hält, auch geografisch, in allen Regionen das passende Angebot bereit. Ein guter Stützpunkt im Ostteil der Algarve ist der Landsitz **Herdade da Corte** im Hinterland von Tavira (➤ 66), der Ende des 19. Jhs. gegründet wurde. Bis in die 1970er-Jahre florierten Vieh- und Landwirtschaft. Angebaut wurden u. a. Weizen und Gerste, wirtschaftlich genutzt auch die Bestände von Feigen-, Johannisbrot-, Oliven- und Mandelbäumen. Heute floriert der Qualitätstourismus. Die

LANDHAUSQUARTIERE

- **Herdade da Corte**, Sítio da Corte, Santa Catarina da Fonte do Bispo, Tel. 281 97 16 25, www.herdadedacorte.com
- **Quinta do Mel**, Olhos d'Água, Tel. 289 54 36 74, www.quintadofreixo.org/quintadomel
- **Carpe Vita**, Rua Serra do Mosqueiro 36, Aljezur, Tel. 963 25 65 81, www.carpe-vita.com; Mitte Juli-Mitte Sept. (nur wochenweise von Sa–Sa)
- **Monta da Vilarinha**, Vilarinha Bordeira, Tel. 282 97 32 18 u. 916 19 21 19, www.montedavilarinha.com; Abzweig an der Landstraße von Vila do Bispo nach Carrapateira
- **Aldeia da Pedralva**, Rua de Baixo, Casa da Pedralva, Vila do Bispo, Tel. 282 63 93 42, www.aldeiadapedralva.com; Abzweig an der Landstraße von Vila do Bispo nach Carrapateira

Gästezimmer und Suiten sind rustikal eingerichtet, rundherum erstreckt sich eine grüne Hügellandschaft voller Bäume, für Abkühlung sorgt der Pool. Das Gelände umfasst 120 ha und lädt zu Birdwatching und kleinen Spaziergängen ein. Im Haupthaus gibt es eine Bar und eine große Veranda, das Abendessen erfordert eine Reservierung. Etwas näher am Meer, nicht weit von der Praia da Falésia (➤ 92) und der Marina von Vilamoura (➤ 103), liegt an der mittleren Algarve die **Quinta do Mel**, die zu Recht ein Vier-Sterne-Haus ist. Hier haben Sie einen Pool zu Ihrer Verfügung und können auch gut essen.

Quartiere im Hinterland

Schöne Quartiere finden Sie auch im Hinterland der Costa Vicentina (➤ 153), z. B. in Aljezur, wo Luísa und Nuno Guimarães traditionelle Häuschen für Selbstversorger hergerichtet haben. **Carpe Vita** heißen die mit kleiner Küche ausgestatteten Unterkünfte, die zwei bis vier Personen Platz bieten. Gut untergebracht sind Sie auch in den Häuschen Casa Forno, Casa da Ribeira und Casas de Cima von **Monte da Vilarinha** bei Carrapateira. Außergewöhnlich ist die **Aldeia da Pedralva** in der Gemeinde Vila do Bispo (➤ 173), wo ein Teil der vormals verfallenen Häuser im Ort mit viel Aufwand auf Initiative von António Ferreira und seiner Frau Filipa in touristische Unterkünfte verwandelt wurden. In dem gewissermaßen generalüberholten Dorf, durch das sich kopfsteingepflasterte Gassen ziehen, können Sie auch essen. Die verbliebene »Urbevölkerung« liegt im einstelligen Bereich, das Übernachtungspublikum ist heterogen: Paare aller Jahrgänge, Senioren oder 👪 Familien mit Kindern.

Beim *Turismo Rural* lernen Urlauber die Algarve von ihrer ländlichen Seite kennen

Wandern auf der
ROTA VICENTINA

Wer es rau und wildromantisch liebt, wer spektakuläre Ausblicke über die Klippen mag und gleichermaßen ein Stück Hinterland kennenlernen will, geht im Westen ein Teilstück des Fernwanderwegs Rota Vicentina. Dazu müssen Sie allerdings gut in Form sein, der Weg ist alles andere als ein Selbstläufer!

Der Wind schneidet ins Gesicht, aus der Tiefe unter den Klippen trägt der Atlantik sein Grollen heran. Stürme haben die Vegetation regelrecht niedergedrückt, dominant ist das Buschwerk. In der Luft vermischt sich der Duft der Zistrosen mit dem Salz des Meers. In den Genuss von derlei Gerüchen und Eindrücken kommen Sie auf der Rota Vicentina, die weiter nordwärts aus dem Inland von Santiago do Cacém und Odeceixe Etappe für Etappe gen Süden auf das sagenumwobene Cabo de São Vicente (▶ 127) zuläuft. Die Rota Vicentina setzt sich aus zwei Wegen zusammen, dem sogenannten **Caminho Histórico** (Historischer Weg) und dem **Trilho dos Pescadores** (Fischerweg). Beide Varianten ergänzen sich und bringen es auf eine Gesamtlänge von 350 km.

Wer seine Wanderung gut plant, hat unterwegs oft eine atemberaubende Aussicht, z. B. vom Torre de Aspa.

HOMEPAGE, UNTERKÜNFTE, WANDERGUIDE

- Auf der offiziellen Rota-Vicentina-Homepage unter www.rotavicentina.com (auf Englisch, Portugiesisch) finden Sie die Etappen detailliert beschrieben sowie weitere nützliche Hinweise zu Höhendifferenzen, Schwierigkeitsgrad und voraussichtlicher Wanderdauer. Die Karten auf der Webseite sind interaktiv abrufbar, die Etappenbeschreibungen stehen als kostenlose Downloads bereit – praktischer geht es nicht!
- Buchen Sie Ihre Unterkünfte vor, sofern Sie vom Tagespensum her sicher sind, Ihr Ziel auch rechtzeitig zu erreichen. In Carrapateira zu empfehlen sind die Pensão das Dunas (Rua da Padaria 9, Tel. 282 97 31 18 und 925 59 39 55, www.pensao-das-dunas.pt) und die Casa Fajara (CX 121P Vale de Carrapateira, Bordeira, Tel. 282 97 31 34, www.casafajara.com), in Vila do Bispo das Hotel Mira Sagres (Rua 1° de Maio 3, Tel. 282 63 91 60 und 925 40 80 80, www.hotelmirasagres.com).
- Obgleich die Rota Vicentina gut in Eigenregie machbar ist, können Sie auch einen einheimischen Wanderguide engagieren und sich vielleicht auf nur eine Tagestour beschränken. Der beste Führer weit und breit, der auch gut Englisch spricht und diesen Teil der Rota Vicentina wie kaum ein Zweiter kennt, heißt Nicolau da Costa (Atalaia Walking, Tel. 967 93 22 06, www.atalaia-walking.com).

Der Weg zum Kap

Nur die wenigsten werden so viel Zeit haben, um die Rota Vicentina komplett zu absolvieren, ganz abgesehen davon, dass große Teilstrecken weit über den geografischen Rand dieses Buchs hinausreicht und durch das Alentejo führen. Empfehlenswert für gut Trainierte ist eine Mehrtageswan-

Das Magazin

derung durch das Gebiet der Costa Vicentina und den Parque Natural do Sudoeste Alentejano e da Costa Vicentina. Veranschlagen Sie dafür vier Tage. Ausgangspunkt ist das Städtchen Aljezur (➤ 160). Von dort geht es auf dem Historischen Weg durchs Inland an die Küste von Arrifana (12 km) und von Arrifana nach Carrapateira (24 km), wo es Übernachtungsmöglichkeiten gibt. Nach einer solch strapaziösen Tagesetappe lassen Sie es ruhiger angehen. Bleiben Sie in Carrapateira (➤ 163), beschränken Sie den Folgetag auf eine 10 km lange Rundwandervariante des Fischerwegs auf dem Circuito Pontal de Carrapateira zu Klippen und Stränden; dazu brauchen Sie nur kleineres Gepäck. Am nächsten Tag setzen Sie die Wanderung auf dem Historischen Weg von Carrapateira nach Vila do Bispo fort (22 km), wo Sie wiederum für zwei Nächte Quartier nehmen. Ab Vila do Bispo (➤ 173) sind es in einer Kombination aus Historischem Weg und Fischerweg 13 km bis zum Cabo de São Vicente (➤ 127). Da am Kap des hl. Vincenz keine Übernachtungsmöglichkeit besteht, wandern Sie von dort aus dieselbe 13-km-Strecke nach Vila do Bispo zurück und brauchen für diesen Tag folglich nur kleines Marschgepäck. Belohnt werden Sie unterwegs mit unvergesslichen Impressionen einer der rauesten und schönsten Klippenlandschaften Südwesteuropas.

Tipps für die Wege durch die Einsamkeit

Die Rota Vicentina ist mit hellblau-grünen Wanderzeichen markiert. Für den Erhalt der Strecke, Beschriftungen und Wegzeichen sorgen Paten für die verschiedenen Wegabschnitte. Achten Sie darauf, dass Ihre Wanderschuhe einen Schaft haben und gut eingelaufen sind. Das Gepäck sollte so leicht wie möglich sein, mehr als zehn Prozent des eigenen Körpergewichts darf es auf keinen Fall auf die Waage bringen. In die winzige Notapotheke gehören Blasenpflaster. Auch Sonnenschutz und ein leichtes Regencape sollten Sie dabei haben. Bei unwegsameren Passagen helfen Wander-/Teleskopstöcke. Nehmen Sie genügend Proviant und Trinkwasser mit, denn zwischen den Orten führen die Wegpassagen durch die Einsamkeit. Das ist wunderschön, aber kaufen können Sie unterwegs nichts.

Auf der Rota Vicentina durch das Hinterland, hier bei Aljezur, lässt sich die Wanderung mit dem Besuch oder einer Übernachtung bei einem Winzer verbinden.

Golfer-Szene

Für Golfspieler werden an der Algarve Träume wahr. Über drei Dutzend Golfplätze stehen zur Wahl, das Klima macht sie das ganze Jahr über bespielbar. Die landschaftliche Umgebung variiert vom Meer bis zu Orangenhainen und steuert das Übrige dazu bei, um begeistert zu sein.

Angesichts reichlich eintreffender Gepäckstücke in länglichem XL-Format auf den Rollbändern des Flughafens in Faro, ahnt man bereits: Hier befindet man sich im Golferterrain, die Atlantikregion liegt an einem ganz besonderen »Golfstrom«! Experten rühmen die Algarve als eine der besten Golfdestinationen der Welt, die schon mit Auszeichnungen und Spitzenplatzierungen in Rankings bedacht worden ist, darunter von Lesern des britischen Magazins »Today's Golfer«.

Turniere und Championship Courses

In Portugals tiefem Süden werden immer wieder bedeutende Turniere ausgetragen, bei denen sich die Stars der internationalen Szene ein Stelldichein geben. So gibt es gleich mehrere Championship Courses: Auf dem von Arnold Palmer angelegten Platz **Oceânico Victoria** beispielsweise sind bereits mehrmals die Portugal Masters ausgespielt worden. Und auf den Briten Nick Faldo, dreimaliger US-Masters-Gewinner und einer der besten europäischen Golfer aller Zeiten, geht der **Oceânico Faldo Course** von Amendoeira zurück.

TOP-SPOTS FÜR GOLFER

- **Penina Hotel & Golf Resort,** Penina, Portimão, Tel. 282 42 02 00, www.penina.com
- **Alto Golf,** Quinta Alto do Vale, Quatro Estradas, Alvor, Tel. 282 46 08 70, www.pestanagolf.com
- **Oceânico Victoria,** Vilamoura, Tel. 289 31 03 33, www.oceanicogolf.com
- **Oceânico Faldo Course,** Amendoeira, Tel. 289 31 03 33, www.oceanicogolf.com
- **Silves Golf,** Vila Fria, Silves, Tel. 282 44 01 30, www.pestanagolf.com
- **Oceânico Millennium,** Vilamoura, Tel. 289 31 03 33, www.oceanicogolf.com
- **Quinta do Lago Golf,** Quinta do Lago, Tel. 289 39 07 00, www.quintadolago.com

Die Steilküste der Algarve bietet Golfern Spielwiesen hoch über dem Meer.

Finessen- und facettenreich

Schwierigkeitsgrade, Ansprüche und bauliche Finessen der Plätze sind so unterschiedlich wie ihre Lagen, ob nahe der Küste oder ein Stück im Hinterland. Je nach Anlage gehören Wasserhindernisse und integrierte Feuchtgebiete ebenso dazu wie eine facettenreiche Vegetation: Palmen, Schirmpinien, Orangen-, Oliven-, Johannisbrotbäume. Mitunter wird die Stille der Natur nur von dem Geräusch der Schläge durchbrochen.

Legendär und unverändert populär ist der zum Bereich der Westalgarve gehörende **Penina Championship Course**, der auf Sir Henry Cotton und die Mitte der 1960er-Jahre zurückgeht, als Portugal sich noch in der Diktatur befand. Penina war die Geburtsstätte des Golfs an der Algarve, doch die Konkurrenz, z. B. der Hotelgruppen Oceânico und Pestana, belebt längst das Geschäft. Dass es kritische Stimmen zum Wasserverbrauch durch Golfplätze gibt, sei selbstverständlich nicht verschwiegen.

Exklusiv und attraktiv

Golf ist ein einträgliches Business und zuweilen mit der Unterbringung in Top-Quartieren verbunden. Preislich geht es nicht überall so exklusiv zu, wie man vielleicht vermutet, denn die Green Fees bewegen sich im Rahmen eines hervorragenden Preis-Leistungs-Verhältnisses. Vielerorts werden Golfpakete zum Pauschalpreis mit Unterbringung, Verpflegung und Green Fees angeboten. Es gibt auch Golfschulen. Die Driving Ranges und Putting Greens erfüllen höchste Ansprüche. Die Algarve ist ein herrliches Golferziel sogar für den Winter – im Sommer ist Nebensaison. Nach dem Golfen laden die Terrassen der Clubhäuser zum kühlen Drink ein.

Erster Überblick

Ankunft

Mit dem Flugzeug

Viele Reisende kommen am internationalen Flughafen von Faro an. Faro steht – je nach Jahreszeit – auf den Flugplänen von Air Berlin, Ryanair und Eurowings/Germanwings. Die Flugzeit beträgt je nach Herkunftsort 2,5–3 Stunden. In den Wintermonaten dünnen die Flugverbindungen erheblich aus.

Am Flughafen Faro

■ Der **Flughafen** *(Aeroporto de Faro)* liegt etwa 6 km westlich der City, Tel. 289 80 08 00, www.ana.pt, E-Mail: faro.airport@ana.pt.
■ Ab dem Flughafen fahren die **Stadtbuslinien** 14 und 16 nach Faro, tägl. 5–23 Uhr, Tel. 289 89 97 60, www.proximo.pt, proximo@proximo.pt. Die einfache Busfahrt kostet 2,22 €, ein Tagesticket 5,29 €.
■ Zu den offiziell registrierten **Taxiunternehmen** zählen Auto Faro (Tel. 911 91 08 08 und 707 227 227, www.auto-faro.com) und Taxi Transfers Pinheiro (Tel. 915 55 92 93, www.taxipinheiro.com). Bei beiden Gesellschaften können Sie die Fahrt zu Ihrem gewünschten Ziel über die jeweilige Homepage im Voraus buchen. Für Gepäck mit Übergröße wird ein Aufschlag berechnet.

Mietwagen

■ Am Flughafen von Faro sind diverse **Autoverleihfirmen** ansässig. Denken Sie unbedingt daran, ein Fahrzeug rechtzeitig vorzubuchen. Die Tarife vor Ort sind vergleichsweise hoch, außerdem spart die Vorbuchung Zeit und sichert die gewünschte Fahrzeugklasse.
■ Der Mietwagenanbieter mit den besten Markt- und Vergleichspreisen ist der mehrfache Testsieger www.billiger-mietwagen.de (kostenfreie Hotline in Deutschland Tel. 0800 334 334 334, sonst Tel. 0761 88 84 99 99). Stornierungen sind hier bis zu 24 Stunden vor Anmietung kostenlos.
■ Wer einen Wagen mieten will, muss das **Mindestalter** beachten. Es liegt in der Regel bei 21 Jahren (bei manchen Anbietern bei 25 Jahren), außerdem muss man mindestens ein Jahr im Besitz der Fahrerlaubnis sein. Der nationale Führerschein reicht.
■ Bei der Übernahme des Mietwagens ist eine **Kreditkarte** unerlässlich.
■ In der Nebensaison können bei rechtzeitiger Vorbuchung die **Wochenpreise** für Mietwagen bei günstigen 85–90 € beginnen, inklusive Basis-Versicherungsschutz und unlimitierten Kilometern.
■ Achten Sie unbedingt darauf, dass Ihr Mietwagen mit einer kleinen **Mautbox** ausstaffiert ist, was Sie täglich einen Zusatzpreis von 1,50–2 € kostet. Mit dieser Mautbox werden die Gebühren auf der Algarve-Autobahn A 22 (und auch auf sonstigen Autobahnen in Portugal) elektronisch erfasst. Auf der Autobahn A 22 gibt es keine Mauthäuschen oder sonstige Stellen, an denen sich bar zahlen lässt. Begehen Sie nicht den Fehler, mit dem Verzicht auf eine Mautbox am falschen Ende zu sparen, denn wenn es mal etwas schneller gehen muss (z. B. auf der Fahrt zum Abflug), sind National- oder sonstige Landstraßen als Alternativen zur Autobahn vollkommen ungeeignet. Dazu ist der Verkehrsfluss, vor allem in der Hochsaison, einfach zu zäh und zu dicht. In den Durchgangsorten gibt es viele Ampeln und unterwegs immer wieder Geschwindigkeitsbeschränkungen.
■ Weitere **Infos zum Thema Maut** finden Sie auf den Internetseiten www.maut-in-portugal.info und www.visitportugal.com (dort unter dem Stichwort »Nützliche Informationen«).

Anreise über Land

■ Bahn oder Europabusse sind kaum Alternativen zum raschen Flug, da für die Überlandanreise etwa 40 Stunden veranschlagt werden müssen. Es gibt aber sehr wohl Besucher, die im eigenen **Auto, Motorrad oder Wohnmobil** aus Mitteleuropa anreisen. Dabei geht es zwangsläufig durch Spanien, wo sich Zwischenstopps in den Weltstädten Barcelona oder Madrid oder auch an der Atlantikküste und in der Binnenregion Extremadura anbieten. Auch Kombinationen der Algarve-Reise mit Zielen in Andalusien wie Granada und Sevilla sind denkbar.

■ Kostenlose **Routenplaner** wie www.viamichelin.de helfen, reine Fahrzeit und Kosten für Benzin und Autobahnen zu kalkulieren. Zwischen Köln und Faro liegen etwa 2400 km, je nach Ausgangsort kommt man auch auf 3000 km. Insofern sind mehrere Anreisetage einzuplanen.

■ Wer von **Andalusien** über Ayamonte und den Grenzfluss Rio Guadiana mit seinem Fahrzeug auf der Autobahn anreist – von der A 49 in Spanien mit Übergang auf die A 22 in Portugal – muss aufpassen: Die **A 22** ist **gebührenpflichtig**. Es gibt aber nur eine **elektronische Erfassung**, die bei Fahrzeugen mit ausländischen Kennzeichen umso problematischer ist. Fahren Sie gleich rechts an die **elektronische Kontrollstelle**, um Ihr Nummernschild und Ihre Kreditkartendaten registrieren zu lassen. Abgerechnet wird dann per durchfahrener Kontrollpunkte und Durchgangspassagen über die Kreditkarte.

■ Tanken Sie vor der Grenzüberfahrt nach Portugal auf jeden Fall in Spanien noch einmal voll, denn dort ist der **Kraftstoff** deutlich billiger!

Sicherheit

■ Die Algarve ist im Prinzip ein sicheres Reisepflaster.

■ Gegenstände, die auf ausländische Reisende und Werte auch im Kofferraum des Autos schließen lassen (selbst wenn die Gegenstände an sich wertlos sind), sollte man niemals sichtbar im Wageninneren liegen lassen.

■ Lassen Sie zur Sicherheit nie Ihr Gepäck unbeaufsichtigt, wenn Sie am Schalter einer Autovermietung oder auf den Bus warten.

■ Taschendiebstähle sind selten, aber nicht auszuschließen. Machen Sie es Langfingern möglichst schwer: Tragen Sie Ihr Portemonnaie nicht in der Gesäßtasche und den Rucksack im Gedränge nicht auf dem Rücken.

■ Halten Sie Ihre Bargeldbestände möglichst gering, größere Beträge und wichtige Dokumente gehören in den Hotelsafe.

Touristeninformation

■ Eine erste Touristeninformation befindet sich am Flughafen von Faro (Tel. 289 81 85 82). Faros Hauptbüro liegt am Rand der Altstadt (Rua da Misericórdia 8–11, Tel. 289 80 36 04, www.cm-faro.pt). Die Informationen, die Sie hier bekommen, sind meist spärlich. Sie beschränken sich auf einen groben Stadtplan und einige Broschüren.

HINWEIS ZU DEN ÖFFNUNGSZEITEN

Die **Öffnungszeiten** der Touristeninformationen, Museen und Sehenswürdigkeiten können sich saisonbedingt oder auch unvorhersehbar ändern. Am Wochenende sind Touristeninformationen oft geschlossen, obwohl dies anders angekündigt ist. Die in diesem Buch genannten Öffnungszeiten dienen also nur der Grundorientierung.

Erster Überblick

■ **Weitere Infobüros** an der Algarve finden Sie u. a. in Albufeira, Alcoutim, Aljezur, Alvor, Armação de Pêra, Carvoeiro, Castro Marim, Lagos, Loulé, Monchique, Monte Gordo, Olhão, Portimão, Praia da Rocha, Quarteira, Sagres, São Brás de Alportel, Silves und Tavira.

■ Oft liegt in den Touristenbüros die monatlich erscheinende kostenlose Broschüre »**Algarve Guia/Guide**« aus; sie erscheint zweisprachig (auf Portugiesisch und Englisch) und gibt einen guten Überblick über Konzerte und andere Veranstaltungen sowie über Ausstellungen, Feste, Sportevents und Märkte. Die Broschüre wird auch online auf die offizielle Algarve-Tourismuswebseite www.visitalgarve.pt gestellt.

Unterwegs an der Algarve

Die Größe der Algarve-Region ist mit etwa 5000 km² zwar überschaubar, doch dies darf nicht zu dem Trugschluss führen, man könne mal rasch von Ost nach West fahren – da kommt man leicht auf 200 km. Es gibt außerdem keine durchgehende Küstenroute; Strände sind mitunter nur in größeren Inlandsbögen anzufahren. Das öffentliche Busnetz ist gut, auch die Bahn fährt regelmäßig.

Mit dem Auto

■ Wer mit dem **eigenen Fahrzeug** auf Achse ist, braucht Führerschein, Fahrzeugpapiere, Versicherungsnachweis und Nationalitätskennzeichen.

■ **Bußgelder** müssen Sie gleich vor Ort bezahlen, sonst kann Ihr Fahrzeug von der Polizei beschlagnahmt werden.

■ Im Gegensatz zu früheren Zeiten, als Portugiesen tendenziell nach Gefühl und Gehör fuhren, hat sich vieles verbessert, aber nicht alles. Manchmal ist der **Fahrstil** der Einheimischen, vor allem bei Überholmanövern, sehr offensiv. Dass dies überhaupt nicht zur Mentalität der tendenziell zurückhaltenden Portugiesen passt, sei nur nebenbei bemerkt. Halten Sie sich im Zweifelsfall in der Defensive!

Verkehrsregeln

■ Die **Tempolimits** betragen 50 km/h innerorts, 90 km/h auf Landstraßen und 120 km/h auf Autobahnen.

■ Alle Fahrzeuginsassen müssen **angeschnallt** sein.

■ Die **Alkoholgrenze** beträgt 0,5 Promille. Die Strafen bei Überschreitung des Grenzwerts sind immens. Mit weniger als drei Jahren Fahrpraxis liegt die Grenze bereits bei 0,2 Promille.

■ Falls nicht anders ausgewiesen, gilt **rechts vor links**.

■ Das Telefonieren mit **Handys beim Fahren** ist verboten und wird mit saftigen Bußgeldern geahndet. Mit einer Freisprechanlage oder einem Head-Set ist Fahrern das Telefonieren gestattet.

Vorsichtsmaßnahmen für Autofahrer

■ Ein **Unfallrisiko** stellt der doppelspurige **Kreisverkehr** dar. Seien Sie dort besonders aufmerksam, denn es gibt Fahrer, die von der Innenspur (also der Überholspur) einfach zur nächsten Ausfahrt ausscheren. Tipp zur Vermeidung von Unfällen: Setzen Sie im Kreisverkehr solange den Blinker nach links, bis Sie von der Außenspur abfahren.

■ Nehmen Sie die Warnschilder ernst, die auf **radarüberwachte Abschnitte** (*velocidade controlada*) verweisen. Die Ankündigung von Geschwindig-

...eitskontrollen kann ein Bluff sein – oder auch nicht. Manchmal stellt sich bei zu schnellem Fahren die nächste Ampel automatisch auf Rot.

■ Fahren Sie nicht unbedacht in **verwinkelte Orte** hinein, sondern lassen Sie das Fahrzeug lieber am Ortsrand stehen. Schmale, oftmals auch steile und kurvige Gassendurchfahrten können übermäßig den Schweiß auf die Stirn treiben!

■ Parken Sie an der Küste niemals zu nah an **Klippen**, denn die können stark von Erosion beeinträchtigt sein. Manchmal warnen entsprechende Schilder davor.

■ Seien Sie in ländlichen Gegenden stets gewappnet: Es können plötzlich **Viehherden** (Rinder, Schafe) oder auch **Pferdegespanne** auftauchen.

■ Unterschätzen Sie staubige, steinige Pisten zu Landhäusern oder in Naturschutzgebieten nicht. Setzt Regen ein (was an der Algarve zum Glück nicht allzu häufig der Fall ist), können sich solche **Pisten** in Schlammwege verwandeln.

■ Manche **Straßen im Hinterland** haben weder Mittelstreifen noch Leitplanken – dies bedeutet höchste Gefahr bei Gegenverkehr! Außerdem können Nebenstraßen mit Schlaglöchern etc. in schlechtem Zustand sein. Für die Behebung der Schäden fehlen oftmals öffentliche Gelder.

■ Zu den Gefahren in **Waldgebieten**, vor allem bei Eukalyptus, zählen Rindenstücke und Äste auf der Fahrbahn.

■ Vorsicht ist vor **Rennradfahrern** angebracht, vor allem an den Wochenenden – manche fahren gnadenlos zu zweit oder dritt nebeneinander und gefährden damit auch sich selbst. Die Straßen in die Serra de Monchique bis hinauf zum Fóia sind ein besonders frequentiertes Radlerterrain.

Weitere Tipps und Hinweise für Autofahrer

■ Tauchen **braune Straßenschilder** auf, weisen diese auf Sehenswürdigkeiten, Strände und Sehenswürdigkeiten hin: Die Fahrt dorthin lohnt zumeist.

■ Achten Sie innerorts auf die gekennzeichneten **gebührenpflichtigen Parkplätze** (*zona pago*, mit Parkscheinautomaten). Weitere Schilder weisen auf das **Anwohnerparken** (*zona residentes)* hin.

■ In Städten wie Faro verdingen sich ärmliche Gestalten als selbsternannte **Parkplatzanweiser**. Ob Sie etwas geben möchten, liegt bei Ihnen.

■ In der Nähe von Stränden oder in kleineren Ferienorten ist der **Parkraum begrenzt**, Wendemanöver können problematisch werden. Parken Sie lieber etwas weiter weg.

■ Vereinzelt sind **Stadtausfahrten** auf Schildern nur mit dem Wort *saída* gekennzeichnet.

■ Auf manchen unübersichtlichen Straßen gibt es **Ausweichbuchten**.

■ **Am günstigsten tanken** Sie an Supermarkt-Tankstellen, z. B. von Intermarché und Pingo Doce.

■ Im Osten der Algarve kann sich die Fahrt hinüber nach Spanien lohnen, denn dort tanken Sie preisgünstiger.

■ Es gibt Tankstellen, die die **Bezahlung vorab** (*pré-pagamento)* verlangen.

Busse und Bahnen

In Bussen und Bahnen kommen Sie durchaus gut zu ausgewählten Punkten, doch wenn Sie abgelegenen Orte und Strände besuchen möchten, führt kein Weg am (Miet-)Auto vorbei. Die öffentlichen Transportmittel sind im Vergleich zu mitteleuropäischen Ländern günstig.

■ Wichtige Busgesellschaft an der Algarve ist **Eva Transportes**, Tel. 289 58 90 55 und 289 51 36 16, www.eva-bus.com (gute Suchmöglichkeit für Verbindungen auf der Homepage).

Erster Überblick

■ Bei Eva Transportes gibt es einen **Touristenpass** *(passe turístico)*der an der Algarve unbeschränkte Reisen zu einem Pauschalpreis erlaubt. Den Touristenpass gibt es für drei Tage (29,10 €) oder auch für sieben Tage (36,25 €).
■ Eine weitere Busgesellschaft ist **Frota Azul** (Tel. 282 40 06 10 und 282 41 81 20, www.frotazul-algarve.pt). Sie verkehrt auf Strecken wie beispielsweise Portimão–Monchique und Portimão–Lagos.
■ In größeren Städten wie Albufeira, Tavira und Olhão gibt es jeweils einen zentralen **Busbahnhof** *(terminal rodoviário)*
■ Das regionale **Zugnetz** reicht von Vila Real de Santo António im Osten bis Lagos im Westen, Streckensuche und Preisabfragen unter www.cp.pt
■ Die Züge wirken zuweilen altertümlich, manche Bahnstationen sind inzwischen nicht mehr mit Ticketschaltern oder einer Auskunft besetzt. Die **Fahrkarten** sind dann ohne Aufpreis beim Schaffner im Zug erhältlich.
■ Züge ermöglichen in der Regel den **Fahrradtransport** im Gepäckwagen. Dafür ist erfreulicherweise kein Aufpreis zu entrichten.

Taxis
■ Taxis sind beige oder schwarz-grün und haben ein Schild mit der **Aufschrift** »Taxi« auf dem Dach.
■ Es gibt vielerorts **Taxistände**, das telefonische Herbeirufen eines Taxis kann einen Aufpreis kosten.
■ Achten Sie darauf, dass das **Taxameter** eingeschaltet ist.
■ **Preiszuschläge** fallen gewöhnlich zwischen 21 und 6 Uhr sowie an Wochenenden an.
■ Bootszubringer zu Inselstränden im Naturpark Ria da Formosa werden auch als **Boottaxis** *(taxis maritimos)* bezeichnet.

Übernachten

An der Algarve gibt es ein großes Spektrum an Übernachtungsmöglichkeiten: Hotels, Apartments, Pensionen, Landhausunterkünfte und Campingplätze. Ausschlaggebend für die Auswahl sind Budget und Bedürfnisse der Gäste (z. B. Lage und Komfort).

Buchungen
■ Versuchen Sie es mit **Direktbuchungen** auf der Homepage der jeweiligen Unterkunft, aber vergleichen Sie vorher die Preise! Auf **Buchungsportalen** wie beispielsweise www.booking.com und www.hrs.de kann man mitunter bessere Preise bekommen. Falls Sie vorhaben, an einem einzigen Ort zu bleiben, kann eine Pauschalreise die bessere Option sein.
■ Das **Preisgefüge** ist häufig sehr breit, die Tarife können ständig schwanken und sich mehrfach wöchentlich ändern, ausgehend von Angebot und Nachfrage.
■ **Online-Buchungen** sind erfahrungsgemäß fast immer günstiger als Buchungen direkt an der Rezeption. Wer spontan angereist ist, sollte noch vor der Hoteltür mit dem Handy ins Internet gehen und buchen!
■ Während der **Hochsaison** im Juli und August, aber auch während anderer Schulferienzeiten und örtlicher Feste sollten Sie unbedingt vorab buchen.
■ **Ferienhäuser und Ferienwohnungen** können Sie gut auf Portalen wie www.atraveo.de anschauen und buchen.

Allgemeine Hinweise

◼ Das **Frühstück** *(pequeno almoço)* ist in Unterkünften oft, aber nicht immer im Preis enthalten.

Im südländischen **Zeitrhythmus** beginnt der Tag etwas später: Frühstück gibt es in manchen Unterkünften daher erst ab 8 Uhr!

Die **Mehrwertsteuer** muss im angegebenen Zimmerpreis enthalten sein.

◼ In Hotels werden oft **Aufschläge** für Garagenplätze verlangt. Ob für kabellosen Internetzugang und die Nutzung von Sport- und Wellnesseinrichtungen zusätzlich kassiert wird, hängt vom jeweiligen Haus ab.

◼ Wer es einrichten kann, kommt **außerhalb der Hochsaison** – dann kosten Unterkünfte oft nur die Hälfte oder sogar nur ein Drittel. Ein Zwei-Personen-Apartment, das im Juli/August für 130 € angeboten wird, kann im November, Januar oder Februar gerade einmal 45 € kosten!

◼ Manche Unterkünfte bieten rollstuhlgerechte Zimmer an.

◼ Der **Check-in** ist mitunter erst ab 16 Uhr möglich, der **Check-out** spätestens um 12 Uhr erforderlich.

Hotels und Pensionen

◼ Hotels sind entsprechend der Ausstattung mit einem bis zu fünf **Sternen** klassifiziert.

◼ Da die Ansprüche der Gäste gestiegen sind, bieten höherklassige Häuser neben dem üblichen Freiluftpool oft auch einen **Fitnessraum** und ein **Spa** mit Sauna, Hallenbad und Dampfbad an. Dieser Zusatzservice kann mit einem **Zusatzpreis** verbunden sein.

◼ Zu den beliebten und qualitativ sehr guten Hotelketten aus dem höheren Preissegment zählt **Vila Galé** (www.vilagale.com). Häuser finden Sie in und bei Tavira, Vilamoura, Albufeira, Armação de Pêra und Lagos.

◼ **Pousadas** (www.pousadas.pt) sind Hotels, die oft in historischen Gemäuern eingerichtet sind. Relevant für die Algarve sind die Häuser in Tavira (einstiges Kloster) und Estoi (vormaliger Adelspalast). Eine dritte Pousada befindet sich in Sagres.

◼ Einige Hotelanlagen sind mit **Golfplätzen** verbunden.

◼ Alternativen zu Hotels sind einfachere Unterkünfte wie das **Gasthaus** *(estalagem, hospedaria)* und die **Pension** *(residencial, pensião)*. Über das Frühstück hinaus gibt es hier meist keine weiteren Mahlzeiten.

Apartments

◼ Wohnungen und Häuser für **Selbstversorger** sind verbreitet, im Regelfall gut ausstaffiert und werden auch gern von 🛇 Familien mit Kindern gebucht. Kühlschrank und einfache Kochplatten (mitunter auf Basis von Butangasflaschen) sind Standard. Hinzu kommen je nach Unterkunft Mikrowelle, Wasserkocher/Kaffeemaschine, Waschmaschine, Wäschetrockner.

◼ Zu den **Gemeinschaftsanlagen** zählen oft Pool, Kinderbecken und Grünflächen.

◼ Achten Sie auch darauf, ob es eine **Klimaanlage** (im Winter wichtig: Heizmöglichkeit!), einen Balkon oder eine Terrasse gibt.

◼ Auch manche **Campingplätze** vermieten Apartments.

Tourismus auf dem Land

◼ Wer vom Küstentrubel weg will und stärkeren Kontakt zur Natur sucht, findet Zimmer in **ländlichen Gästehäusern**, mitunter auf Bauern- oder Gutshöfen.

◼ Die Quartiere auf dem Land stehen meist unter **familiärer Leitung**, da kommt man rasch in Kontakt. Auch geben die Vermieter oft Tipps.

Erster Überblick

■ Die **Anfahrt** zu solchen Unterkünften kann sich für Ortsunkundige kompliziert gestalten. Laden Sie sich von der Webseite eine Anfahrtsbeschreibung bzw. einen Plan herunter oder drucken Sie das Ganze aus.
■ Portugiesische Schlagworte für den Tourismus auf dem Land helfen beim **Googeln** weiter: *Agroturismo, Turismo Rural, Turismo de Habitação, Casas de Campo.*
■ Wer **Landunterkünfte** (▶ 40) an der **Costa Vicentina** sucht, z. B. in der Gegend von Aljezur und Carrapateira, findet auf die Homepage der Anbieter-Vereinigung **Casas Brancas** (www.casasbrancas.pt) zahlreiche individuelle Möglichkeiten.

Jugendherbergen

■ Low-Budget-Reisende finden auch in **Jugendherbergen** *(pousadas de juventude)* Unterschlupf. Die Preise für ein Bett im Gemeinschaftszimmer liegen saisonal etwa bei 10–17 €, für ein Doppelzimmer mit Bad sind etwa 28–45 € zu veranschlagen.
■ Jugendherbergen gibt es nur an wenigen Stellen der Algarve, darunter in Lagos, Faro, Tavira und Portimão.
■ Infos und Buchungen entweder über die Homepage des **portugiesischen Jugendherbergsverbands** (https://juventude.gov.pt/) oder auch über **Hostelling International** (www.hihostels.com).

Camping

■ Auf **Campingplätzen** *(parques de campismo)* gibt es Stellplätze für Zelte, Wohnwagen und Wohnmobile. Oft werden auch Häuschen, Apartments oder fest installierte Mobilhomes vermietet.
■ Hilfreich bei der Suche sind einschlägige **Webseiten** wie www.camping.info und www.eurocampings.de. Campingplätze führt darüber hinaus auch www.roteiro-campista.pt auf.

Essen und Trinken

An der Algarve gibt es einige, nicht nur rein kulinarische Besonderheiten (▶ 34). Das beginnt schon mit den Essenszeiten, betrifft aber auch die Gedecke mit verführerisch hingestellten Appetitmachern, außerdem Gerichte für zwei Personen und einen ggf. langsameren Service als gewohnt.

Essenszeiten

■ Das **Frühstück** *(pequeno almoço)*, dem die *Algarvios* im Alltag keine übermäßige Bedeutung beimessen, wird ab 7.30 Uhr serviert. In manchen Unterkünften beginnt die Frühstückszeit für die Gäste erst um 8 Uhr, in manchen Landhäusern erst um 8.30/9 Uhr. Die Hotels haben sich oft mit reichhaltigen Frühstücksbüfetts auf die Ansprüche ausländischer Gäste eingestellt.
■ Das **Mittagessen** *(almoço)* steht etwa ab 12/12.30 bis 14/14.30 Uhr an.
■ Die Zeit für das **Abendessen** *(jantar)* beginnt um 19/19.30 Uhr, mitunter aber auch erst um 20 Uhr und dauert bis etwa 22/22.30 Uhr.

■ Vor allem während der Sommersaison haben viele Restaurants **durchgehende Küche** und Öffnungszeiten.

Restaurants

■ Eine strenge Etikette für den Restaurantbesuch besteht gewöhnlich nicht, wobei es sich von selbst verstehen sollte, dass man nicht komplett abgerissen, barfuß oder in Badekluft erscheint. Ein salopperes Auftreten ist in legeren Beachrestaurants möglich.

■ Die Top-Restaurants, in denen die Einheimischen **gut und günstig** essen, haben oft eine wenig einladende Ausstattung und wirken nicht »scheckheftgepflegt«. Man darf halt nicht pingelig sein, doch der Zulauf der Einheimischen ist als beste Visitenkarte zu werten! Mitunter gibt es nicht einmal eine Speisekarte mit aufgeführten Preisen. Bei den ehrlichen Portugiesen können Sie jedoch (fast) immer davon ausgehen, dass am Ende alles korrekt abgerechnet wird.

■ Die Höflichkeit gebietet, sich von der Bedienung einen **Platz zuweisen** zu lassen, statt selbst einen Tisch aufzusuchen.

■ Dass in Restaurants an der Algarve nicht nur Portugiesen essen gehen, wissen die Besitzer. Meist sind **Speisekarten auf Englisch**, mitunter zusätzlich auch auf Deutsch vorhanden (allerdings nicht überall fehlerfrei!).

■ *Marisqueiras* heißen die auf **Fisch und Meeresfrüchte** spezialisierten Restaurants. Wer Herzmuscheln oder andere Schalentiere kostet, darf ruhig die Hände zu Hilfe nehmen.

■ Während der Hochsaison empfehlen sich **Tischreservierungen**, wobei dies in einfachen Restaurants mitunter nicht möglich ist. Dann muss man ggf. in der Schlange oder an der Theke warten, bis etwas frei wird.

■ Wer mit **Kreditkarte** *(cartão de crédito)* bezahlen will, sollte sich vorab erkundigen, ob dies problemlos möglich ist. Zumindest in ganz einfachen Lokalen kann es damit schwierig werden.

■ Restaurants legen in der Regel einmal in der Woche einen **Ruhetag** (mitunter plus einen Ruheabend) ein, während der sommerlichen Hochsaison arbeiten viele aber auch durch. Indessen kommt es vor, dass Restaurants während der Wintermonate ihre Pforten komplett schließen.

■ Uneinheitlich wird gehandhabt, ob in **Menüs** Getränke enthalten sind oder nicht. Fragen Sie im Zweifelsfall nach.

■ In Restaurants kann es vorkommen, dass der **Service** nicht der gewohnten Schnelligkeit in Mitteleuropa entspricht. Es ist nicht auszuschließen, dass Küche oder Bedienung vorübergehend leicht überfordert sind. Hektik und Beschwerden helfen in solchen Fällen kaum weiter. Üben Sie sich einfach in Geduld, trinken Sie zwischendurch in Ruhe noch ein Gläschen! Das entspricht dann umso mehr dem portugiesischen Lebensgefühl.

■ Das **Trinkgeld** sollte sich im Bereich von 5–10 Prozent bewegen, abhängig von Ihrem Zufriedenheitsgrad.

Besonderheiten

■ Für die Hauptmahlzeiten nehmen sich die *Algarvios*, wie alle Südländer, ausgiebig Zeit. Essen, das ist eben nicht nur bloße Nahrungsaufnahme, sondern ein bewusstes soziales Miteinander.

■ Knoblauch, Olivenöl und Koriander sind übliche Bestandteile der südportugiesischen Küche.

■ **Butter** kann gesalzen *(manteiga com sal)* oder ungesalzen *(manteiga sem sal)* sein.

■ Die *Algarvios* essen gerne **Suppen** vorab, z. B. eine Fischsuppe *(sopa de peixe)*, Gemüsesuppe *(sopa de legumes)*Tomatencremesuppe *(creme de*

Erster Überblick

tomate) oder eine eher in Portugals Norden beheimatete Suppe *(caldo verde)* auf Kohl-Kartoffelbasis mit etwas Schweinswurst *(chouriço)*. Günstig ist immer die Tagessuppe *(sopa do dia)*.

■ Die **Häppchen**, die im benachbarten Spanien als *tapas* bekannt sind, heißen in Portugal *petiscos*.

■ Als **Zwischenmahlzeiten** eignen sich Toasts *(tostadas)* und Sandwiches *(sandes)*, z. B. ein Schweinefleisch-Sandwich *(bifana)*.

■ Bei Menüs kann es vorkommen, dass nach der Vorspeise die Beilagen zum Hauptgericht sehr spärlich ausfallen.

■ In Portugal und auch an der Algarve liebt man es bei **Nachtischen** *(sobremesas)* und Konditorwaren süß bis sehr süß. Beliebte Desserts sind beispielsweise ein Stück Schokoladenkuchen *(bolo de chocolate)*, ein Stück Apfelkuchen *(tarte de maça)*, ein Stück Mandelkuchen *(tarte de amêndoa)* oder Milchreis *(arroz doce)*. Gesündere Alternative ist ein Obstsalat *(salada de frutas)*.

Essen im Restaurant

■ Die vielleicht größte Besonderheit im Restaurant ist das **Gedeck** mit einer Reihe von einladend präsentierten Appetitmachern: Außer Brot *(pão)* und Butter *(manteiga)* sind dies vor allem eingelegte Oliven *(azeitonas)*, Sardinenpaste *(pasta de sardinha)* Tunfischpaste *(pasta de atum)* und/oder ein Stück Käse *(queijo)*. All das, was von Ihnen verzehrt oder probiert wird, muss am Ende auch bezahlt werden. Rühren Sie davon, was die Bedienung ungefragt auf den Tisch gebracht hat, nichts an, wird es auch nicht in Rechnung gestellt.

■ Mittags gibt es preisgünstig ein einfaches Tagesmenü bzw. **Tagesgericht** *(prato do dia)*. Es kann aus zwei bis drei Gängen bestehen und lediglich 8–10 € kosten.

■ Ab und zu wird auch ein **Kindermenü** *(menu de criança)* angeboten.

■ Oft ist auf Kreidetafeln oder Speisekarten lediglich vermerkt, dass es **frischen Fisch des Tages** *(peixe fresco do dia)* gibt. Was dann genau auf Ihrem Teller landet, müssen Sie erfragen.

■ Aufwendigere Gerichte sind im Restaurant nur für **zwei Personen** erhältlich, z. B. Seeteufelreis *(arroz de tamboril)*, Oktopusreis *(arroz de polvo)* oder Meeresfrüchtereis *(arroz de marisco)*. Auch Gerichte aus dem typischen Kupfertopf *(cataplana)* werden meist nur für zwei Personen aufgetischt, z. B. ein Cataplana-Fischtopf mit Herzmuscheln und Garnelen *(cataplana de peixe com amêijoas e camarão)*. Gehen Sie in niedrig- bis mittelpreisigen Restaurants im Schnitt von 28–45 € für ein solches Zwei-Personen-Gericht aus.

■ In Restaurants jedweder Kategorie kann es vorkommen, dass Fisch und z. B. auch höherwertige Garnelen oder sogar Kalbskoteletts **auf der Basis des Kilopreises** anteilig berechnet werden. Das ist dann nicht billig!

■ Falls Sie nicht zufällig in eine Touristenfalle getappt sind, sind die Portionen als durchaus großzügig zu beurteilen. Bei Hauptgerichten *à la carte* wird gelegentlich zwischen der **ganzen Portion** *(dose)* und einer **halben Portion** *(meia dose)* unterschieden: Die halbe Portion kostet etwa zwei Drittel der ganzen Portion und kann durchaus ausreichen.

■ Falls Sie sich bei der Auswahl unschlüssig sind, fragen Sie einfach nach der **Empfehlung des Küchenchefs** *(sugestão do chefe)*!

■ Und wer sich bei **Fischgerichten** nicht entscheiden kann, ist mit Fischeintopf *(caldeirada de peixe)* oder einer gemischten Platte gut beraten.

■ **Stockfisch** (getrockneter Kabeljau, *bacalhau*) kommt überall auf den Tisch und kann auf Hunderte verschiedene Arten zubereitet werden, ist

---

Restaurantpreise
für ein Drei-Gänge-Menü ohne Getränke und Service
€ unter 20 €   €€ 20–35 €   €€€ über 35 €

---

aber in ganz Portugal verbreitet und nicht unbedingt typisch für die Algarve. **Lachs** *(salmão)*, obgleich vielfach angeboten, wird eher aus nordischen Ländern eingeführt.

■ Recht preisgünstig gibt es oft einen **gemischten Salat** *(ensalada mista)*.

■ Zunehmend mehr Restaurants haben sich auf **vegetarische Gerichte** *(pratos vegetarianos)* eingestellt. Falls nicht, bleibt Vegetariern ggf. nichts anderes übrig als ein Omelette *(omelete)* zu bestellen.

Getränke

■ Lebenselixier ist **Mineralwasser**, das Sie als stilles Wasser *(agua sem gás)* oder Wasser mit Kohlensäure *(agua com gás)* erhalten. Dabei werden Sie gewöhnlich gefragt, ob Sie es gekühlt *(fresca)* oder in Zimmertemperatur *(natural)* serviert haben möchten. Als bestes Mineralwasser mit Kohlensäure gilt die Marke »Pedras Salgadas«.

■ Zu den Hauptmahlzeiten darf ein guter Tropfen nicht fehlen – im Restaurant trinken auch die Einheimischen gern einfachen **Hauswein** *(vinho da casa)*. Dieser kann durchaus direkt von der Algarve stammen. Will man lieber Weine aus anderen Landesregionen bestellen, so bietet sich ein Rotwein *(vinho tinto)* aus dem Alentejo oder dem Dourotal bzw. ein Weißwein *(vinho branco)* aus Beiras und Trás-os-Montes an. Fruchtig und spritzig ist der sogenannte »grüne Wein« *(vinho verde)* aus dem Minho-Tal.

■ Jeder **Qualitätswein** trägt eine geschützte Herkunftsbezeichnung *(denominação de origem)* auf dem Flaschenetikett. Der aus Nordportugal stammende **Portwein** ist auch an der Algarve verbreitet und kann als Aperitif- oder Dessertwein genossen werden, besonders edel ist ein *Tawny*.

■ Auch **Bier** *(cerveja)* ist beliebt, z. B. die Marke »Sagres«.

■ Portugiesen trinken jederzeit einen **Espresso** *(café*, in Anlehnung an Lissabon und Umgebung auch *bica* genannt) zwischendurch, nicht nur zum Abschluss des Essens. Das Heißgetränk ist sehr günstig (ca. 0,60 €). Teurer ist ein stets im Glas servierter **Milchkaffee** *(galão)*.

■ Als Absacker ideal ist der typische **Erdbeerschnaps** *(aguardente de medronho*, abgekürzt: *medronho)*, der durch Mark und Bein geht, allerdings nicht billig ist. Sehr süß und fruchtig ist ein **Sauerkirschlikör** *(ginjinha)*.

Einkaufen

Vergessen Sie austauschbare Massenware, wie sie in vielen Läden in Albufeira und Carvoeiro angeboten wird! Als Alternative dazu gibt es an der Algarve immer noch sehr schöne handgemachte Keramik. Auch Arbeiten aus Kork und Korkleder sind ausgesprochen attraktiv. Nicht zu vergessen: kulinarische Souvenirs!

Öffnungszeiten

■ Generell öffnen **Geschäfte** Mo–Sa 9/10–13 und 15–19 Uhr, manche schließen samstags nachmittags. Allerdings gibt es viele Ausnahmen von der Regel, denn während der Sommersaison wäre es verheerend, sich Umsatz entgehen zu lassen. In touristischen Hochburgen können Shops dann durchgehende Öffnungzeiten haben, später schließen und auch sonntags öffnen.

■ **Supermärkte** öffnen tgl. 9–20/21 Uhr, moderne **Einkaufszentren** mit Boutiquen, Schuhläden etc. haben wegen integrierter Restaurants und Kinos noch länger geöffnet.

■ Wer sich im Urlaub als Selbstversorger eindeckt, findet auch »Lidl«-Supermärkte, obgleich mit anderem Sortiment als von daheim gewohnt.

Kunsthandwerk

Es ist nicht immer leicht, zwischen Ramsch und Qualität zu unterscheiden, aber mit der Zeit bekommen Sie einen Blick dafür.

■ **Keramikarbeiten** werden z. B. noch in Loulé gefertigt: Teller, Schüsseln, Becher, auch mal ein dekorativer Fisch für die Wand. Eine Schmuckkachel *(azulejo)* bekommen Sie ab etwa 5 €.

■ **Kork** wird z. B. für Untersetzer und Bilderrahmen verwendet.

■ Aus **Korkleder** (➤ 34) werden u. a. schicke Accessoires, Portemonnaies und Taschen gefertigt.

Märkte

■ *Algarvios* lieben ihre traditionellen Märkte, ob in Hallen oder im Freien. Dort können sich auch Urlauber, die auf Selbstversorgung setzen, verlässlich und bestens eindecken. Je nach Jahres- und Erntezeit oder auch Fangepochen von Fischen sind die Preise sehr günstig. Die größten und schönsten **Markthallen** stehen in Olhão und Loulé. Darüber hinaus gibt es vielerorts an der Algarve **Floh- oder Trödelmärkte** *(feiras de velharias)*, meist ein- oder zweimal im Monat zu festen Terminen. Vormittags herrscht der größte Zulauf, um 13 Uhr ist häufig Schluss. Fragen Sie bei den Touristeninformationen nach den aktuellen Terminen oder forschen Sie selbst im Internet nach.

■ Die Händler auf Floh- und Trödelmärkten fahren alles Erdenkliche auf, ob Kitsch oder Kleidung. Bei Keramik, Kulinaria, Kork-, Korb-, Holz- und Lederwaren können Sie durchaus gut fündig werden! Prüfen Sie, ob das **Preis-Qualitäts-Verhältnis** stimmt, und lassen Sie sich nicht von der spontanen Urlaubslaune zum Kauf verleiten.

■ Selbst wer nichts kaufen möchte, sollte sich das bunte Markttreiben nirgendwo entgehen lassen!

Kulinarische Souvenirs

■ Wer im eigenen Fahrzeug angereist ist oder Flaschen für den Flug gut verpacken kann: Wie wäre es mit einem **Algarve-Wein** oder einem nicht ganz günstigen **Erdbeerbaumschnaps** *(medronho)*?

■ Flaschen mit **Olivenöl** sind ebenfalls eine Option. Für beste Qualität bürgt das kaltgepresste Olivenöl *(azeite de oliva extravirgem)*.

■ **Käse** *(queijo, queijo de ovelha,* Schafskäse, *queijo de cabra,* Ziegenkäse) und **Hartwürste** *(chouriços)* sind gut zu transportieren, sollten aber nicht über Tage in der Verpackung bleiben!

■ Märkte sind auch gute und günstige Bezugsquellen für Gläser mit **Honig** (z. B. Rosmarin- oder Orangenblütenhonig). Achten Sie vor dem Transport darauf, ob der Verschluss auch hält! Salzmandeln, Kekse und andere Backwaren, eingelegte Oliven, Fläschchen mit scharfer Piripiri-Sauce, Marmeladen, Chutneys, Gewürze und Kräutersäckchen sind ebenfalls beliebte kulinarische Mitbringsel vom Markt.

■ Gern kaufen Urlauber das **Salz**, das an der Algarve durch Verdunstung in den Salinen (z. B. bei Castro Marim) gewonnen wird. Über Speisesalz hinaus sind Päckchen mit der kristallenen Salzblume *(flor de sal)* besonders edel und deutlich preisgünstiger als andernorts zu haben.

Weitere Einkäufe

■ **Lederschuhe** sind in Portugal durchaus günstiger zu bekommen als daheim, doch beachten Sie, wie auch bei preiswerterer Kleidung: Wenn Sie nach Hause zurückgekehrt sind, können Sie fehlerhafte oder ggf. qualitativ schlechte Ware nicht mehr reklamieren!

■ Typisch für die Algarve, aber schwierig zu transportieren, ist der verschließbare **Kupfertopf** *(cataplana)*, in dem sich herrliche Gerichte garen lassen.

■ **Leichtgewichte** unter den Mitbringseln sind Spültücher, Stoffservietten, Küchenschürzen oder Topfanfasser mit dem aufgedruckten Motiv des sogenannten **Hahns von Barcelos**. Dies ist ein ganz typisches Portugal-Motiv, das an einen Jakobspilger erinnert, der im nordportugiesischen Städtchen Barcelos laut überlieferter Legende (➤ 85) dank eines Hahnenschreis auf wundersame Weise überlebte. Die Auswahl der genannten Artikel ist in Vila Real de Santo António besonders groß. Dort bekommt man in den zahlreichen Geschäften in der Innenstadt auch noch Decken, Hand- und Badetücher sowie Kleidung aller Art.

Ausgehen

Während in manchen Orten das Nightlife brachliegt, was ganz dem Geschmack von Ruhesuchenden entspricht, gestaltet sich das Panorama in einzelnen Städten anders. Dort können Sie sich ausgiebig ins Nachtleben stürzen.

Tipps und Hinweise zum Nachtleben

■ Albufeira und Faro sind im Sommer **Top-Spots für das Nightlife**, gefolgt von Praia da Rocha, Lagos und – mit Abstrichen – auch Tavira.

■ Während der Saison findet sich ein internationales Ausgehpublikum ein, das nicht zuletzt seine **Trinkfestigkeit** unter Beweis stellt. Das kann zwischenmenschliche Kontakte leichter ebnen oder manchen lästig erscheinen, je nach Blickwinkel.

■ Außerhalb der Sommersaison ist **Faro** wegen seiner Studenten ein lebendiges Pflaster. Hauptausgehzone ist die sogenannte **Rua do Crime**.

■ In manchen Clubs und Discos geht es im Sommer erst nach 23 Uhr oder sogar erst **nach Mitternacht** so richtig los.

■ In manchen Bars und Clubs spielen Bands **Livemusik**.

■ Ein Treffpunkt für Nachtschwärmer ist die **Marina** von **Vilamoura**.

■ Gelegentlich finden Fado-Abende oder komplette Fado-Konzerte statt. **Fado** ist der portugiesische Blues, der eigentlich aus Lissabon stammt, aber im ganzen Land bekannt ist. Musikalische Themen sind Liebe und Sehnsucht sowie jedwede Art von Herzschmerz. Meist begleiten zwei Gitarrenspieler einen Sänger oder eine Sängerin. Fado wird auch in Kombination mit Abendessen angeboten.

Sportliche Freizeit

■ Die Algarve gilt Freizeitsportlern als Dorado und bietet **Golfplätze, Rad- und Wanderwege, Reitcenter** und **Wassersport**; dazu zählen Tauchen, Stand Up Paddling, Surfen, Kitesurfen und Seekajaktouren, um die wun-

Erster Überblick

derbare Felsküste aus anderer Warte zu erkunden. Je nach Ferienanlage gibt es auch Tennisplätze, Volleyball etc.

■ Zu den **Fernwanderwegen** zählen die etwa 300 km lange **Via Algarviana** (www.via-algarviana.com) durch das Küstenhinterland zwischen Alcoutim und dem Cabo de São Vicente und die **Rota Vicentina** (►42; www.rota vicentina.com), die es auf eine Gesamtlänge von etwa 350 km bringt.

Fernwandertouren setzen nicht nur gute Fitness, sondern auch präzise Planung voraus. Das beginnt bereits mit dem Rucksack, der keinesfalls mehr als 10 kg wiegen darf. Noch idealer wären maximal zehn Prozent des eigenen Körpergewichts. Für grundsätzlichen Tipps zur Packliste empfiehlt sich ein Blick auf die (auch deutschsprachige) Webseite der Via Algarviana.

■ Ein **Fernradweg**, die 214 km lange **Ecovia** (auch: Ecovia Litoral), verläuft zwischen dem Cabo de São Vicente im Westen und dem Städtchen Vila Real de Santo António mit dem Grenzfluss Rio Guadiana im Osten.

■ **Surfcamps** finden u. a. an der Costa Vicentina statt.

■ **Tauchen** ist an über 300 Tagen pro Jahr möglich. Östlich von Alvor befindet sich der Unterwasserpark **Ocean Revival** (www.oceanrevival.pt), wo extra für Taucher Schiffswracks versenkt wurden.

■ Das internationale **Algarve-Autodrom** (Autódromo Internacional Algarve, www.autodromodoalgarve.com) liegt im Hinterland von Portimão. Obgleich hoch defizitär, hat es sich bislang über die Zeiten gerettet. Es bietet auch ein Kartodrom und einen Off-Road-Park.

Freizeitaktivitäten

■ **Dolphin Watching** (►39) ist als Freizeitaktivität vor allem bei 👪 Familien mit Kindern beliebt.

■ Für **Theater und Konzerte** in Faro sind das Teatro das Figuras (www.teatrodasfiguras.pt) und das Teatro Lethes (www.actateatro.org.pt/teatro lethes) kleine Kulturpole. Guter Anlaufpunkt ist auch immer das örtliche **Kulturzentrum** (*Centro Cultural, Casa da Cultura*).

■ Im **Museu do Traje** (www.museu-sbras.com) in São Brás de Alportel steigen gelegentlich – meist sonntags – Events wie Jazzkonzerte, Fado oder Vorführungen traditioneller Tänze.

■ **Kinos** sind mitunter Shoppingkomplexen angeschlossen, Filme laufen gewöhnlich im Original mit portugiesischen Untertiteln (einer der Gründe dafür, warum Portugiesen ein recht gutes Englisch sprechen!).

■ Während der Sommermonate ist die in Lagoa beheimatete Kunstgalerie **Galeria Arte Algarve** (www.artealgarve.net) Schauplatz einer großen, von Events begleiteten Sommerausstellung. Eine zweite, im Sommer bis spät abends geöffnete Zweigstelle der Galeria Arte Algarve können Sie in Ferragudo besuchen.

Festivals und Sommerprogramme

■ **Großveranstaltungen** sind u. a. der Algarve-Cup im Frauenfußball (etwa im März) und das musikalische MED-Festival im Juni in Loulé.

■ Es gibt auch **gastronomische Festivals** wie das Sardinenfest (*Festival da Sardinha)* in Portimão und das Meeresfrüchtefest (*Festival do Marisco)* in Olhão, die beide etwa Mitte August veranstaltet werden.

■ Zwischen Ende März und Mitte Oktober findet in Pêra das 👪 **Internationale Sandskulpturen-Festival** (*Festival Internacional de Escultura em Areia,* www.fiesa.org) statt.

■ Während der Hauptsaison werden von Städten und Gemeinden diverse **Sommerprogramme** mit vielen Aktivitäten und Highlife organisiert.

Östliche Algarve

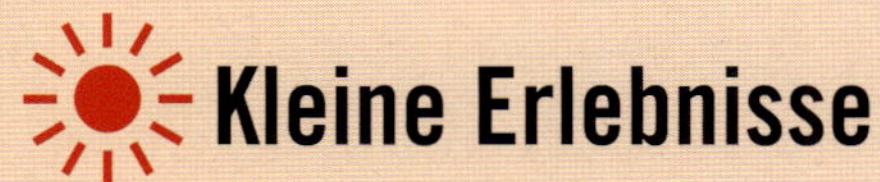

Kleine Erlebnisse

Lagunenflair

Kommen Sie in **Santa Luzia** (➤ 80) abends an die Promenade, um die besondere Lagunenstimmung zu genießen.

Gib mir den Blues

Den Fado, Portugals Blues, bringt in **Tavira** die engagierte Kulturvereinigung **Fado com História** (➤ 86) bei Konzerten zu Gehör.

Letzte Ruhe

Grabstätten als Besuchsziele? Ja, im Dorf **Cacela Velha** (➤ 79) lohnt der Besuch eines typisch portugiesischen Friedhofs.

Erste Orientierung

Der Ostteil von Portugals südlicher Sonnenregion deckt sich mit der Sandalgarve (*Sotavento*). Sie verdankt ihren Namen beeindruckenden, nahtlos ineinander verlaufenden Sandstränden um Manta Rota und Monte Gordo. Manche Betonsilhouetten werfen sich gleichwohl als Fremdkörper hinter den Stränden auf, vor allem in Monte Gordo. Dann wieder geht es einsam und unverfälscht zu, so wie in den nahen Pinienwäldern, wo es herrlich duftet, und in weiten Teilen einer bereits zum Parque Natural da Ria Formosa (➤ 108) gehörenden Insel, der Ilha de Tavira.

Auf der **Ilha de Tavira** erstreckt sich der Strand in die Weite, 👪 Familien mit Kindern werden ihre Freude beim Muschelschalensammeln haben. Klassisches Sprungbrett auf die Insel ist **Tavira**, die attraktivste und facettenreichste Stadt der Region. Dafür sorgen Einkehradressen und besondere Kulturziele. Eine der Altstadtkirchen, die Igreja da Misericórdia, ist wunderbar mit Azulejos ausgekleidet.
Den äußersten Osten und gleichzeitig die Grenze zu Spanien steckt der **Rio Guadiana** ab, der am Burgort **Alcoutim**, dem kleinen Naturschutzgebiet der **Reserva Natural do Sapal** und dem quirligen, zum Shoppen geeigneten **Vila Real de Santo António** vorbeiströmt. Eine Flusstour auf dem Rio Guadiana hat ihren Reiz; Startpunkt ist Vila Real de Santo António. Kleine Perlen der Ostalgarve sind das Dorf **Cacela Velha** und die Salinen um **Castro Marim**, wo Flamingos und andere Vögel ihre Lebensräume gefunden haben. Für Abwechslung ist überall gesorgt!

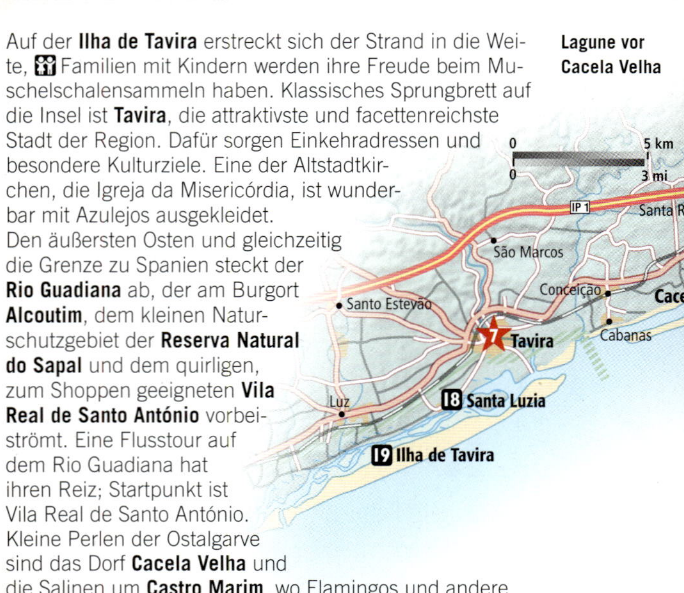

Lagune vor Cacela Velha

Architektonisches Highlight:
Taviras Römerbrücke

TOP 10

Nicht verpassen!

Nach Lust und Laune!

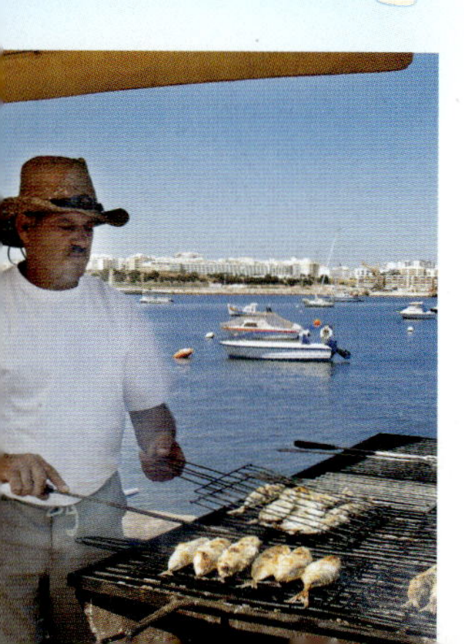

Sardinen vom Grill machen im
Sommer an der Algarve Appetit.

In drei Tagen

Die Ostalgarve wird von weiten Stränden bestimmt, doch dazu gibt es sehenswerte Zugaben aus Städten, Orten und Wasserwelten. Dieser Reisevorschlag zeigt Ihnen, wie Sie an drei Tagen das Wichtigste sehen können, was für eine bestmögliche Mobilität ein Mietfahrzeug voraussetzt. Optimale Standquartiere sind Tavira und Umgebung.

Erster Tag

Vormittags
Beginnen Sie Ihre Entdeckungs-Tour in ⭐**Tavira** (➤ 66, Abb. rechts), einer der schönsten Städte der Algarve. Für den Bummel am Fluss und durch das historische Viertel sowie für einen Besuch der Sehenswürdigkeiten (u. a. Igreja da Misericórdia, Camera Obscura, kleine Burg) sollten Sie ausreichend Zeit einplanen. Essen Sie in Tavira zu Mittag, es gibt genügend Auswahl an Restaurants.

Nachmittags
Unternehmen Sie mit dem Zubringerboot ab Tavira einen Ausflug auf die ⓲**Ilha de Tavira** (➤ 80), entspannen auf der Insel ein wenig in der Nachmittagssonne und spazieren anschließend am Strand entlang. Kehren Sie dann nach Tavira zurück.

Abends
Zum Abendessen können Sie südwestlich von Tavira in den netten, unverfälschten Ort ⓲**Santa Luzia** (➤ 80) fahren, ein Zentrum des Oktopusfangs mit vielen guten Restaurants und einer einladenden Hafenpromenade. Für einen Drink zu fortgeschrittener Stunde bietet sich wiederum Tavira an – hier geht es einfach stimmungsvoll zu. Auch am Abend bezaubert der Blick von der Brücke.

Zweiter Tag

Vormittags
Fahren Sie zum Tagesauftakt ins Inland nach ⓫**Alcoutim** (➤ 72), wo Sie die Burg besuchen und über den Rio Guadiana bis in das Nachbarland Spanien blicken können. Danach geht's in Richtung Süden bis Foz de Odeleite am ⑧ **Rio Guadiana** (➤ 70) entlang und dann weiter nach ⓭**Vila Real de Santo António** (➤ 76). Hier ist jetzt ein Bummel durch die geschäftige Innenstadt angesagt, bevor Sie sich zum Mittagessen niederlassen.

Nachmittags
Nach dem Mittagessen promenieren Sie ein wenig am Rio Guadiana entlang, bevor Sie das an Salinen grenzende ⓬**Castro Marim** (➤ 74) ansteuern. Blasen Sie zum Sturm auf die Burg. Anschließend gönnen Sie sich Rast und Abkühlung am Atlantik. Dazu ist der Strand von ⓰**Manta Rota** (➤ 79) gut geeignet.

Abends

Das Dorf **17 Cacela Velha** (➤ 79) ist Ihr Abendziel. Schlendern Sie durch die pittoresken Gassen und genießen den Ausblick über Teile des **Parque Natural da Ria Formosa** (➤ 108). Nutzen Sie die Einkehrmöglichkeiten.

Dritter Tag

Vormittags/Nachmittags

Wer den ★**8 Rio Guadiana** (➤ 70) und die angrenzenden Ländereien näher kennenlernen will, bucht in **13 Vila Real de Santo António** (➤ 76) eine Tagestour, die etwa von 10 bis 17 Uhr dauert (z. B. mit dem Anbieter Riosultravel, www.riosultravel.com). Ein Teil der Strecke wird über Land in Fahrzeugen zurückgelegt, die andere im Flussboot. Das Mittagessen ist im Preis enthalten.

Abends

Nach der Rückkehr nach Vila Real de Santo António fahren Sie nach **15 Monte Gordo** (➤ 79) am Atlantik. Blenden Sie die Betonwüsten aus, an der Promenade und am Strand ist es einfach schön! Und zu Abend essen können Sie dort gleich auch, ein gelungener Abschluss!

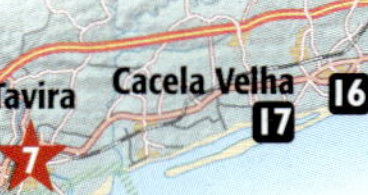

Tavira

Tavira, an den Flussufern des Rio Séqua bzw. Rio Gilão gelegen und im Kern etwa 13 000 Einwohner stark, setzt mit seiner Stimmung und historischen Substanz einen Glanzpunkt an der Ostalgarve. Es ist die Stadt der Kirchen, Uferpromenaden, stillen Altstadtgassen und kleinen Entdeckungen.

Dreh- und Angelpunkt beim Stadtbummel ist die **Praça da República**, wo Sie die Touristeninformation finden und auf die **Ponte Romano**, die sogenannte Römerbrücke, gehen können. Das sehenswerte Bauwerk, das sich in niedrigen Bögen über den Rio Gilão spannt und den Strömen der Fußgänger vorbehalten bleibt, ist ein guter Aussichtspunkt. Auf der anderen Seite der Brücke liegt eine nette **Ausgeh- und Restaurantzone** um die Rua Dr. Antonio Cabreira, die Rua 5 de Outobro und die Praça Dr. Padinha, was Sie sich für eine spätere Einkehr vormerken können, insbesondere für den Abend. Dann erstrahlen auch die Brückenlaternen in einem besonders warmen Licht. Befremdlich ist, dass der Fluss auf Höhe der Brücke seinen Namen von **Rio Séqua** in **Rio Gilão** ändert.

Wohlhabend und bevölkerungsreich

Entlang des Flusses werfen noch stolze Häuser aus alter Zeit ihre Spiegelbilder ins Wasser und erinnern an jene Zeiten, als Tavira eine richtig prosperierende Stadt war. Während der islamischen Herrschaft im Mittelalter hatte sie samt ihrer Burg und ihrem Hafen bereits strategische Bedeutung, im 16. Jh. stieg sie dann zur bevölkerungsreichsten Stadt der Algarve auf und mehrte ihr Ansehen.

Der Wohlstand brachte im Laufe der Zeiten **Herrenhäuser mit Walmdächern** und reichen Dekors sowie zahlreiche Kirchbauten hervor, die noch heute das Stadtbild prägen und Tavira regelrecht zu einem Freilichtmuseum der Architektur machen. Insbesondere die Fassadenverkleidungen mit **Azulejos** sind ein Blickfang. Bleibt anzumerken, dass der Stern Taviras durch eine Pestkatastrophe, die fortschreitende Versandung der Verbindung zum Meer und das Erdbeben 1755 vorübergehend sank. Zu neuerlichem Aufschwung kam es durch den Tunfischfang, die Fischkonservenindustrie und den Fremdenverkehr. Tavira liegt zwar nicht am Meer, hat aber dank der zum **Parque Natural da Ria Formosa** (➤ 108) gehörenden Wasserstraßen gute Verbindungen zur **Ilha de Tavira** (➤ 80) und ihren sehr schönen Stränden.

Taviras Igreja da Misericórdia schmücken ausdrucksvolle szenische Darstellungen aus Azulejos.

Glasplatten Spuren phönizischer Besiedlung und der Verehrung der Gottheit Baal bewahrt. Die Bereiche der immer wieder wechselnden Ausstellung des **Museu Municipal** (Stadtmuseum) sind allerdings etwas mager.

Eine Altstadtstufe höher erreichen Sie das **Castelo**, die kleine, zinnengekrönte Burganlage aus dem Mittelalter. Zur Burg gehört ein gepflegter Botanischer Garten en miniature, in dem Bougainvilleen, Hibiskus und andere Pflanzenarten gedeihen – ein echtes Kleinod! Allein dieser Garten lohnt den Besuch der täglich geöffneten und frei zugänglichen Burg. Zudem bietet er einen schönen Ausblick über Ziegeldächer und Kamine.

Eine weitere sehenswerte Kirche gegenüber der Burg ist die wahrscheinlich über der vormaligen Hauptmoschee im Stil der Gotik erbaute **Igreja de Santa Maria do Castelo**. In-

BAEDEKER TIPP

■ Auf dem Altstadthügel von Tavira ist in dem einstigen Wasserturm Torre de Tavira die **Camera Obscura** (Calçada da Galeria 12, Mo–Fr saisonal leicht variierend 10–16/17, Sa 10–13 Uhr, 4 €) untergebracht. Über einen Spiegel und zwei Linsen auf dem Dach werden Live-Bilder von Tavira in einem dunklen Raum auf eine Projektionsfläche geworfen. Das sind ungewöhnliche Ansichten, die bis zu den Salinen vor den Toren der Stadt reichen und auch für Familien mit Kindern interessant sind.

■ Acht Kilometer östlich von Tavira liegt der Ort **Cabanas de Tavira**, den Sie über einen Abzweig ab der N-125 erreichen. Hier finden Sie einige Restaurants an der Promenade der Lagune, Unterkünfte und einen Linienbootdienst, der Sie nach kurzer Fahrt am Zugang zur attraktiven **Praia de Cabanas** absetzt.

nen wandert der Blick über beachtliche weiße Bögen, Azulejos, Ölgemälde und den Hochaltar mit der gekrönten Jungfrau Maria. Die Kirche ist die Begräbnisstätte von Paio Peres Correia (1205–1275), einem Großmeister des Santiago-Ordens, sowie der ebenfalls jenem Kriegerorden angehörenden »Sieben Ritter«, die im Kampf gegen die Mauren ihr Leben gelassen haben sollen. Die elektrischen Kerzenkästen dürfen als deplatziert empfunden werden. Ange-

schlossen ist der Kirche ein winziges **Museu de Arte Sacra** (Museum für sakrale Kunst).

Der Uhrturm der Kirche prägt ebenso das Stadtbild wie der einstige Wasserturm, bekannt als **Torre de Tavira** und Sitz einer **Camera Obscura** (►Kasten). Im oberen Teil der Altstadt liegen weiterhin das aus einem Kloster hervorgegangene Pousada-Hotel und die **Igreja de Santiago**, ein reich ausstaffiertes, einschiffiges und gleichwohl erstaunlich großes Gotteshaus aus dem 17. Jh.

KLEINE PAUSE

Für die Rast zwischendurch empfiehlt sich Taviras zentraler Platz in Flussnähe, die Praça da República.

✚ 206 A1 ℹ Posto de Turismo, Praça da República 5, ☎ 281 32 25 11; www. cm-tavira.pt 🕓 Di–Do 9.30–19, Fr–Mo 10–13, 15–19 Uhr 🚌 Rua dos Pelames; www.eva-bus.com; Verbindungen u. a. nach Faro, Lissabon, Olhão, Vila Real de Santo António 🚆 Largo de Santo Amaro, www.cp.pt; Verbindungen u. a. nach Faro, Lagos, Lissabon, Vila Real de Santo António

Nucleo Museológico Islâmico
✉ Praça da República ☎ 281 32 05 70; http://museumunicipaldetavira. tavira.pt 🕓 im Sommer Di–Sa 10–12.30 und 15–18.30 Uhr, Rest des Jahres Di–Sa 10–12.30 und 14–17.30 Uhr ✋ 2 €, mit dem Palácio da Galeria 3 €

Igreja da Misericórdia
✉ Largo da Misericórdia 🕓 Di–Sa 9–12.30/13 und 14–18 Uhr ✋ frei

Palácio da Galeria/Museu Municipal
✉ Calçada da Galeria ☎ 281 320 540; http://museumunicipaldetavira.tavira. pt 🕓 im Sommer Di–Sa 9.30–12.30 und 15–18.30 Uhr, Rest des Jahres Di–Sa 9.30–12.30 und 14–17.30 Uhr ✋ 2 €, in Kombination mit dem Nucleo Museológico Islâmico 3 €

Igreja de Santa Maria do Castelo/Museu de Arte Sacra
✉ Calçada da Galeria 🕓 Mo–Sa 10–13 und 14–17/17.30 Uhr ✋ 1,50 €

Igreja de Santiago
✉ Rua Don Paio Peres Correia 🕓 Mo–Fr 9.30–12 Uhr ✋ frei

8 Rio Guadiana

Der Rio Guadiana ist einer der wichtigsten Flüsse der Iberischen Halbinsel. Sein Quellgebiet liegt im mittleren Süden Spaniens, gegen Ende seiner knapp 750 km langen Reise in den Atlantik markiert er die Grenze zwischen Spanien und Portugal. Eben dort, am Unterlauf, stößt der Rio Guadiana an die Ostalgarve.

Der Name *Guadiana* ist arabischen Ursprungs, mutmaßlich abgeleitet von *Wadi Yanah*. Einst war der Fluss bis tief ins Landesinnere hinein als Wasserstraße befahrbar. Transportschiffe nahmen die in den Minen von São Domingos geförderten Erze auf sowie alle erdenklichen Agrarprodukte. Die Bedeutung als Handelsroute hat der Rio Guadiana längst verloren. Dafür speist er Stauseen wie den Barragem de Alqueva im Alentejo, ist für die landwirtschaftlich geprägten Gegenden wichtig geblieben – und aus touristischer Sicht attraktiv! Es gibt an der Ostalgarve mehrere Stellen, wo Sie gut an den Rio Guadiana herankommen: so z. B. in den Orten **Alcoutim** (➤ 72) und **Foz de Odeleite**, an der Flusspromenade von **Vila Real de Santo António** (➤ 76) und südlich von Vila Real de Santo António, wo eine extrem holprige enge Straße parallel zur breiten **Mündung** am Fluss entlangführt.

Unterwegs auf dem Fluss

Wer den Rio Guadiana so richtig entdecken will, bucht in Vila Real de Santo António eine **Flussfahrt**, die bei einem Veranstalter wie Riosul (➤ Kasten) als Ganztagestour von etwa 10 bis 17 Uhr veranschlagt ist. Dazu sollten Sie sich vorab darüber im Klaren sein, dass solche Touren in Gruppen veranstaltet werden. Wissen sollten Sie auch, dass es zunächst gewöhnlich mit Fahrzeugen (Jeeps) über Land bis zum Einstiegspunkt **Foz de Odeleite** geht. Zwischendurch sind Stopps möglich, u. a. im Salzgewinnungsgebiet bei **Castro Marim**, mitunter auch bei einem Kunsthandwerker. Vor der Bootstour gibt es ein landestypisches Mittagessen auf einem Landgut, das im Pauschalpreis enthalten ist. Anschließend legen Sie in **Foz de Odeleite ab** und lernen den Fluss kennen, der sich dort etwa 100 m weit auseinanderzieht und oft eine schlammbraune Färbung aufweist. Der Strom wird von seichten Hügeln begrenzt und zieht sich in langen Schleifen durch

Die Schrägseilbrücke Ponte Internacional do Guadiana an der Flussmündung verbindet Portugal mit Spanien und ist auf Bootsausflügen ein beliebtes Fotomotiv.

BAEDEKER TIPP

Die ganztägige **Guadiana-Bootstour** Cruzeiro no Guadiana kostet bei Riosultravel (Tel. 281 51 02 00, www.riosultravel.com) ab 47 € pro Person. Ein Pick-up-Service ab dem Hotel schlägt je nach Entfernung zum Startpunkt Vila Real de Santo António extra zu Buche. Ein weiterer Veranstalter von Flussbootstouren ist Transguadiana (Tel. 281 51 29 97, www.transguadiana.com).

die Landschaft. Gelegentlich liegen Jachten in der Flussmitte auf Reede. An den Seiten drängen Büsche heran, auf kleinen Feldern gedeihen Orangen und Mandarinen.

Der Brücke und Mündung entgegen

Je näher es auf die Mündung und die moderne, Anfang der 1990er-Jahre entstandene Autobahnbrücke zugeht, desto breiter wird der Rio Guadiana. Ein Stück vor der Brücke sind es bestimmt 300 m. Die Brücke zu passieren, über die der Verkehr zwischen Spanien und Portugal fließt, ist höchst interessant.

Rechter Hand liegt nun das von Sümpfen und Salinen durchsetzte Naturschutzgebiet **Reserva Natural do Sapal** (▶78), in dem zahlreiche Vögel heimisch sind. In der Ferne buckelt sich der Doppelfestungshügel von **Castro Marim** (▶74) auf. Nun ist es nicht mehr weit bis **Vila Real de Santo António** (▶76).

KLEINE PAUSE

Lassen Sie es sich nahe der Marina von Vila Real de Santo António (▶76) gut gehen – dort finden Sie flussnah nette Orte, auch zur umfangreicheren Einkehr.

✠ 206 C3

🔴❚❚ Alcoutim

Eine freundliche, beschauliche Stimmung hängt über dieser Ortschaft am Rio Guadiana (▶ 70). Das war nicht immer so. Schließlich diente die zinnenbesetzte Burg vor Jahrhunderten der Fluss- und auch der Grenzverteidigung nach Spanien hin.

Die Lage am Rio Guadiana gab einst den Ausschlag für die Gründung von Alcoutim. Da die Gezeiten des Atlantiks auf dem Fluss bis hier herauf noch zu spüren waren, mussten die Warentransportschiffe immer mal wieder Zwangsstopps einlegen, um auf günstigere Bedingungen zu warten. So bildete sich der Ort Alcoutim mit einer gewissen Infrastruktur heraus, unterstützt durch eine Festungsanlage zur Kontrolle und Verteidigung des Flussverkehrs.

🔲 FLUG ÜBER DEN GUADIANA

In Alcoutim lässt sich der Rio Guadiana gewissermaßen überfliegen. Möglich macht dies eine 700 m lange **Zipline**, bei der Sie ein Maximaltempo von 70–80 km/h erreichen, was sicher auch Jugendliche und größere Kinder begeistern wird. Der gegenüber von Alcoutim auf spanischer Seite stationierte Betreiber heißt Limitezero (Avenida de Portugal, 21595 Sanlúcar de Guadiana, www.limitezero.com, spanische Handynummer 0034 670 31 39 33). Das rauschende Erlebnis kostet 17 € pro Person. Ein Fährdienst bringt Sie hinüber nach Spanien, damit Sie von dort wie im Flug mit der Zipline nach Portugal zurückkehren können.

Burg mit Ausblick

Das von den Mauren genutzte *Castelo Velho* (altes Kastell) wurde bereits im 11./12. Jh. aufgegeben. Hauptmagnet für Besucher ist das neuere, aus dem Spätmittelalter datierende **Castelo**, das sich hoch über dem kleinen Zentrum des Orts und dem Lauf des Grenzflusses Rio Guadiana erhebt und im 17. Jh. stärker auf die Belange der Artillerie zugeschnitten wurde.

Heute ist es eine echte Oase der Ruhe mit reichlich Grün zwischen dem Mauerwerk und dem stilfremd wirkenden **Núcleo Museológico de Arqueologia** (Archäologisches Museum). Das Beste ist der herrliche Panoramablick auf den Fluss und hinüber nach Spanien

Hübsches Flussufer

Der Streifzug durch Alcoutim führt zur Hauptkirche **Igreja Matriz** (16. Jh.), auf den Hauptplatz **Praça da República** und zur nett aufgemachten Flussuferzone. Verlaufen können Sie sich eigentlich nicht, alles liegt auf engstem Raum. In den beschaulichen Gassen steht so mancher Blumenkasten und Keramiktopf neben dem Hauseingang, Fenster- und Türumrandungen bringen Farbe ins Bild.

<table>
<tr><td>

Über die Dächer von Alcoutim reicht der Blick bis ins Nachbarland Spanien.

</td><td>

Im überschaubaren Zentrum von Alcoutim können Sie sich rund um die Praça da República gut in einem der Restaurants niederlassen.

✠ 206 C5 ℹ Posto de Turismo, Rua 1° de Maio ✉ 281 54 61 79, www.cm-alcoutim.pt

Castelo (Núcleo Museológico de Arqueologia)
🕐 April–Sept. tägl. 9–19. Okt.–März tägl. 9.30–17.30 Uhr ✋ 2,50 €

</td></tr>
</table>

BAEDEKER TIPP

■ Alcoutim ist nicht nur ein nettes Ziel an sich. Lernen Sie bei der Fahrt dorthin ein Stück Inland kennen. Den Rio Guadiana (➤ 70) haben Sie zwischen Foz de Odeleite und Alcoutim in der Nähe. Empfehlenswert ist, bei der Hin- oder Rückfahrt zumindest einmal diesen Streckenabschnitt zurückzulegen. Ansonsten bieten sich bei der Landstraßenfahrt, die nordwestlich von Vila Real de Santo António bzw. Castro Marim über Odeleite führt, schöne Blicke auf die Talsperre Barragem de Odeleite. Aus dem Blau der Wasserfläche ragen kleine Inseln.

■ Alcoutim ist Schnittpunkt von zwei wichtigen Fernwanderwegen. Von Süden her läuft der 65 km lange GR-15 aus Vila Real de Santo António zu, nach Westen führt die bis ins äußerste Eck der Algarve bis zum Cabo de São Vicente (➤ 127) reichende Via Algarviana.

■ Ein motorisierter Ausflug nach Alcoutim lässt sich gut bis in die Nachbarregion Alentejo hinein ausdehnen. Die erste lohnende Station dort ist der Festungs- und Kirchort Mértola (➤ Touren, 182).

⑫ Castro Marim

Zwei Festungsanhöhen lassen erahnen, wie wichtig Castro Marim vormals für die Kontrolle über den nahen Rio Guadiana (▶ 70) und die Verteidigung hin nach Spanien war. Heute geht es geruhsam, aber dennoch geschäftig zu, denn im Umland floriert die Salzwirtschaft.

Castro Marim ragt weithin sichtbar aus dem Flachland westlich des beginnenden Mündungsbereichs des Rio Guadiana und der angrenzenden Sumpf- und Salinengebiete. Die auf zwei Hügel verteilten Burgen zeigen deutlich die Position an, zum einen das Forte São Sebastião (17. Jh., nicht zu besichtigen), zum anderen das deutlich ältere und geschichtsträchtigere **Castelo** aus dem Spätmittelalter. Dieses Turm- und Mauerwerk können Sie erkunden. Der Vorläufer des Kastells wurde bereits von den Mauren genutzt, im 13. Jh. gab König Afonso III. den Befehl zum Neuausbau.

Salz spielt für die lokale Wirtschaft eine große Rolle.

Historischer Sitz des Christusordens

Das Castelo ist bestens geeignet, um in die lange Vergangenheit einzutauchen. Obgleich die Anlage im Laufe der Jahrhunderte mächtig gelitten hat und manches wie Flickschusterei aus Stein aussieht, hebt sich die Struktur der maurischen Ursprungsfestung, die wie eine Burg in der Burg wirkt, noch sichtbar ab. Interessant ist auch, dass das Kastell im 14. Jh. eine Zeit lang zum Hauptsitz des mi-

IM ZEICHEN DER SALZWIRTSCHAFT

Die auf Verdunstung basierende Salzwirtschaft in der Umgebung von Castro Marim dient verschiedenen Zwecken und Absatzmärkten. Bei minderer Speisesalzqualität wird die Fischkonservenindustrie in Nordafrika beliefert, aus industriellen Becken wird unter Maschineneinsatz auch Streusalz gefördert. Das höchste aller Salzgefühle beschert hingegen die bei Feinschmeckern und Spitzenrestaurants geschätzte Salzblume (*flor de sal*). Dahinter stehen aufwändige Arbeitsprozesse, da die hauchdünnen Schichten aus eigenen Becken von der Wasseroberfläche abgeschöpft und dann getrocknet werden. Die Endprodukte sind knusprige Kristallflocken, die päckchenweise zum Verkauf angeboten werden. Haupterntezeiten für Salz sind August und September. Die Salinen werden von zahlreichen Vögeln, darunter Flamingos, aufgesucht und zählen zum umliegenden Naturschutzgebiet Reserva Natural do Sapal (▶ 78).

BAEDEKER TIPP

■ Hoch her geht es in Castro Marim bei den **Mittelaltertagen** *(Dias Medievais)*, die in der zweiten Augusthälfte (tendenziell gegen Ende des Monats) stattfinden.
■ Bei **Terras de Sal**, dem Sitz der Salzkooperative in der Rua de São Sebastião, können Sie gut **Salz kaufen**.

litärischen Christusordens aufstieg, der in der Nachfolge der Tempelritter stand. Integriert in den Burgkomplex ist ein Museumsbereich mit historischen Fundstücken. Beim Blick von den Burgmauern schweifen die Blicke über das Forte São Sebastião, den Lauf des Rio Guadiana, die Autobahnbrücke, die ihn überquert, sowie die umliegenden Salzgärten und Salzberge.

Kirche und Unterdorf
Markantes Baudenkmal unterhalb des Castelo ist die kuppelgekrönte **Igreja Matriz**, die Hauptkirche aus dem 18./19. Jh. Das restliche Unterdorf mit bescheidenem Charakter besteht im Wesentlichen nur aus einigen Straßen und Gassen rund um die Rua de São Sebastião, die Rua José Alves Moreira und die Rua de São Gonçalo de Lagos.

KLEINE PAUSE
Möglichkeiten zur Einkehr finden Sie im Unterdorf entlang der Rua de São Sebastião und der Rua José Alves Moreira.

Erhellend: der Kontrast der alten Burg der Christusritter und das heute weiße Dorf

✠ 206 C2 ℹ Posto de Turismo, Rua José Alves Moreira 2–4 ☎ 281 53 12 32; www.cm-castromarim.pt

Castelo
🕐 Mai–Sept. tägl. 9–19, Okt.–Apr. tägl. 9–17 Uhr ✋ 1,10 €

⑬ Vila Real de Santo António

Die Stadt aus der Retorte des 18. Jhs. bezieht ihre Reize durch die Lage am Rio Guadiana (▶ 70) und ihre überaus geschäftige City, die sich in schnurgeraden Straßenzügen um die Praça Marquês de Pombal erstreckt.

Es waren generalstabsmäßige Planungen und klare politische und wirtschaftliche Ziele, die 1774 zur Gründung von Vila Real de Santo António führten. Zuvorderst ging es um Aspekte einer umfassenden Staatskontrolle: den Wareneingang über den Rio Guadiana genauestens unter die Lupe zu nehmen, dem Schmuggel Einhalt zu gebieten und den Fischfang im nahen Monte Gordo (▶ 79) unter königliche Oberaufsicht zu stellen, was später in Vila Real de Santo António die Gründung der so wichtigen Fischkonservenindustrie nach sich zog. Zum anderen schwang bei der Stadtgründung auch das Bedürfnis mit, gegenüber Spanien eine stärkere Präsenz am Rio Guadiana zu zeigen. Immerhin hatte man mit dem Landesnachbarn auf der anderen Seite des Flusses oft genug aufs Kriegsfuß gestanden.

Schachbrettmuster wie in Lissabon

Vila Real de Santo António entstand nach einem Muster, das beim Wiederaufbau der Unterstadt Lissabons nach dem schweren Erdbeben von 1755 bereits erfolgreich gewesen war. Dieses Muster war schachbrettartig durchstrukturiert, ohne Windungen und ohne Gassenlabyrinth. Es basierte auf einer funktionalen, schnörkellosen Architektur, schnurgeraden Straßen und einem Hauptplatz. Dieser Platz bekam den Namen jenes Mannes, der unter König José I. seine staatsmännische Karriere gestartet und erfolgreich auf die Gründung von Vila Real de Santo António gepocht hatte: Sebastião José de Carvalho e Melo, besser bekannt als Marquês de Pombal (1699 bis 1782).

Der Obelisk erinnert an jene, die ab 1774 den Wiederaufbau von Vila Real de Santo António in die Hand nahmen.

Ein Obelisk der Macht

Im Zentrum der **Praça Marquês de Pombal** sticht der Obelisk hervor, der als Symbol der Macht des Königs und des Markgrafen (Marquês) von Pombal zu interpretieren ist. Den Platz säumen das Rathaus und die **Hauptkirche** Igreja Matriz de Nossa Senhora da Encarnação, ebenfalls aus dem 18. Jh. Das Marienbildnis der Nossa Senhora da

Beschaulich: der Jachthafen in der Morgensonne

Encarnação ist ein Werk des Bildhauers Joaquim Machado de Castro. Im Inneren des Gotteshauses halten elektrische Kerzenkästen den Fortschritt des 21. Jhs. vor Augen. Ende des 19. Jhs. indessen hatte der Fortschritt Vila Real de Santo António zur ersten Stadt der Algarve mit Gasbeleuchtung gemacht.

Stimmungsvolle Kulisse

Rund um die Praça Marquês de Pombal pulsiert das Leben in Cafés und Restaurants. Lassen Sie sich ein wenig von der Stimmung einfangen. Es herrscht ein ständiges Kommen und Gehen. Gelegentlich wird der Platz zu einer trefflichen Kulisse für Märkte und Freiluftkonzerte. Bummeln Sie auch durch die abgehenden Straßen der Fußgängerzone, wo Shopping das Hauptvergnügen ist (▶85).

Promenade am Fluss

Höchstens ein paar Gehminuten trennen die Praça Marquês de Pombal von der nett aufbereiteten Flussuferpromenade am **Rio Guadiana**. Hier finden Sie Ruhebänke, Palmen, den Flusshafen und Restaurants. Wenige Kilometer entfernt mündet der Rio Guadiana in den Atlantik.

KLEINE PAUSE

Rund um die Praça Marquês de Pombal herrscht an Freilufterrassen kein Mangel! Bei der Einkehr können Sie das geschäftige Treiben um sich herum bestens verfolgen.

✚ 206 C2 ℹ www.cm-vrsa.pt 🚌 Avenida da República; www.eva-bus.com; Verbindungen u. a. nach Alcoutim, Castro Marim, Faro, Monte Gordo
🚆 Bahnhof: Largo da Estação, www.cp.pt; Züge u. a. nach Faro und Lagos

BAEDEKER TIPP

Das städtische **Centro Cultural Antonio Aleixo** in der Rua Teófilo Braga dient gelegentlich als Schauplatz von Ausstellungen und kleineren Events.

Nach Lust und Laune!

Traumhaft: die Praia de Monte Verde

14 Reserva Natural do Sapal
Dieses kleine Naturschutzareal erstreckt sich über knapp 2100 ha um **Castro Marim** (▶ 74) und **Vila Real de Santo António** (▶ 76) und stößt ostwärts an den Lauf des **Rio Guadiana**(▶ 70). *Sapal* bedeutet Sumpf, der zusammen mit den Salinen bezeichnend für das Land-

schaftsmosaik ist. Obgleich nicht unberührt von Menschenhand, wie die Besiedlung und die Salzwirtschaft beweisen, fungiert das Gebiet als ökologische Großnische und Lebensraum für über **150 Vogelarten. Flamingos und Weißstörche** zählen ebenso dazu wie Stelzenläufer. Um Castro Marim haben Sie gute Chancen, Flamingos in den **Salinen** zu beobachten. Die befestigten Erdwege, die an den Gewässern vorbeiführen, dürfen – falls nicht anders angegeben – von jedermann genutzt werden.

In Sichtweite der Autobahnbrücke über den Rio Guadiana liegt das **Naturpark-Besucherzentrum** (Centro de Interpretação), das Sie über einen Abzweig von der Landstraße Castro Marim–Odeleite in Höhe von São Francisco erreichen. Am Parkplatz beginnt ein interessanter **Rundweg**. Er führt auf einen Hügel mit schönem Blick über das flache Salinengebiet und den Rio Guadiana.

✚ 206 C2

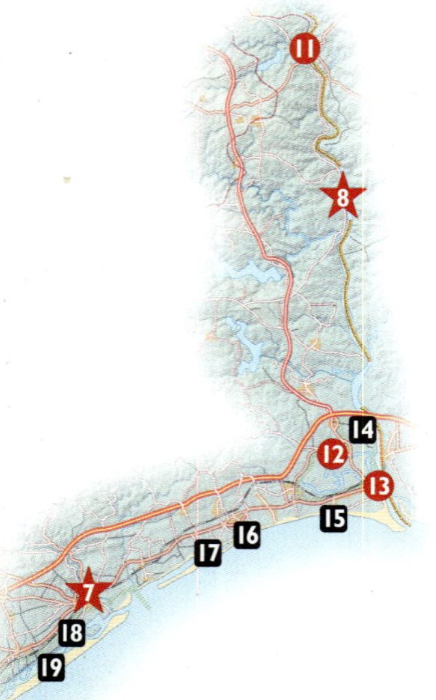

15 Monte Gordo

Der Begriff *monte* (Berg) im Ortsnamen mag zunächst Verwirrung stiften, denn eine nennenswerte Erhebung zeichnet sich rundherum nicht ab. Prägend ist dafür der lange breite **Sandstrand** – ein Teil wird nach wie vor von den Fischern genutzt. Da Monte Gordo über keinen Hafen verfügt, ziehen sie dort ihre **Fischerboote** in Gemeinschaftsarbeit hinauf. Für Besucher sind die Boote mitsamt ihres Fähnchenschmucks lohnende Fotomotive.

Zu übersehen ist nicht, dass der in den 1960er-Jahren aufgekommene Tourismus zur Verschandelung des Küstenorts durch Betonblocks geführt hat. Nichts zu rütteln gibt es hingegen an der Schönheit der Natur, die Sie nicht nur am Strand, sondern auch in den **Pinienhainen** westlich und östlich von Monte Gordo genießen können. In der Ferienenklave mischt sich ein internationales Publikum, vor allem bei Niederländern ist sie beliebt. Sehr nett ist die Strandpromenade. Wer seine Urlaubskasse verspielen will, geht ins Kasino.

✛ 206 C1 🛈 Posto de Turismo, hinter dem Strand, Avenida Infante D. Henrique

☎ 281 54 44 95; www.cm-vrsa.pt 🕓 Di–Do 9.30–19, Fr–Mo 9.30–13, 14–17.30 Uhr
🚍 www.eva-bus.com; Busverbindungen u. a. nach Faro, Luz de Tavira, Olhão, Tavira und Vila Real de Santo António

16 Manta Rota

Sommer und Winter unterscheiden sich hier wie Tag und Nacht: Partystimmung im Sommer, Totenstille im Winter. Der lange, breite, dünenbegrenzte **Sandstrand**, auf den samt riesigen Parkplatzflächen alles zuläuft, ist der Magnet dieses Küstenorts. Über die Dünenzone führen Zubringerstege zum Strand.

Im Gegensatz zu den Betonmassen von Monte Gordo hält sich Manta Rota in gedrungenerem und damit deutlich harmonischerem Rahmen. Hibiskussträucher prägen das Straßenbild. Der direkte Nachbarstrand heißt Praia da Lota.

✛ 206 B1

17 Cacela Velha

Das kleine malerische Dorf, etwa auf halbem Weg zwischen Tavira und Monte Gordo abseits der N-125, ist denkmalgeschützt und liegt hoch über den Ostausläufern der Lagunenlandschaft des **Parque Natural da Ria Formosa** (➤ 108). Stellen Sie Ihr Fahrzeug am besten

Blick über die Lagune vor Cacela Velha

Von Tavira führen Bootsausflüge in die Lagunenlandschaft.

am Dorfrand ab und lassen Sie sich durch die Gassen bis zu den Aussichtspunkten bei der Kirche treiben. Unterwegs können Sie die schmucken Kamine der Häuser und die leuchtend blau und gelb gestrichenen, fotogenen Hausfassaden auf sich wirken lassen.

Ein Platz und eine Gasse erinnern an zwei Dichter aus maurischer Zeit, Ibn Darraj Al-Qastalli und Abû Al-Abdarî. Unterhalb des Dorfs erstreckt sich die Lagunenlandschaft. Der schweifende Blick bleibt auch immer wieder an bizarren Opuntien und Feldparzellen hängen. Die kleine Festung ist nicht für Besucher zugänglich, dafür bietet sich am Dorfrand ein Streifzug über den **Friedhof** an. Typisch für eine Stätte der letzten Ruhe in Portugal sind die Etagengräber mit ihren Einschubfächern, Kunstblumen, Kerzenhaltern und Fotos der Verblichenen. In pompöseren Grabbauten können Sie durch Glasscheiben die Särge sehen, über denen sich Spitzendecken ausbreiten. Da stellt sich sogleich ein kleiner Grusel ein. Filmen und Fotografieren ist auf dem Friedhof nicht erlaubt.

✠ 206 B1

18 Santa Luzia

Der nette unverfälschte Ort südwestlich von Tavira liegt gegenüber der **Ilha de Tavira** (➤ unten) und ist durch Wasserstraßen von der lang gestreckten Insel getrennt. Santa Luzia ist **Zentrum des Oktopusfangs**, was sich auf den Speisekarten der Lokale niederschlägt. Fotogen, vor allem im Abendlicht, sind die vielen kleinen Fischerboote. Ein Bummel an der **Promenade** entlang lohnt sich aber zu jeder Tageszeit. Während der Saison gibt es Bootszubringer auf die Ilha de Tavira, wo Sie zum Strandabschnitt der Praia da Terra Estreita gelangen.

✠ 205 F2

19 Ilha de Tavira

Die flache langgezogene Ilha de Tavira gehört zum **Parque Natural da Ria Formosa** (➤ 108) und begeistert durch ihre kilometerlangen, schier unendlichen Sandstrandweiten. Ab **Tavira** (➤ 66) verkehren regelmäßig Bootszubringer, die Sie ab dem Ableger Quatro Águas hinbringen. Im Sommer gibt es auch citynahe Verbindungen, die bei der alten Markthalle Mercado da Ribeira starten. Die Boote steuern den äußersten Nordosten der Insel an,

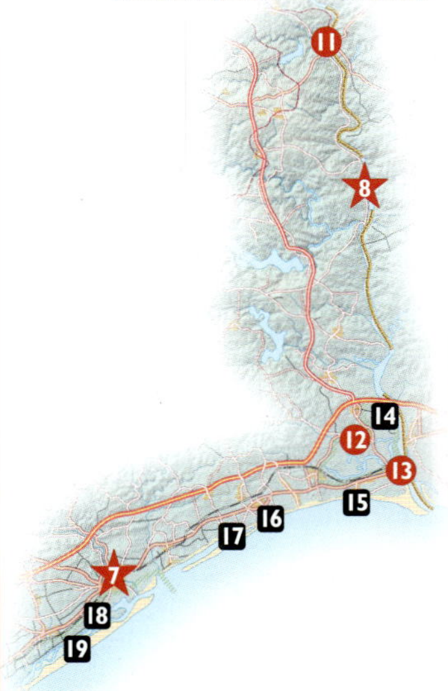

wo sich Großrestaurants und ein im Sommer geöffneter Campingplatz auf die Besucherströme eingerichtet haben. Je weiter Sie sich von diesen touristischen Einrichtungen entfernen, desto einsamer und ursprünglicher wird es am Strand. Wer mit Kindern durch den Sand spaziert, wird sich hier ausgiebig den Freuden des Muschelschalensammelns hingeben können.

Südwestlich des für seine Oktopusfänge bekannten Orts **Santa Luzia** (➤ 80) kommen Sie alternativ über einen rund 1 km langen Damm auf den Mittelteil der Ilha de Tavira. Das geht entweder zu Fuß oder mit einem Bimmelbähnchen, das fast von der Zeit überholt scheint. Hinter der Endstation des Bähnchens liegt ein kleines Areal mit Einkehrmöglichkeiten. Ursprünglich wurde dieser Komplex Mitte des 19. Jhs. im Zuge des Tunfischfangs erbaut.

Das Ziel des Inselausflugs liegt gleich hinter den Dünen: die **Praia do Barril**, ein wunderbarer Sandstrand, der sich nach rechts und links erstreckt. Kuriosum in den Dünen hinter der Praia do Barril ist der **Cemitério das Âncoras**, der sogenannte »Friedhof der Anker«.

Hier haben in der Tat Anker von Fischerbooten ihre letzte Ruhe im Sand gefunden. Ihre Zahl geht ins Dreistellige. Ihr Anblick ist ohne Zweifel einer der kuriosesten an der gesamten Algarve! Der Anker-Friedhof ist, wie es heißt, als Hommage an die Epoche des Tunfischfangs an der Algarve zu verstehen. Während der Saison können Sie an der Praia do Barril diverse Wassersportarten betreiben.

✠ 205 F2

Der Parque Natural da Ria Formosa präsentiert sich im Frühling besonders farbenfroh.

Wohin zum ...
Übernachten?

CABANAS DE TAVIRA

Pedras da Rainha €–€€
Ein wenig abseits des Ortskerns von Cabanas de Tavira lassen sich in dieser großen Anlage, in der auch private Ferienhausinhaber heimisch sind, Studios und Häuser mieten. Wer auf Selbstversorgung setzt, darf sich hier gut aufgehoben fühlen. Die Einheiten sind für zwei bis zehn Personen ausgerichtet und eignen sich auch gut für 👪 Familien mit Kindern. In zehn Gehminuten sind Sie an der Restaurantzone an der Promenade, wo die Boote hinüber zur Praia de Cabanas starten. In den Komplex von Pedras da Rainha sind weite Wiesenzonen, ein Freiluftpool, einige Tennisplätze und ein Restaurant integriert. Attraktiv sind die Preise insbesondere in der Nebensaison. Gleich vor dem Eingangsbereich der Anlage befindet sich der saisonal betriebene Radverleih Megasport (www.megasport.pt).
✚ 206 B 1 ✉ Lage an der Ortseinfahrt von der N-125 kommend rechter Hand ☎ 281 38 06 80; http://pedrasdarainha.com

CASTRO MARIM

Quinta da Fornalha €–€€
Das Öko-Landgut Quinta da Fornalha ist auf all jene zugeschnitten, die statt landläufigem Beachtourismus Landleben suchen. Rundherum liegen Feigenplantagen. Produkte wie eingelegte Feigen und Feigen-Chutney stehen im Hofladen zum Verkauf. Es gibt Studios und Häuschen für Selbstversorger – sechs verschieden ausgestattete Einheiten.
✚ 206 C2 ✉ wenige Kilometer südwestlich von Castro Marim an der Straße, die über São Bartolomeu Richtung N-125 führt (ausgeschilderter Abzweig) ☎ 281 54 17 33; www.quinta-da-fornalha.com 🕙 Mitte Juli–Ende Aug. wird nur wochenweise vermietet

MONTE GORDO

Vasco da Gama €€–€€€
Nun ja, es ist einer dieser Hotelblocks, der nicht gerade zur Verschönerung des Ortsbilds von Monte Gordo beigetragen hat. Dennoch das große Plus: Hier sind Sie direkt am weiten Sandstrand (ohne Straße dazwischen). Auch ein Pool ist vorhanden. Die Preise hängen von der Zimmerausrichtung ab. Neben Zimmern werden Apartments vermietet.
✚ 206 C1 ✉ Avenida Infante D. Henrique; ☎ 281 51 09 00; www.vascodagamahotel.com

SANTA LUZIA

Pedras d'el Rei €–€€
In dieser weitläufigen Anlage stehen Studios, Apartments und Ferienhäuser zur Wahl, die für zwei bis acht Personen geeignet sind. Auch 👪 Familien mit Kindern fühlen sich wohl. In minimaler Gehzeit erreichen Sie den Startpunkt des Bähnchens, das über einen Damm hinüber Richtung Praia da Barril auf der Ilha de Tavira (▶ 80) fährt. Der Bahntransport ist für Hotelgäste kostenlos. Alternativ können Sie

problemlos zur Ilha de Tavira hinüberwandern. Das Resort bietet große Wiesen und einen Freiluftpool. Dazu gehört auch das Restaurante Vale d'el Rei (➤ 84).

✚ 205 F2 ✉ südwestlich von Santa Luzia
☎ 281 38 06 00; http://pedrasdelrei.com

TAVIRA

Almargem Lusitano €–€€

Eine ideale Unterkunft für Freunde des Landhaustourismus, weit außerhalb von Tavira. Um nicht lange suchen zu müssen, fordern Sie am besten bei der Buchung die genaue Anfahrtsbeschreibung an! Insgesamt stehen zehn Zimmer zur Verfügung, deren Preise je nach Ausstattung gestaffelt sind. Die Einrichtung ist einfach, solide und sauber. Dazu gehören geschmackvolle Außenanlagen. Für Erfrischung sorgt ein kleiner Pool.

✚ 206 A1 ✉ Sítio do Almargem
☎ 281 32 33 86; www.almargemlusitano.com

Vila Galé Albacora €€€

Wer eine einsame Anlage mitten in der Natur schätzt, wird sich in diesem Hotel ganz bestimmt wohlfühlen. Es liegt etwa 4 km östlich von Tavira im Parque Natural da Ria Formosa (➤ 108). Das Haus bietet einen großen Poolbereich und einen Bootszubringerdienst auf die Ilha de Tavira (➤ 80). Kurios ist, dass der Flachbaukomplex auf dem ehemaligen Gelände einer Tunfischverarbeitung steht, deren Zeugnisse hier teilweise noch bewahrt werden.

✚ 206 A1 ✉ Quatro Águas
☎ 281 38 08 00; www.vilagale.com
🕐 im Winter geschl.

Vila Galé Tavira €€€

Ein zweites Hotel der bewährten Vila-Galé-Kette liegt nah am Zentrum von Tavira. Das Vier-Sterne-Haus trumpft mit einem riesigen Foyer auf, doch sein Herzstück ist der Freiluftpool, um den sich die Zimmer auf drei Ebenen verteilen. Gäste erwartet ein kleiner Wellness- und Fitnessbereich sowie eine große Restaurantzone. Ein Aufenthalt in der Nebensaison kann sich lohnen, denn dann sinken die Preise ganz erheblich.

✚ 206 A1 ✉ Rua 4 de Outubro
☎ 281 32 99 00; www.vilagale.com

Wohin zum …
Essen und Trinken?

Preise
für ein Drei-Gänge-Menü ohne Getränke und Service
€ unter 20 Euro   €€ 20–35 Euro   €€€ über 35 Euro

CACELA VELHA

Casa Velha €–€€

Zu dem einladenden und alteingesessenen Dorfrestaurant geht es an Zitronen vorbei etwas abwärts zu dem großen Innenhof, in dem man schön draußen sitzt. Das Speiseangebot – typische und schmackhafte Hausmannskost – reicht von Omelette und Salat bis zu Oktopus-Reis und gegrilltem Fisch. Die einfache, aber schmackhafte Küche ist auch bei den Einheimischen beliebt.

✚ 206 B1 ✉ am Ortseingang (vom Parkplatz aus kommend) ☎ 281 95 22 97
🕐 Di–So 12–15 und 19–22 Uhr

Östliche Algarve

PRAIA DO CABEÇO

Sem Espinhas €€
»Ohne Gräten« heißt dieses Beachrestaurant, wobei die Grätenfreiheit bei dem reichlich aufgetischten Fisch natürlich nicht garantiert ist und es auch Fleischgerichte und Salate gibt. Pluspunkt ist die Lage am Strand, wo in den 1970er-Jahren der Vorläufer des Restaurants als einfacher Beachsnack und beliebter Treffpunkt aus der Taufe gehoben wurde.

✚ 206 C1 ✉ Praia do Cabeço, Castro Marim, ☎ 281 95 60 26; www.semespinhas.net 🕐 nur Saisonbetrieb, dann tägl. 10–19 Uhr

SANTA LUZIA

Casa do Polvo €
Im »Oktopus-Haus«, so lautet die Übersetzung des Restaurantnamens, steht alles selbstredend im Zeichen der örtlichen Spezialität von Santa Luzia. Für Tintenfischliebhaber ist ein Besuch hier ein Genuss: Das Casa do Polvo gilt als gute Adresse, die auch die Einheimischen zu schätzen wissen. Sie finden das Restaurant recht leicht an der Straße, die parallel zur Lagune verläuft.

✚ 206 A1 ✉ Avenida Engenheiro Duarte Pacheco 8, ☎ 281 32 85 27 🕐 Mi–Mo 12–15 und 18.30–22 Uhr

Vale d'el Rei €€–€€€
Das Restaurant gehört zum Studio-, Apartment- und Ferienhauskomplex Pedras d'el Rei (► 82) etwas südwestlich von Santa Luzia. Bei der Tischwahl bietet sich je nach Wetterlage der Vorbereich mit Terrasse und Blick auf Wiese und Pool oder das kühle Innere an. Die regional ausgerichtete Küche ist hervorragend. Neben Gerichten mit Oktopus kommen hier viele weitere regionale Spezialitäten auf den Tisch.

✚ 206 A1 ✉ Pedras d'el Rei, Santa Luzia ☎ 281 38 06 00, http://pedrasdelrei.com 🕐 tägl. 12.30–15 und 18.30–22.30 Uhr

TAVIRA

A Ver Tavira €€
In der Nähe der Burg und der Kirche Santa Maria do Castelo genießt dieses Restaurant eine Vorzugslage über Tavira. Der Ausblick von der Panoramaterrasse lockt viele Gäste an und ist der größte Pluspunkt. Das Essen regt weniger zum Schwärmen an, lässt sich aber getrost als solide einstufen.

✚ 206 A1 ✉ Calçada da Galeria 13 ☎ 281 38 13 63 🕐 11–24 Uhr (im Winter mitunter geschl.)

Bica €–€€
Ein herzliches Ambiente, ein paar Tische draußen in der engen Gasse vor der Fassade mit Azulejosfliesen und köstliche Gerichte mit Fisch, Meeresfrüchten, z. B. Muscheln oder Garnelen in Knoblauchsoße, Reis oder Tunfisch sprechen für dieses Restaurant. Hier können Sie *Cataplana*-Gerichte (► 34) probieren, aber wenn Sie eher auf Fleisch stehen, sind die Lammkoteletts eine gute Alternative.

✚ 206 A1 ✉ Rua Almirante Cândido Reis 24–28 ☎ 281 32 38 43 🕐 12–14.30, 19–22 Uhr

Pousada Convento da Graça €€€
Ein stilvolles Ambiente prägt das Pousada-Hotel, in dem Sie nicht nur in einem der 36 Zimmer übernachten, sondern im Restaurant auch hervorragend essen können. Einst wurde hinter den Mauern gebetet, da das Convento da Graça auf dem Altstadthügel von Tavira ursprünglich ein Augustinerkloster aus dem 16./17. Jh. war. Für Bedürftige gab es Almosen, Brot und Suppe. Heute ist die Küche ausgefeilt und wird vorwiegend von südportugiesischen Gerichten bestimmt. Serviert werden auch passende Weine.

✚ 206 A1 ✉ Rua Dom Paio Peres Correia ☎ 210 40 76 80; www.pestana.com 🕐 tägl. 12.30–15 und 19.30–22 Uhr

VILA REAL DE SANTO ANTÓNIO

Sem Espinhas €€

Das Sem Espinhas mit Terrasse gehört zur selben kleinen Restaurantkette wie das gleichnamige Beachrestaurant an der Praia do Cabeço (▶ 84). Es liegt zentrumsnah an der Straße, die am Fluss entlang verläuft. Für den späteren Verdauungsspaziergang brauchen Sie nur die Straße zu überqueren und landen an der schönen Promenade am Rio Guadiana. Das Restaurant hat einen aufmerksamen Service und ein gediegenes, aber nicht übertrieben elitäres Ambiente. Auf der Speisekarte steht eine gute Mischung aus Gerichten mit Fisch- und Meeresfrüchten sowie Fleisch. Auch die Weinauswahl ist gut.

✚ 206 C2 ✉ Avenida da República 51 ☎ 281 54 46 05; www.semespinhas.net ◷ tägl. 11–22.30 Uhr

Wohin zum … Einkaufen?

Vila Real de Santo António ist ein besonders populäres Shoppingpflaster. In der Innenstadt reiht sich ein Geschäft ans nächste. Viele Spanier kommen gern über die Grenze, um preisgünstig einzukaufen. Ausgangspunkt für den Bummel ist die Praça Marquês de Pombal. Überall finden Sie Hand-, Bade- und Küchentücher, Tischdecken und Küchenschürzen in geradezu inflationärer Auswahl.

DER HAHN VON BARCELOS

Aufdrucke des Hahns von Barcelos sind eine schöne Erinnerung, wobei Sie die Legende zu diesem Motiv zumindest in Kurzform kennen sollten: Es trug sich im Mittelalter zu, als eines Tages auf dem Weg zum Jakobusgrab im spanischen Santiago de Compostela ein Pilger, der durch Nordportugal zog, in Barcelos Station machte. Plötzlich wurde der Fremde eines Verbrechens angeklagt und zum Tod durch den Strang verurteilt. Als letzten Willen erbat er sich aus, noch einmal vor den Richter treten zu dürfen. Der Gesetzesmann war gerade dabei, einen gebratenen Hahn zu essen. »Meine Unschuld ist bewiesen, wenn dieser Hahn kräht«, sagte der Pilger unter dem Gelächter der Umstehenden. Im selben Moment krähte der Hahn – und der Unschuldige kam frei …

VON KUNSTHANDWERK BIS SALZ

Gut geeignet für den Schaufensterbummel ist auch **Tavira**, insbesondere um die flussnahe Rua Dr. José Pires Padinha und die geschäftige Rua da Liberdade. In Tavira hat die Associação de Artes e Sabores ihren Sitz, eine Vereinigung, bei der sich alles um Kunsthandwerk und kulinarische Produkte dreht. Ihr Laden **Casa do Artesão** auf dem Altstadthügel in der Calçada da Galeria 11 bietet Korkwaren, Schmuckkacheln, Taschen, Modeschmuck, Süßwaren, Feigenschnaps, selbstgemachte Liköre etc. Im Salinenort **Castro Marim** können Sie sich gut mit Salz eindecken, u. a. mit hochwertiger Salzblume (*flor de sal*).

MÄRKTE

Großer Beliebtheit erfreuen sich **Floh- und Trödelmärkte** (*feiras de velharias*), die ihre regelmäßigen Veranstaltungsorte und -zeiten haben: in Tavira am jeweils 1. und ggf. 5. Samstag im Monat neben dem Mercado Municipal; in Monte Gordo am 4. Samstag im Monat neben dem Posto de Turismo; in Vila Real de Santo António am 2. Samstag im Monat um die Praça Marquês de Pombal. Hinzu kommen **Märkte** (*mercados*), z. B. am 2. Samstag im Monat in Castro Marim, am 3. Samstag im Monat in Tavira in der Rua Almirante Cândido dos Reis (am Fußballplatz) und am 1. Sonntag im Monat in Vila Real de Santa António um die Praça Marquês de Pombal.

Wohin zum …
Ausgehen?

Ausgehspot und Kulturpol der Ostalgarve ist Tavira, wo diverse Kneipen (gelegentlich mit Live-Musik) und weitere Treffs zur Auswahl stehen. Recht lebhaft geht es während der Saison auch in Strandorten wie Monte Gordo zu. Besorgen Sie sich in den Touristenbüros das monatlich erscheinende Heft »Algarve Guia/Guide«, das es kostenlos gibt. Es informiert über Feste, Events, Ausstellungen, Sportveranstaltungen etc.

KINO, KONZERTE

Ins Kino gehen können Sie im Einkaufszentrum **Tavira Gran-Plaza** (www.taviragranplaza.com) und im Cine Teatro Antonio Pinheiro (Rua Guilherme Gomes Fernandes, www.cine clube-tavira.com). In der **Igreja da Misericórdia** finden ab und zu Konzerte statt.

FADO

Empfehlenswert: Die Kulturvereinigung **Fado com História** veranstaltet in einem kleinen Saal bei der Igreja da Misericórdia kurze Fadokonzerte. Montags bis samstags können Sie dort Fado mit einer Sängerin und Gitarrenbegleitung hören (Rua Damião Augusto de Brito Vasconcelos 4, Termine unter http://fado comhistoria.wix.com/fado; Tel. 968 77 46 13, ca. 20 Min., 5 €).

ERLEBNISSE AUF DEM WASSER

Zu den Freizeitaktivitäten zählen **Bootstouren** durch die Lagunenwelt des Parque Natural da Ria Formosa, was auch ideal für 👪 Familien mit Kindern ist. Ab Tavira startet Sequa Tours (Tel. 960 17 07 89, www.sequatours.com), auch zu Vogelbeobachtungstrips. Die etwa einstündige Standard-Lagunentour kostet 12 € pro Person, eine ausgedehntere Zwei-Stunden-Tour 35 €. Das besondere Erlebnis mit ein wenig Nervenkitzel beschert eine **Zipline** in Alcoutim über den spanisch-portugiesischen Grenzfluss Rio Guadiana (www.limitezero.com, ► 70). **Kitesurfen** können Sie in Cabanas de Tavira lernen: bei Kitesurf Eolis, Av. Ria Formosa 8, Centro Comercial, Loja 34, Tel. 962 33 72 85, www.kitesurfeolis.com.

WANDERN, RADELN, GOLFEN

Wanderungen sind auf dem Fernwanderweg Via Algarviana (www.via-algarviana.com) möglich, der seinen Ausgangs- bzw. Endpunkt in Alcoutim nimmt. Ziel bzw. Start im Westen ist das Cabo de São Vicente (► 127). Neueren Datums ist der Fernwanderweg GR-15, der sich in der Ostalgarve über eine Länge von 65 km zwischen Vila Real de Santo António und Alcoutim erstreckt. Um Monte Gordo eignen sich die Pinienwälder gut zu kürzeren Wanderungen und zum Joggen. Östlich von Tavira bei Cabanas lohnen sich Spaziergänge durch die Lagunenlandschaft der Ria Formosa. Für **Radfahrer** bieten sich Streckenabschnitte auf dem küstennah verlaufenden Fernradweg der Ecovia (► 179) an, wobei es auch mal an der Hauptstraße entlanggehen kann. **Golfen** können Sie u.a. bei Castro Marim (www.castromarimresort.com) und Vila Nova de Cacela (in den Resorts Quinta de Cima und Quinta da Ria, www.quintadaria.com).

Faro und die mittlere Algarve

Kleine Erlebnisse

Unter Fischern

Wer auf der **Ilha da Culatra** (▶ 98) im Ort Culatra einkehrt oder durch die verkehrsfreien Gassen streift, fühlt sich noch so richtig unter Fischern.

Azulejos-Pracht

Lassen Sie sich in **Loulé** (▶ 113) von der Pracht der Schmuckkacheln in der Ermida Nossa Senhora da Conceição beeindrucken!

Rhythmisch

Die Bar **O Farol** (▶ 108) in **Fuseta** nahe der Lagune bietet ab und zu Livemusik.

Erste Orientierung

Die mittlere Algarve kommt einer doppelten Schnittstelle gleich: Sie erstreckt sich zwischen Atlantik und hügeligem Hinterland und zwischen langen Stränden und dem Kanal- und Insellabyrinth des Parque Natural da Ria Formosa. Mitten in dieser Region liegt Faro, Hauptstadt der Algarve und Anflughafen der Urlaubsgäste. Freuen Sie sich auf das glasklare Licht, das so oft über der Algarve hängt, auf tolle Strände und Märkte, rauschendes Nightlife und kontrastreiche Erlebnisse.

Die Kontraste beginnen in **Faro**, wo die Altstadt mit historischem Mauerwerk und Kathedrale auf ihre Entdecker wartet und sich gleich nebenan die pittoreske Marina anschließt. Direkt vor Faros Haustür blicken Sie über Teile des **Parque Natural da Ria Formosa**, der bis in die Ostalgarve hineinreicht und von Muschelzucht, Wasserstraßen und Inseln geprägt wird. Als besonders schöne Insel mit dörflichem Ambiente

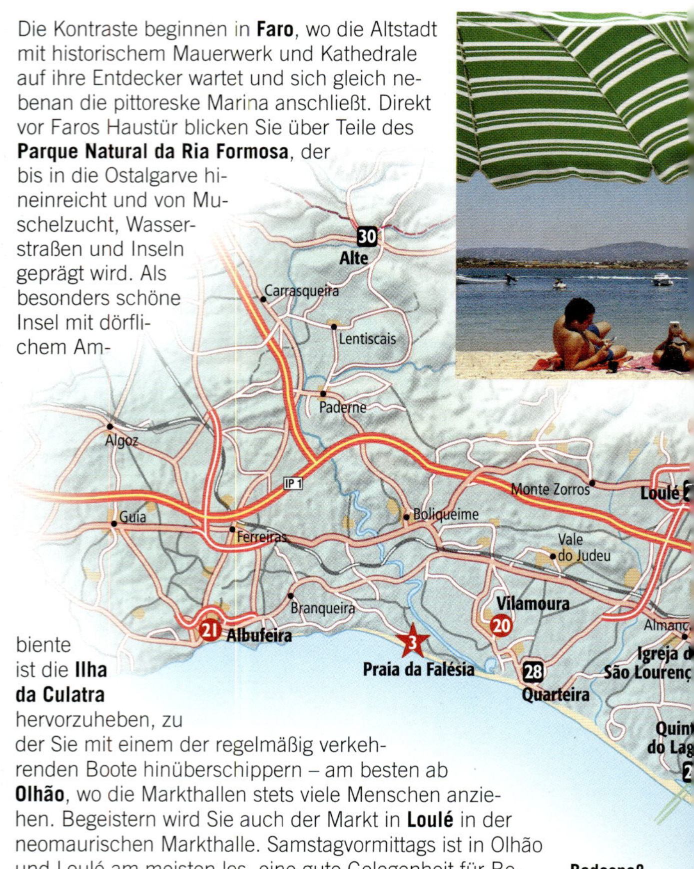

ist die **Ilha da Culatra** hervorzuheben, zu der Sie mit einem der regelmäßig verkehrenden Boote hinüberschippern – am besten ab **Olhão**, wo die Markthallen stets viele Menschen anziehen. Begeistern wird Sie auch der Markt in **Loulé** in der neomaurischen Markthalle. Samstagvormittags ist in Olhão und Loulé am meisten los, eine gute Gelegenheit für Begegnungen mit der einheimischen Bevölkerung.

Absolut überzeugend sind die Strände, angeführt von der **Praia da Falésia** in **Albufeira** mit einer besonders hohen Hoteldichte. In Albufeira können Sie sich ins Nachtleben stürzen, ebenso in Faro. Garantiert immer viel los ist am Abend an der **Marina von Vilamoura** mit ihren zahlreichen

Badespaß (Abb. oben) und ein Abendbummel durch Olhão (Abb. rechts oben)

TOP 10

Nicht verpassen!

Nach Lust und Laune!

Kneipentreffs und Restaurants direkt am Wasser. Dann wiederum geht es still zu, wie im römischen Ausgrabungsareal von **Milreu** oder in der **Igreja de São Lourenço**, einer sehenswerten Kirche am Ortsrand von Almancil, die von innen mit ihrer prachtvollen Azulejosdekoration begeistert.

In drei Tagen

Dieser Routenvorschlag zeigt Ihnen, wie Sie die interessantesten Ziele an der mittleren Algarve an drei Tagen ansteuern können, ohne dass Hektik aufkommt. Schließlich geht es unterwegs auch darum, das südländische Leben und die Küche zu genießen. Ein (Miet-)Auto verschafft die nötige Mobilität. Achten Sie bei der Planung auf die Öffnungszeiten der Märkte und Sehenswürdigkeiten.

Erster Tag

Vormittags
Nehmen Sie sich am Morgen ausreichend Zeit für **10 Faro** (➤ 100, Hafen, Abb. oben), wo Sie innerhalb des historischen Stadtmauergürtels die Gassen, die Kathedrale und das Lokalmuseum im einstigen Kloster Nossa Senhora da Assunção entdecken. Außerhalb des Mauerrings schlendern Sie an der Marina entlang. Auch die schaurige, zur **Igreja do Carmo** gehörende Knochenkapelle (➤ 102) könnte noch auf Ihrem Besuchsplan stehen, bevor Sie in Faro zu Mittag essen.

Nachmittags
Jetzt schlagen die Stunden der Strandzeit. Fahren Sie ab Faro ein ganzes Stück nordwestwärts zur **3 Praia da Falésia** (➤ 92, Abb. rechts unten), einem besonders schönen Steilküstenstrand von mehreren Kilometern Länge; es gibt einige Zugänge hinab an den Strand.

Abends
Den Abend sollten Sie sich für **20 Vilamoura** (➤ 103) und das vibrierende Leben um die Marina freihalten. Kneipen und Restaurants gibt' es dort wie Sand am nahen Meer.

Zweiter Tag

Vormittags
Der Tagesauftakt beginnt in **4 Olhão** (➤ 94), dessen Highlight der Markt ist. Fahren Sie anschließend mit dem Boot auf die **9 Ilha da Culatra** (➤ 98). Bei der etwa halbstündigen Überfahrt bekommen Sie gute Eindrücke vom **23 Parque Natural da Ria Formosa** (➤ 108). Eine Entdeckung

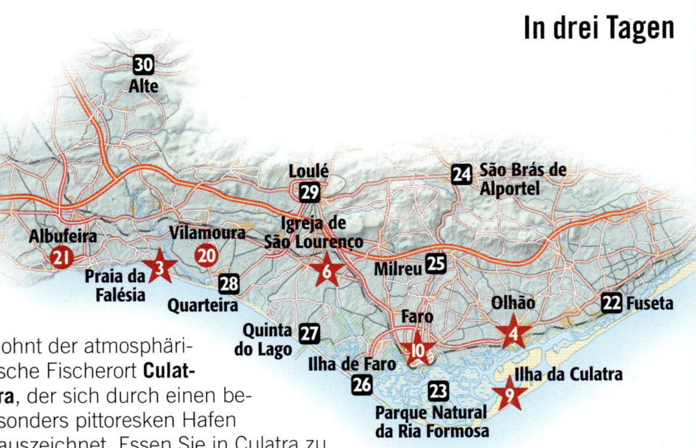

lohnt der atmosphäri-sche Fischerort **Culat-ra**, der sich durch einen be-sonders pittoresken Hafen auszeichnet. Essen Sie in Culatra zu Mittag, es gibt wunderbar frischen Fisch.

Nachmittags

Gehen Sie hinter **Culatra** noch an den Strand, bevor Sie nach Ihrer Rück-kehr in den Ort eine Erfrischung zu sich nehmen und nach **Olhão** zurück-schippern.

Abends

22 Fuseta (► 106) ist ein nettes, kleines Ziel für den Abend und bietet ei-nige Möglichkeiten zur Einkehr.

Dritter Tag

Vormittags

Zunächst geht es zu einem Kulturabstecher ins Inland, den Römerruinen von **25 Milreu** (► 110), nicht weit vom Ort Estoi entfernt. Fahren Sie da-nach weiter in die Kleinstadt **29 Loulé** (► 112), um über den Markt zu schlendern und zu Mittag zu essen.

Nachmittags/abends

In Loulé könnten Sie sich vor der Abfahrt noch die kleine Burg und die herrlichen Azulejos in der Ermida **Nossa Senhora da Conceição** (► 112), ansehen. Unter dem Leitmotiv der Azulejos steht auch die Besichtigung der **6 Igreja de São Lourenço** (► 96) bei Almancil.

Die Küstenstadt **21 Albufeira** (► 104) lädt zum Bummel durch die Fuß-gängerzone und zur Einkehr ein, auch noch zu fortgeschrittener Stunde.

3 Praia da Falésia

An einem der schönsten Küstenstücke der Algarve verschmelzen Sandstrand, rostbraune Klippen und der Atlantik mit ihren Kontrasten unverwechselbar zu einer Einheit. Spätestens hier sieht man einmal mehr, warum die Algarve bei Gästen aus aller Welt eine solche Zugkraft genießt. Die Praia da Falésia ist der längste Strand weit und breit im Feriengroßraum Albufeira.

Traumbilder im Osten der Feriengroßgemeinde Albufeira! Kilometerlang zieht sich die Praia da Falésia in die Weite, ganz im Hintergrund lässt sich die Marina von Vilamoura (► 103) erahnen. Im Rücken des Strands erheben sich Steilküstenflanken, die fast an **Wildwestkulissen** erinnern, ganz so, als wäre man plötzlich in Canyonlandschaften der USA gebeamt worden. Schrundige Abstürze, von der Natur zu Wänden, Türmen, Blöcken und Spitzen modelliert.

Kontrastreiche Farbtöne

Die Felswände bäumen sich geschätzte 30 m hoch auf, vereinzelt geht es noch etwas höher hinauf. Dominanter Farbton der Klippen ist Rostrot, doch ebenso wirken Ocker, bräunliche und hellere Töne hinein. Und wenn das Meer – je nach Sonnenstand – dann noch eine karibisch anmutende Türkisfärbung trägt, ist das Maximum der Kontraste erreicht.

Abgeschottet durch Felswände

Oberhalb der Steilküste wiegen sich Zweige und Kronen von Pinien im Wind, breiten sich Mittagsblumenwiesen aus, verlaufen Wegabschnitte, über die sich manch guter **Aussichtspunkt** erreichen lässt. Außerdem liegen dort einige traumhafte **Hotelanlagen** wie das Sheraton Algarve (► 114) und das benachbarte Pine Cliffs Resort (► 114). Wer das nötige Kleingeld mitbringt, bezieht hier gern sein Standquartier. Immer wieder führen **Abgänge hinab an den Strand**, aber nicht überall – dazu schottet sich die Praia da Falésia mit ihren Felswänden zu sehr auf natürliche Weise ab. So kommt es auch, dass es hier keine lückenlos durchgehende Infrastruktur, z. B. Strandlokale und Anbieter von Sonnenliegen gibt. Die weiten Strandflächen und die flachen Ein-

Ab und zu kommt es an der Kante der Steilküste zu Erdrutschen – diese Pinie klammert sich an ihr Leben.

Die rötlich schimmernde Felskulisse der kilometerlangen Praia de Falésia ist der Inbegriff der Felsalgarve.

stiege ins Wasser wissen selbstverständlich auch 👪 Familien mit Kindern zu schätzen. Ebenso wird der lange, erfahrungsgemäß stets saubere Strand gern von Beachwalkern genutzt. Oder Sie können einfach nur relaxen und das Panorama in dieser beeindruckenden Landschaft genießen.

KLEINE PAUSE

Wenn Sie bei einem langen Strandspaziergang an der Praia da Falésia in Richtung Vilamoura gehen, treffen Sie bereits vor der dortigen Marina auf Einkehrmöglichkeiten.

✚ 201 E2

BAEDEKER TIPP

■ Die Farbspiele der Felswände hinter der Praia da Falésia wirken im **Morgen- oder Abendlicht** besonders eindrucksvoll. Erst dann lohnt es sich so richtig, zur Kamera zu greifen.

■ Achten Sie beim Begehen von Wegen oberhalb der Steilküste darauf, dass Sie **nicht zu nah an die Abbruchkante** kommen! Die Klippen können fragil sein. Und unten sollten Sie sich nicht zu nah an die Felsen legen, weil nicht auszuschließen ist, dass oben kleine Stücke abbrechen können.

■ Es gilt einmal mehr der Rat, auf die Gezeiten zu achten und sich nach Möglichkeit eine **Gezeitentabelle** zu besorgen. Je höher die Flut, desto weniger Strandflächen gibt es. Sinkt der Pegel, ist der Strand etwas härter, was das Gehen im Sand erleichtert.

■ Zwischen der Praia da Falésia und der westwärts gelegenen Kernstadt Albufeira liegen **weitere Strände**, die sich großer Beliebtheit erfreuen. Dazu zählen die Praia de Santa Eulália, die Praia da Oura und die Praia de Maria Luisa.

 4 ★ Olhão

Größer und besser als in den Markthallen von Olhão geht es bei der Präsentation von Frischeangeboten kaum. Eine der beiden Großhallen bleibt Fisch und Meeresfrüchten vorbehalten. Hier fasziniert die Hafenstadt mit einer ganz besonders authentischen Atmosphäre.

Kommen Sie, staunen Sie, riechen Sie! Nun ja, geruchsempfindlich dürfen Sie nicht sein, wenn Sie die **Fisch- und Meeresfrüchteabteilung** des Markts von Olhão betreten. Die Angebote an Dutzenden Ständen sind sensationell und bestens sortiert: von Sardinen und Stabmuscheln über Tintenfische bis zu Schwert- und Tunfisch. Je nach Fang und Tagesangebot können Rochen und kleine Haie dabei sein. Hier erhalten Sie kostenlosen Anschauungsunterricht dessen, was so alles im Atlantik lebt, auf Fischerbooten landet und letztlich in den Restaurants auf den Tisch kommt. Falls Sie zu jenen gehören, die in Studios oder Apartments auf Selbstversorgung setzen, dürfen Sie sich den Markteinkauf nicht entgehen lassen! Das gilt auch für die zweite Halle mit Fleisch, Obst, Gemüse.

Auf Tuchfühlung: Begegnung mit den Bewohnern in der Fischhalle (oben) und am Wochenende auch an den Ständen vor der Halle (rechts).

Bootsverkehr und Freiluftmarkt

Das Markthallendoppel (*Mercados Municipais*) wurde in den Jahren 1912–1916 erbaut. Die typische Architektur jener Zeit hat sich nicht verändert, einzig das Dach wurde neu eingedeckt. Die Hallen grenzen zum einen an die lebhafte Avenida 5 de Outobro, zum anderen an eine Promenade, von der sich Blicke über die Wasserweiten des

BAEDEKER TIPP

- Montags ist in Olhão wenig los. Kommen Sie lieber an einem anderen Tag.
- Ein Highlight im Jahreskalender von Olhão ist das *Festival do Marisco* (Festival der Meeresfrüchte) im August. Dann bieten sich reichlich Gelegenheiten, die Köstlichkeiten zu probieren. Den genauen Termin (etwa Mitte des Monats) und das Programm bringen Sie am besten über die Facebook-Seite des Festival do Marisco in Erfahrung.
- Der **Fischerhafen** von Olhão ist zwar in Teilen nicht für die Öffentlichkeit zugänglich, aber trotzdem lohnen sich Fotos von der Fischerflotte und den Möwen, die es hier ebenfalls reichlich gibt.
- Ein Stückchen östlich von Olhão führt eine empfehlenswerte **Wanderung** (► 186) auf einem Lehrpfad durch charakteristische Feuchtgebiete des **Parque Natural da Ria Formosa.**
- In Olhão starten Zubringerboote durch den Parque Natural da Ria Formosa zur **Ilha da Culatra** (► 98), Ilha da Armona und Ilha Deserta. Ausflüge zu diesen **Inseln im Naturpark** sollten Sie sich keinesfalls entgehen lassen.

Parque Natural da Ria Formosa (► 108) bieten. Dort herrscht reger **Bootsverkehr**, da die Einfahrt in den großen Fischerhafen nicht weit ist. Versuchen Sie, **samstags morgens** nach Olhão zu kommen. Dann wirken nicht nur die Markthallen wie ein Wimmelbild, sondern auch der **Open-Air-Markt** vor der Tür. Bauern, Landfrauen und andere Kleinproduzenten der Gegend bieten dort ihr frisch geerntetes Obst und Gemüse an. Hinzu kommen Stände mit Modeschmuck, Taschen, Sonnenbrillen und Wühltische mit Kleidung.

Weitere Sehenswürdigkeit im Stadtkern ist die barocke Hauptkirche **Igreja Matriz de Nossa Senhora do Rosário** aus dem 17./18. Jh. In die angegliederte Aflitos-Kapelle bringen Gläubige Votivgaben.

KLEINE PAUSE

Zwischen den beiden Markthallen können Sie sich gut für eine kleine Pause zwischendurch zu einem Snack und Drink niederlassen und die Passanten beobachten.

✚ 205 D1 🛈 Posto de Turismo, Largo Sebastião Martins Mestre 6 A, ☎ 289 71 39 36; www.cm-olhao.pt

Markthallen (Mercados Municipais)
✉ Avenida 5 de Outubro 🕓 Mo–Sa 7–13 Uhr
🚌 Rua General Humberto Delgado; www.eva-bus.com; Verbindungen u. a. nach Faro, Fuseta, Lissabon, Monte Gordo, Tavira, Vila Real de Santo António

★ 6 Igreja de São Lourenço

Die Kirche des hl. Laurentius (auch: Lorenz), Igreja de São Lourenço, liegt unscheinbar auf einer winzigen Anhöhe am Ortsrand von Almancil. Von außen wirkt der kalkweiße Bau wie jeder andere und lässt nichts Besonderes vermuten. Wer es nicht weiß, rauscht auf der Durchgangsstraße N-125 am ausgeschilderten Abzweig vorbei – und verpasst eines der beeindruckendsten Gotteshäuser der Algarve! Im Inneren besticht die Pracht aus Azulejos.

Die Azulejos im seitlichen Vorsaal der kleinen Kirche können Sie lediglich als Vorspiel verstehen. Sobald Sie die eigentliche Igreja de São Lourenço betreten, werden Sie von einer Sturzflut aus Schmuckfliesen überwältigt. Warum sich gerade hier eine Hochburg sakraler Kachelschmuckkunst befindet, erklärt eine Legende. Grafen aus dem Norden Portugals, die sich zusammen mit Freunden in der Gegend aufhielten und auf Jagd gingen, sollen die Ausschmückung des Kirchenraums mit bemalten Fliesen veranlasst haben. Ob dahinter ein Gelübde oder Ähnliches stand, verliert sich im Dunkel. Gewiss ist, dass die Dekoration und der Einbau des vergoldeten Hochaltars im 18. Jh. vorgenommen wurden. Die Kirche selbst existierte seit Beginn des 16. Jhs.

Fliesenkunst zur Legende des hl. Laurentius

Die Kirche ist einschiffig, fast fensterlos. Nichts lenkt den Blick auf die überbordenden Dekors aus Azulejos ab, die bis hinauf in die Bögen und die Kuppel reichen. Blüten, Dolden, Kelche, Granatäpfel, Trauben, Engel, Girlanden aus Blumen und vielerlei weitere Motive in Blau-Weiß-Tönen gibt es zu entdecken. Leitmotivisch ist auch der Namensgeber der Kirche vertreten, der hl. Laurentius.

Laut Überlieferung stand er zu Römerzeiten als Erzdiakon in den Diensten des Papstes Sixtus II. und soll im Jahr 258 in Rom sein Martyrium erlitten haben. Seinem Glauben schwor er bis zum letzten Atemzug nicht ab. Man briet ihn auf einem Rost zu Tode. Zuvor hatte er im Namen von Sixtus, der drei Tage vor Laurentius hingerichtet wurde,

BAEDEKER TIPP

■ Wer sich zu den gläubigen Christen zählt, kann sonntagvormittags am Gottesdienst teilnehmen. Dann braucht man keinen Eintritt zu bezahlen. Die sonntäglichen Gottesdienste beginnen um 9 und 11 Uhr.

■ Erinnerungsfotos der Igreja de São Lourenço können Sie nur von außen aufnehmen. Innen ist das Fotografieren oder Filmen nicht erlaubt.

■ Am Eingang zur Kirche gibt es meist Informationsfaltblätter, auch auf Deutsch.

noch die Schätze der Kirche an die Armen verteilen können. Verehrt wird Laurentius bis heute als Patron der Armen, sein Segen soll bei Feuersbrünsten Schutz bieten
und der Glaube an ihn gleichermaßen bei Augenleiden wie
bei Fieber, Ischias und Hexenschuss helfen.

Platz auf der Bank

Welche und wieviele Künstler bei der Ausschmückung der
Igreja de São Lourenço am Werk waren und woher genau
die Azulejos stammten, ist nicht dokumentiert. Für Ihren
Besuch spielt das auch keine Rolle. Lassen Sie sich einfach auf einer der Holzbänke nieder und die Kühle im Kircheninneren sowie die überbordende Azulejos-Kunst auf
sich wirken.

Bis zur Decke schmücken Azulejos die Igreja de São Lourenço. Der mit Blattgold verzierte Altar ist typisch für den portugiesischen Barockstil im 18. Jh.

KLEINE PAUSE

An der kleinen Zubringerstraße hinauf zur Kirche liegt die
Pastelaria São Lourenço, die sich für eine Stärkung und
Rast anbietet.

✚ 204 B2 ℹ Posto de Turismo, Loja do Munícipe, Rua José dos Santos Va-
quinhas, Lote 53 R/C Loja 8, Almancil, ☎ 289 40 08 60 🚆 Busse nach Faro,
Quarteira und Loulé, www.eva-bus.com

Igreja de São Lourenço
🕓 Mo 15–17, Di–Sa 10–13 und 15–17 Uhr ✋ 2 €

⭐ Ilha da Culatra

Das Boot ist die einzige Möglichkeit, diese bewohnte Insel im Parque Natural da Ria Formosa (▶ 108) zu erreichen. Ihre östlichen Ausläufer beginnen südlich von Olhão (▶ 94), die Anfahrt von dort dauert etwa eine halbe Stunde. Allein die Passage durch die Wasserweiten des Naturparks Ria Formosa lohnt den Weg und macht Sie unterwegs mit Kanälen, Muschelzuchtfarmen und der Vogelwelt vertraut. Überall tuckern Fischerboote.

Die Orte Culatra und Farol stehen auf den Fahrplänen der Boote zur Ilha da Culatra. Hangares, der dritte Ort der Insel, spielt für Besucher keine Rolle. Fischfang und Muschelzucht sind die Haupterwerbszweige der Inselbewohner. **Culatra**, der mit Abstand größte und ganzjährig bewohnte Ort, wendet sich nicht zum offenen Meer hin, sondern zur geschützten Lagunenseite. Eben dort empfängt Sie bei der Ankunft einer der malerischsten Fischerhäfen Südportugals. Hier geht es geschäftig zu. Bunte Boote, aufgestapelte Netze, Fischer bei der Arbeit und Möwen, die sich mit Vorliebe auf die Fischabfälle stürzen, fügen sich zu typischen Bildern. Kurios ist, dass dieser Fischerhafen erst seit dem Jahr 2008 existiert. Bis dahin galt es in Culatra, die Boote ausnahmslos auf den Strand hochzuziehen.

Eine eigene Welt

Auf der Ilha da Culatra gibt es keine Straßen, keine Ampeln, keinen Verkehr im herkömmlichen Sinn – und damit keine Staus und keine Gefahren für Fußgänger. Als Transportmittel dienen lediglich wenige Traktoren und Golfbuggys. Darüber hinaus sehen Sie die ein oder andere Schubkarre und vereinzelte, aus irgendeinem Supermarkt zweckentfremdete Einkaufswagen. Obgleich das Festland mit seiner »richtigen« Zivilisation und seinen Häusermas-

sen fast zum Greifen nah liegt, ist der Ort Culatra im Naturpark Ria Formosa eine Welt für sich. Etwa 1000 Menschen
leben hier ständig. Es gibt eine Schule, eine Gesundheits-
station, eine Bibliothek, ein Sportfeld, einige Einkehrmöglichkeiten und den langen Zugangssteg hinüber zum flachen, von Dünen begrenzten Strand. Ende des 19. Jhs.
ließen sich hier erste Fischer nieder, bauten sich einfachs-
te Hütten. Sie pflegten von Beginn an einen ganz eigenen
Lebensstil. Heute wirken viele der kleinen Häuser solide
und schmuck, zwischenzeitlich erbaut aus Stein und Be-
ton, obgleich alles andere als luxuriös.

Farol und der Leuchtturm

Auch im zweiten sehenswerten Ort, Farol, am äußersten
Südwestende der Insel, sollten Sie einmal zwischen den
Häuserreihen entlangschlendern. Blickfang in Farol ist der
Leuchtturm, ein Bauwerk vom Ende des 19. Jhs., im Jahr
1921 auf eine Höhe von 50 m aufgestockt. Das Licht
bringt es auf eine Reichweite von 50 km. Auch in Farol
liegt der Strand ganz in der Nähe. Der Inseltrip nach Culatra zieht sicher auch 👪 Familien mit Kindern in den Bann!

KLEINE PAUSE

In Culatra und Farol gibt es diverse einfache Lokale. Unweit des Fischerhafens von Culatra empfiehlt sich das
ganzjährig geöffnete Restaurant-Café **Janoca** auf einen
Drink oder zu einer Portion Fisch oder Muscheln.

✚ 205 D1

BAEDEKER TIPP

■ Während der Sommersaison werden vor allem im Inselort Farol zahlreiche Unter-
künfte auf Privatbasis vermietet.
■ Achten Sie auf die genauen Rückfahrzeiten der Fährboote.
■ Wichtige Feierlichkeit auf der Insel Culatra ist der Inselfesttag *(Festa do Dia da
Ilha)* am 19. Juli. Im August – meist am ersten Wochenende – steht ein Fest zu Eh-
ren Mariens an, die als Schutzpatronin der Fischer bis heute hohe Verehrung genießt.
Dieses Fest heißt *Festa em Honra de Nossa Senhora dos Navegantes.*

 Faro

Unübersichtlich? Ja, das mag die mit 50 000 Einwohnern (Großraum: 65 000 Ew.) größte Stadt der Algarve für Besucher zunächst einmal sein. Wer sich jedoch auf das Wesentliche konzentriert, wird äußerst angetan sein und sich rasch zurecht finden. Legen Sie Ihr Hauptaugenmerk auf die mauerumzogene Altstadt, die als *Vila Adentro* ausgeschildert ist.

Die Römersiedlung *Ossonoba* gilt als Keimzelle der Stadt Faro, die seither große Bedeutung genießt und südlich an den Parque Natural da Ria Formosa (▶ 108) angrenzt. Die Lagunengebiete des Naturparks beginnen unmittelbar am Stadtrand, während Weißstörche Natur in die Stadt bringen. Ein netter Platz ist das **Hafenbecken**, von dem aus der Stadtmauermantel um das historische Viertel bereits in Sichtweite liegt. Bester Einstiegspunkt ist das alte Stadttor **Arco da Vila** (▶ Spaziergang, 170).

Einen Überblick über Stadt und Umgebung bekommen Sie vom Glockenturm der Kathedrale (oben, rechts unten).

Panorama vom Glockenturm

Wer sich dahinter ein wenig durch die teils kopfsteingepflasterten Gassen treiben lässt, kommt früher oder später an der Sé aus, der wuchtigen **Kathedrale**. Deren Ursprünge reichen ins Spätmittelalter zurück, doch ein Brand, Plünderungen und Schäden durch Erdbeben machten im Laufe der Zeiten Erneuerungen nötig. Im Inneren der Kathedrale sind Kachelschmuck und Orgel zu beachten, während ab dem Vorhof annähernd 70 Stufen auf den **Glockenturm** führen. Lohn für den mühsamen Aufstieg ist die Aussicht über die Stadt und die angrenzenden Feuchtgebiete des Naturparks.

Faro ist seit 1577 Bischofssitz. Der **Bischofspalast** liegt unweit der Kathedrale, und ein Denkmal auf dem Kathedralvorplatz zeigt Francisco Gomes do Avilar (1739–1816), einen der bedeutendsten Vertreter aus der langen Reihe der Würdenträger. Sakralen Ursprungs ist das nahe **Museu Municipal** (Stadtmuseum). Es ist in dem ehemaligen Kloster Nossa Senhora da Assunção aus dem 16. Jh. untergebracht, einem schönen Bau aus der Renaissance. Die Schwerpunkte der Sammlung liegen auf Archäologie, Geschichte und Kunst, was bedeutet, dass Sie Exponate wie Säulen- und Kapitellreste, ein großes römisches Mosaik und Gemälde diverser Epochen bewundern können. Mehrere Räume dienen für Wechselausstellungen. Sehenswert selbst für jene, die sich weniger für das Museum interessieren, ist der doppelstöckige Kreuzgang.

Lebensfrohe Stadt

Faro ist alles andere als historisch angestaubt, es steckt voller Leben! Dafür sorgt alleine die **Studentenschaft**, die beim Nachtleben mit Vorliebe rund um eine Straße ausschwärmt, die der Volksmund Rua do Crime nennt. Dank

guter Flugverbindungen reisen mittlerweile viele Ausgehfreudige aus dem Ausland an, um ein paar Tage in Faro zu verbringen. Außerhalb des Stadtmauerwalls eignet sich die Fußgängerzone sehr gut zum Bummeln, vielerorts laden **Cafés und Restaurants** zum Verweilen ein.

KLEINE PAUSE

Um das Hafenbecken von Faro finden Sie gut gelegene Einkehrmöglichkeiten.

✚ 204 C1, Stadtplan 202 ℹ Posto de Turismo, Rua da Misericórdia 8–12,
☎ 289 80 36 04; www.cm-faro.pt
🕐 tgl. 9–13, 14–17/18 Uhr
🚌 Avenida da Républica, www.eva-bus.com, Verbindungen u. a. nach Lagos, Loulé, Monte Gordo, Olhão, Portimão, São Bras de Alportel, Vila Real de Santo António, ebenso nach Lissabon und ins spanische Sevilla
🚆 Largo da Estação, www.cp.pt; Zugverbindungen u. a. nach Lagos, Lissabon, Tavira, Santo Vila Real de Santo António

Sé (Kathedrale)

✉ Largo da Sé 🕐 im Sommer Mo–Fr 10–18.30 und Sa 9.30–13 Uhr, Rest des Jahres Mo–Fr 10–17.30, Sa 9.30–13 Uhr ✋ 3 €

Museu Municipal (Stadtmuseum)

✉ Praça do Afonso III 14 🕐 Juni–Sept. Di–Fr 10–19, Sa/So 11.30–18, Okt.–Mai Di–Fr 10–18, Sa/So 10.30–17 Uhr ✋ 2 €

Faros Igreja do Carmo ist für ihre Knochenkapelle berühmt.

BAEDEKER TIPP

■ Frei von Eintrittsgebühren können Sie die Kathedrale während der **Gottesdienste** in Augenschein nehmen. Diese beginnen normalerweise Mo–Fr um 8.45 Uhr, Sa 18 Uhr (im Juli/Aug. 21.30 Uhr) und So um 12 Uhr.

■ Schauer gefällig? Dafür sorgt die **Capela dos Ossos** (Knochenkapelle) mit einer Wand- und Deckenzier aus 1200 Totenschädeln und anderen menschlichen Knochen. Igreja do Carmo, Largo do Carmo, Mo–Fr 10–13 und 15–18, Sa 10–13 Uhr, 2 €.

⑳ Vilamoura

Eine Marina dieser Größe hat Seltenheitswert und macht Vilamoura zu einem Sonderfall. Um den Jachthafen reihen sich Bars, Bistros, Lounges und Restaurants. Hier ist beste Stimmung garantiert.

Promis, Geschäftsleute und wer gern gesehen werden möchte, trifft sich in den Terrassencafés an der Marina von Vilamoura.

Es ist eine stolze Zahl an Liegeplätzen, mit der Vilamoura auftrumpft: exakt 825. Hier öffnet sich einer der größten Freizeithäfen in Südportugal, eingerahmt von zahlreichen Restaurants, Kneipen und Geschäften. Portugals Altfußballstar Luis Figo investierte hier einst erfolgreich in einen Treff (Sete Café) und immer wieder herrscht in und um Vilamoura Promi-Alarm. Das gilt gleichermaßen für die nahen Golfplätze. Als Normalsterblicher braucht man nur um das Hafenbecken zu promenieren, um Flair und Stimmung in sich aufzunehmen. Der Wechsel von Chic und Bodenständigkeit hat durchaus seinen Reiz. Ob man an der Marina irgendwo einkehrt, was etwas teurer, aber dank großer Terrassenflächen auch stimmungsvoller als andernorts sein mag, bleibt jedem selbst überlassen.

Vilamoura entstand ab den 1970er-Jahren eigens für den Küstentourismus aus der Retorte, entsprechende Bausünden *all inclusive*. Die Marina ist schon als »Bester Jachthafen Portugals« geadelt worden. Je nach Jahreszeit steigt reichlich Animation.

KLEINE PAUSE

Um die Marina von Vilamoura gibt es eines ganz gewiss nicht: einen Mangel an Einkehrmöglichkeiten. Suchen Sie sich ein passendes Plätzchen aus, das Ihrem Geschmack entspricht: abhängig von Zulauf, Stimmung, Preisniveau und Vorliebe für Sonne oder Schatten.

✚ 201 F2 ℹ️ www.marinadevilamoura.com

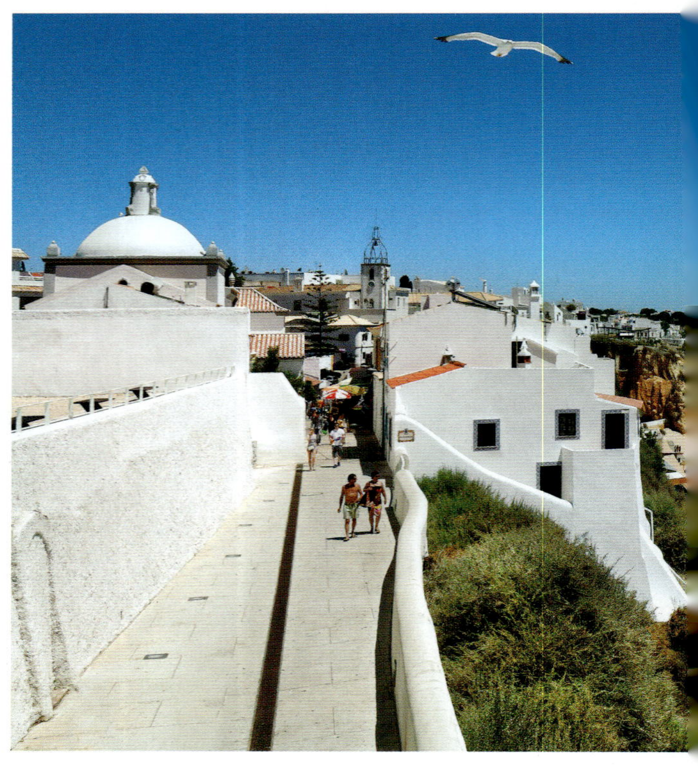

21 Albufeira

Pralles Sommerleben bei Tag und Nacht, eine geschäftige City, tolle Strände rundherum, ein Stück außerhalb die Marina: Ein Rummel wie in dem auf Touristenmassen ausgerichteten Albufeira mit ca. 25 000 Einwohnern ist eher untypisch für die Algarve. Das sollten Sie wissen, bevor Sie kommen.

Die Feriengemeinde Albufeira hat viele Gesichter und ist angesichts einer Küstenlänge von 15 km kaum auf einen Nenner zu bringen. Die Ziele liegen entsprechend weit verstreut: im Westen finden Sie die Marina mit knapp 500 Liegeplätzen und Strände wie die Praia do Castelo, weit im Osten den Steilküstenstrand der Praia da Falésia (► 92), ein Gebiet, in dem sich viele Spitzenhotels konzentrieren.

BAEDEKER TIPP

Ab der Marina starten Bootstouren mit der Jacht oder dem Katamaran, z. B. mit Algarve Charters (Tel. 289 31 48 67, www.algarvecharters.com).

Badefreuden: die Praia dos Pescadores gehört längst den Touristen und nicht mehr wie früher den Fischern.

Wer Kurs auf die Innenstadt nimmt, findet auf dem Largo Engenheiro Duarte Pacheco den idealen Ausgangspunkt zur Entdeckung der Fußgängerzonen mit reichlich Kneipen und Souvenirshops.

Ein Tunneldurchgang führt ab der Rua 5 de Outobro zu Albufeiras Hausstrand, der Praia dos Pescadores. In der Oberstadt mit der Hauptkirche Igreja Matriz, der an der Praça Miguel Bombarda gelegenen Ermida de São Sebastião und der Igreja de Sant'Ana verebben die Besuchermassen dann ein wenig. Alle drei Kirchen gehen auf das 18. Jh. zurück. Ein weiterer Blickfang von Albufeira ist der Torre do Relógio, der Uhrturm des ehemaligen Bezirksgefängnisses.

KLEINE PAUSE

Die Marina im westlichen Stadtteil ist einen Abstecher wert Dort finden Sie reichlich Terrassenplätzchen für einen erfrischenden Drink.

---

201 D2 Posto de Turismo, Rua 5 de Outobro, Tel. 289 58 52 79; www.cm-albufeira.pt tgl. 9–13, 14–17/18 Uhr Busbahnhof, Alto dos Caliços, www.eva-bus.com; Verbindungen u. a. nach Almancil, Faro. Lagoa, Lissabon, Portimão, Silves

Nach Lust und Laune!

22 Fuseta

Eine unscheinbare Landstraße zweigt von der N-125 zwischen Ol-hão und Tavira ab und führt nach Fuseta. Der nette, noch recht authentisch gebliebene Ort bestand in den Anfängen nur aus ein paar Fischerhütten. Seine Entwicklung ging mit dem Bau würfelförmiger Häuser einher, die durch ihre typischen Dachterrassen und Schornsteine auffallen. Reizvoll für Besucher ist Fusetas Lage an der Lagunenwelt des **Parque Natural da Ria Formosa** (➤ 108).

In Fuseta leben noch viele Menschen vom **Fischfang**. Beliefert werden auch kleine, örtliche Restaurants, die exzellenten Fisch auftischen. Fuseta taucht übrigens in

Gemütliche Gassen in Fuseta (Abb. oben); die Prozession zu Ehren der Schutzheiligen von Loulé (➤ 112, Abb. rechts).

abweichender Schreibweise gelegentlich als Fuzeta auf.

Fischerboote machen am tiefen, schmalen Einschnitt des Hafens fest, am Ortsrand dehnt sich weitflächiger Sandstrand zur Lagune hin; der dortige Strandeinstieg ist flach. Ein Stück hinter der Lagune liegt ein großer Campingplatz. An der Promenade zum Hafen können Sie gut die Ein- und Ausfahrt der Fischerboote verfolgen. Bootspendeldienste bzw. Wassertaxis bringen Sie regelmäßig hinüber zur langen **Praia da Fuseta** – ein schöner Strandausflug! Ab dem Hafen starten umfangreichere **Bootstouren** durch den Parque Natural da Ria Formosa. Der Anbieter heißt Passeios Ria Formosa (Tel. 962 15 69 22; www. passeios-ria-for mosa.com). Die meisten Touren beinhalten einen Halt an

einem einsamen Lagunenstrand, der Praia do Homem Nú.
✚ 205 E2

⓴ Parque Natural da Ria Formosa

Kenner rühmen den Parque Natural da Ria Formosa gern als eines der Naturwunder in Portugal. Der Naturpark mit 18 400 ha Fläche erstreckt sich in Ost-West-Richtung über 60 km über das gesamte Küstengebiet westlich von Faro bis zur Ostalgarve bis kurz vor **Manta Rota** (➤ 79). Charakteristisch sind Lagunen, bewohnte und unbewohnte Inseln sowie Kanäle, die allesamt dem starken Tidenhub des Atlantiks unterworfen sind. Die Inseln, die sich nicht zuletzt durch ihre langen Sandstrände auszeichnen, wirken wie natürliche Barrieren.

Das Naturschutzgebiet bringt einige Besonderheiten mit sich. Mancherorts fühlt man sich regelrecht weltentrückt, dann wieder drängen das Häusermeer und der internationale Flughafen von Faro nah heran. Wichtige Einkommensquellen für die einheimische Bevölkerung sind **Fischfang und Muschelzucht**. Es gibt auch Austernfarmen, von de-

nen aus die Absatzmärkte in Frankreich beliefert werden – und zwar ausnahmslos, denn die Austern, die etwa sechs bis zwölf Monate in den nährstoffreichen Gewässern reifen, sind lange im Voraus verkauft. Allein dieses wirtschaftliche Interesse zeugt davon, dass der Naturpark alles andere als unberührt von menschlichen Einflüssen ist. Andererseits bietet er zahlreichen **Vögeln** Lebensraum, darunter Flamingos, Reihern, Möwen und den zu den Kormoranen gehörenden Krähenscharben. Es gibt auch eine Seepferdchenkolonie, die zu den bedeutendsten in Europa zählt.

Die größten und auch für Besucher zugänglichen Inseln im Naturpark sind die **Ilha de Tavira** (➤ 80), die **Ilha da Armona** (➤ 95), die **Ilha da Culatra** (➤ 98) und die **Ilha Deserta**. Während die Insel Culatra von zahlreichen Fischern im Ort Culatra bewohnt wird, ist Deserta besonders einsam. Hinzukommt die ebenfalls bewohnte **Ilha de Faro** (➤ 110) mit einem langen Strand, die Sie westlich von Faro über Land über eine Dammstraße erreichen. Ansonsten sind die Inseln verkehrsfrei (bis auf Traktoren, die auf Culatra zum Transport dienen). Daher sind Einheimische wie Besucher auf Bootsverkehr bzw. Wassertaxis angewiesen. Ab **Tavira** (➤ 66) verkehren regelmäßig Boote zur Ilha de Tavira, ab **Olhão** (➤ 94) zur Ilha da Armona, Ilha da Culatra und Ilha Deserta. Kleinere Einstiegspunkte in die Inselwelten sind auch die beiden Orte **Cabanas de Tavira** (➤ 63, 109, 179) und **Santa Luzia** (➤ 80).
✚ 205 D1

Blumenteppichmotiv zu Fronleichnam in São Brás de Alportel

24 São Brás de Alportel

Einen Abstecher in dieses Landstädtchen rechtfertigt das Museu
do Traje, ein Museum, das sich
volkskundlich relevanten Trachten
widmet – aber nicht ausschließlich!
Interessant ist allein der Rahmen,
ein Palais aus dem 19. Jh., errichtet von einem vormaligen Maultier-
treiber, der es durch wirtschaftlichen Weitblick zu Wohlstand durch
den Korkhandel und die örtliche
Korkindustrie brachte. Das Herren-
haus empfängt Sie mit einem netten Vorhof, die Fassaden sind mit
Azulejos überzogen. Die Dauerausstellung, die gewöhnlich regionale
Trachten der Algarve zeigt, wechselt im Schnitt alle zwei Jahre. Hinter dem Gebäude erstreckt sich ein
langer Hof, wo unter Schutzdä-
chern Kutschen stehen. Vom Hof
aus geht es auch in die ehemaligen
Stallungen, wo eine aufschlussreiche Ausstellung zum Thema Kork
(➤ 20) untergebracht ist. Für eine
Rast bietet sich im Hof die Bar
Cantinho do Museu an, in der auch
Mahlzeiten serviert werden. Das
Museu do Traje versteht sich außerdem als Kulturzentrum. Sonntag
ist meist ein guter Tag, um entweder Fado oder Jazz zu hören oder
traditionelle Tänze zu sehen. Erkundigen Sie sich vorher nach den
aktuellen Terminen und Anfangs-
zeiten – es lohnt sich.Der Rest des
12 000-Einwohner-Städtchens ist

**BOOTSTOUREN DURCH DEN
NATURPARK**

Die beste Möglichkeit zu einer inten-
siveren Erkundung des Parque Natural da Ria Formosa ist eine organisier-
te Bootstour, die auch 👪 Familien
mit Kindern begeistern wird. Der
Zeitrahmen reicht von einer einstün-
digen Ausfahrt bis zum Ganzta-
gesausflug. Es gibt mehrere Anbieter,
darunter das Unternehmen Passeios
Ria Formosa (Tel. 962 15 69 22;
www.passeios-ria-formosa.com), das
an den Stützpunkten Olhão (➤ 94),
Fuseta (➤ 106), Cabanas de Tavira
(➤ 68) und Santa Luzia (➤ 80) vertreten ist. Angeboten werden Rund-
fahrten und speziellere Birdwatching-
und Seepferdchentouren. Und bei
Seekajaktrips setzen Sie ganz auf die
Kraft der eigenen Muskeln und fühlen
sich umso stärker im Einklang mit
der Natur!

rasch durchquert. Das historische Zentrum nimmt sich mit Kachelfassaden und der Hauptkirche Igreja Matriz (Ursprung im 15. Jh.) bescheiden aus. Um São Brás de Alportel ist Korkeichengebiet und es gibt in der Gegend nach wie vor mehrere Korkfabriken.

✚ 205 D3 ℹ️ Posto de Turismo ✉️ Largo de São Sebastião 23 ☎ 289 84 31 65; www.cm-sbras.pt 🚌 Rua João Louro; www.eva-bus.com; Verbindungen nach Faro

Museu do Traje

✉️ Rua Dr. José Dias Sancho 61 ☎ 289 84 01 00; www.museu-sbras.com 🕐 Mo–Fr 10–13, 14–17, Sa/So nur 14–17 Uhr ✋ 2 €

25 Milreu

Auf dem Areal der **Ruínas Romanas de Milreu** können Sie sich Reste von Römerbauten aus dem 1.–4. Jh. n. Chr. ansehen. Sie stammen von einer sogenannten *Villa Rustica*, einer typischen Villen- bzw. Wohnanlage, von der aus damals die umliegende Land- und Viehwirtschaft kontrolliert wurde. Wein und Oliven zählten zu den wichtigen Agrarprodukten; heute wachsen rundherum Orangen und Mandeln. Bei einem Rundgang gibt es mehrere interessante Mosaike mit Fischmotiven zu entdecken sowie Überreste der Ziegelstruktur eines Tempels und freistehende Säulenfragmente. Im Inneren des moderneren Blocks der Casa Rural de Milreu sind ebenfalls römische Mauerreste und Mosaike zu sehen.

Das Areal von Milreu ist klein, übersichtlich und einfach zu erkunden. Der Eingang liegt etwa 600 m vom Ortskern von Estoi entfernt an der Straße Richtung Faro.

✚ 204 C2 ☎ 289 997 823 www.monumentosdoalgarve.pt; 🕐 Mai–Sept. Di–So 9.30–13, 14–18.30 Uhr, Okt.–Apr. Di–So 9–13, 14–17.30 Uhr ✋ 2 €

26 Ilha de Faro

Die Anfahrt am internationalen Flughafen vorbei mag zunächst befremden – die Starts und Landun-

DER PALAST VON ESTOI

Wichtigstes Bauwerk des Orts Estoi nahe der Römerruinen von Milreu ist das ursprünglich Ende des 18. Jhs. errichtete Adelspalais von Estoi. Die Wiederherstellung von Palast und Gärten erfolgte 1893–1909 und die Wiederherstellung der Wiederherstellung lief bis in dieses Jahrtausend und brachte den Bau eines allzu modernen Mauermantels mit sich. Heute ist hier ein Hotel der Kette der Pousadas untergebracht. Aus alter Zeit erhalten blieben die stilvollen Salons, eine romantische Gartenanlage und die zu den Gärten weisende Fassade. Auch wer nicht in der Pousada (▶ 115) absteigt oder isst, darf sie betreten und sich umsehen.

gen der Maschinen sind weder zu übersehen noch zu überhören – doch ein Abstecher auf die Ilha de Faro lohnt sich trotzdem. Dazu braucht es kein Boot, sondern für Fahrzeuge geht es über die Dammzufahrt. An deren Ende landen Sie am dicht bebauten Mittelstück der extrem schmalen Insel, die zum Westteil des Parque Natural da Ria Formosa (▶ 108) gehört. Zur offenen Seeseite hin wendet sich der kilometerlange Sandstrand Praia de Faro, der zum Baden, Sonnenbaden und Beachwalking einlädt. Auf der Ilha de Faro gibt es einige Restaurants. Je weiter Sie sich von diesem zentralen Bereich wegbewe-

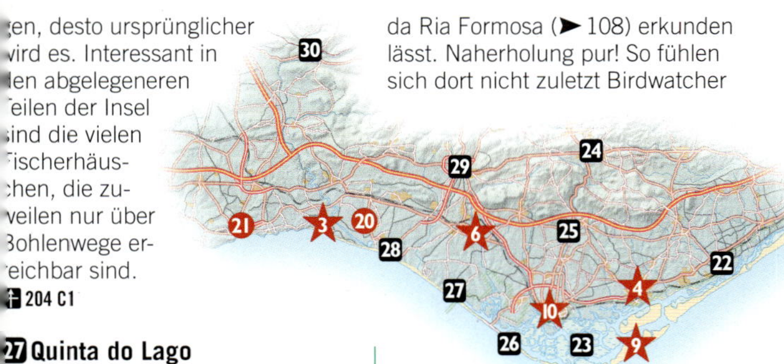

gen, desto ursprünglicher
wird es. Interessant in
den abgelegeneren
Teilen der Insel
sind die vielen
Fischerhäus-
chen, die zu-
weilen nur über
Bohlenwege er-
reichbar sind.

✛ 204 C1

da Ria Formosa (➤ 108) erkunden
lässt. Naherholung pur! So fühlen
sich dort nicht zuletzt Birdwatcher

27 Quinta do Lago

Ein Stück südlich von Almancil
steht der Bereich der Quinta do
Lago für einen der schicksten und
exklusivsten Teile der Algarve. Villen, Golfgreens, Ferienhäuser und
Fünf-Sterne-Nobelhotels wie Con-
rad (www.conradalgarve.com) und
Quinta do Lago (www.hotelquinta
dolago.com) sind gern frequentierte Treffs der Geldelite. Gelegentlich
finden sich Prominente ein – nicht
zufällig ist Quinta do Lago schon
als das »Beverly Hills von Portugal«
bezeichnet worden.

Bodenverhaftet sind die Wander-
und Radwege in der nahen Umgebung, auf denen sich ein Teil der
Feuchtgebiete des Parque Natural

wohl, die man ganz früh am Morgen umherstreifen sieht.

Einheimische und Aktivurlauber
steuern auch gern den **See** von
Quinta do Lago an, wo sich ein
Wassersportzentrum befindet. Zu
den angebotenen Aktivitäten zählen beispielsweise Windsurfen, Ka-
jak- und Tretbootfahren (Tel. 289
39 49 29, www.lagowatersports.
com). Weitere attraktive Möglichkeiten zu Wassersportaktivitäten
werden am Atlantik an der langen,
sandigen **Praia da Quinta do Lago**
angeboten.

✛ 204 B1

Schön für Spaziergänge: die Salzgärten der Ria Formosa bei Quinta do Lago

Faro und die mittlere Algarve

28 Quarteira

Vormals ein bescheidenes Fischerdorf, wurde Quarteira im Zuge des Küstentourismusbooms ab den 1960er-Jahren weitestgehend zubetoniert. Unter diesen Vorzeichen ist der Ort alles andere als eine Küstenschönheit, doch der Fischerhafen und die traditionelle Fischmarkthalle bewahren ein wenig vom alten Flair. Es gibt einige Fischrestaurants. Ende Mai feiert Quarteira sein **Fischerfest** (*Dia do Pescador*). Die Promenade entlang der örtlichen Sandstrandabschnitte ist ansehnlich angelegt, die außerhalb beginnende Praia do Forte Novo ein schönes Strandziel.

✚ 201 F2

29 Loulé

Im Mittelalter waren die Mauren hier ansässig, später trug die geografische Lage im Hinterland

Schuld daran, dass Loulé vergleichsweise wenig von den Profiten aus der Entdeckerzeit und vom Tourismus abbekam. Dennoch ist es im umliegenden Landwirtschaftsbezirk das bedeutendste Zentrum geblieben, das allein wegen seiner **Markthalle** einen Abstecher lohnt. Das neomaurische Bau-

Für die Bewohner von Loulé Alltag: die Markthalle im neomaurischen Stil

...erk an ...ich ist ...ereits ...in Blick...ang, die ...tändevielfalt ...m Inneren eine Entdeckung ...ert. Hier bekommen Sie auch ...üßwaren aus Mandeln und Feigen, Chutneys, Kräutersäckchen ...nd Weine. Obst und Gemüse werden im Überfluss offeriert. Sams...ags vormittags herrscht der größte Zulauf, dann greift das Standleben ...m die Hallen aus. Stürzen Sie ...ich einfach mit ins Getümmel!

Loulés nennenswerte historische Bauten liegen weiträumig im Ort verteilt. Die im Stil der Spätgotik ...us einer Moschee hervorgegangene Hauptkirche **Igreja Matriz de São Clemente** (13. Jh.) steht am Largo Batalhão Sapadores Caminhos de Ferro. Ebenfalls besuchenswert ist der Stadtbezirk um die kleine, zinnengekrönte Burganlage, die Sie unweit des Largo de Dom Pedro I. betreten können. Dieses **Castelo** datiert aus dem Mittelalter. Treppen führen hinauf auf den Turm. Im unteren Teil der Burg geht es in das Archäologische Gemeindemuseum **Museu Municipal de Arqueologia** und in eine typische Algarve-Landküche (Cozinha Tradicional). In derselben Gasse, von der aus ein Abzweig zur Burg führt, treffen Sie auf die **Ermida Nossa Senhora da Conceição**. Im Inneren des kleinen Gotteshauses, das recht leicht zu übersehen ist, überrascht eine wahre Pracht aus barocker Dekoration und Azulejos. Im Kontrast dazu steht ein modernes Marienheiligtum, das überkuppelte **Santuario de Nossa Senhora da Piedade**, auf einem Hügel außerhalb der Stadt.

🞤 204 B3 🛈 Posto de Turismo, Avenida 25 de Abril 9, ☎ 289 46 39 00; www.cm-loule.pt

🚌 Rua Nossa Senhora de Fátima; www.eva-bus.com; Verbindungen u. a. nach Albufeira, Alte, Armação de Pêra, Faro, Lagoa, Loulé, Portimão, São Bras de Alportel

Castelo
(mit dem Museu Municipal de Arqueologia und der Cozinha Tradicional)
✉ Rua de Paio Peres Correia
🕑 Mo–Fr 9.30–17.30, Sa 9.30–16 Uhr
✋ 2 €

Ermida Nossa Senhora da Conceição
✉ Rua de Paio Peres Correia
🕑 Di–Fr 9.30–17.30 , Sa 9.30–16 Uhr
✋ frei

30 Alte

»Der Weg ist das Ziel«, heißt es bei der Fahrt nach Alte. Sie lohnt sich allerdings nur für jene, die sich etwas Zeit nehmen wollen, um das Hinterland der Algarve ausgiebiger zu erkunden. Dort, wo Granatapfel- und Orangenbäume wachsen, wo die Höhenrücken der Serra do Caldeirão ansteigen, wo der Rhythmus des Lebens ein anderer ist als an der Küste, lässt es sich im Urlaub herrlich umherbummeln und entspannen.

Alte ist ein beschaulicher Ort mit weiß getünchten Häusern, einem Kirchplatz und einem kleinen Quellgebiet. Einmal im Jahr bricht die Beschaulichkeit auf, denn dann feiert Alte einen rauschenden Karneval.

Wer nordwestwärts von Alte über São Bartolomeu de Messines angefahren ist, sollte die Tour östlich von Alte über Benafim und Salir fortsetzen. Hier zeigen sich weitere Seiten des typischen Landlebens, die Sie bei der Rückkehr in Richtung Küste in **Loulé** (➤ 112) nicht mehr entdecken können.

🞤 204 B3

Wohin zum …
Übernachten?

Preise
für ein Doppelzimmer pro Nacht in der Hauptsaison
€ unter 90 Euro   €€ 90–150 Euro   €€€ über 150 Euro

ALBUFEIRA

Epic Sana €€€

Ein lichtes, riesiges Foyer markiert den Auftakt in dieses topmoderne, serviceorientierte Spitzenhaus, das von Pinienwäldern umgeben und in eine 8 ha große Anlage eingefasst ist. Über die gut ausgestatteten Hotelzimmer hinaus gibt es einen Sonderkomplex mit Apartments, die sich gut für ♟ Familien mit Kindern eignen. Das alles hat seinen Preis. Ins Haupthaus integriert sind ein großes Hallenbad und ein Fitnessraum, die für Gäste rund um die Uhr zugänglich sind. Für das kleinere Hallenbad mit Zugang zu Sauna und Dampfbad fällt eine Extragebühr an. Ansprechend sind auch das Gourmetrestaurant und die Außenanlagen. Außerhalb des Geländes führt ein kurzer Fußweg zur Praia da Falésia. Das Hotel liegt im Ostteil von Albufeira.
✚ 201 E2 ⊠ Pinhal do Concelho, Praia da Falésia, Olhos d'Água ☎ 289 10 43 00; www.algarve.epic.sanahotels.com

Pine Cliffs Resort €€€

Exklusivität auf höchstem Niveau, was selbstredend auch für die Preise gilt. Geboten bekommen Sie eine hervorragende Unterkunft in einem weitläufigen, hermetisch abgeschotteten und von Wiesen und Schirmpinien geprägten Areal über der Praia da Falésia. Das prestigereiche Pine Cliffs Resort mit Health Club, Poolbereichen und Spitzengastronomie geht fließend ins Sheraton Algarve über.
✚ 201 E2 ⊠ Pinhal do Concelho, Praia da Falésia, Olhos d'Água ☎ 289 50 03 00; www.pinecliffs.com

Quinta do Mel €€–€€€

Das feudale Landhausquartier im äußersten Osten der Feriengemeinde Albufeira liegt auf dem Weg in Richtung Jachthafen von Vilamoura, aber nicht am Meer. Es eignet sich für all jene, die den etwas anderen Algarve-Tourismus im Küstenhinterland mögen und relaxen wollen. Mit Pool. Extreme Preisschwankungen – außerhalb der Sommersaison bis zur Kategorie €.
✚ 201 E2 ⊠ Olhos d'Água ☎ 289 54 36 74; www.quintadomel.com

Sheraton Algarve €€€

Dies ist ohne Zweifel eine der schönsten Hotelanlagen der Algarve. Weitflächig und mit viel Grün breitet sich die Anlage östlich von Albufeira hinter der Steilküste aus. Die Zimmer sind großzügig gehalten. Auch ♟ Familien mit Kindern dürfen sich hier willkommen fühlen, denn dem Nachwuchs bis acht Jahre steht das große Spielgelände Porto Pirata zur Verfügung. Zu den Annehmlichkeiten für alle zählen das Frei- und das Hallenbad, der Fitnessraum, das Fischrestaurant O Pescador und das Piri Piri Steak House. An den Falésia-Strand, der sich zu Füßen der Steilküste kilometerlang ausbreitet, kommen Sie mit dem hoteleigenen Aufzug oder über die Treppen.
✚ 201 E2 ⊠ Praia da Falésia ☎ 289 50 01 00; www.sheratonalgarve.com

LOULÉ

Loulé Coreto Hostel €

Eine einfache Unterkunft zu niedrigem Preis, abseits der Küstenregion und ausgetretener Pfade im Zentrum der Stadt Loulé: Wer diese Kombination mag, wird sich hier gut aufgehoben fühlen. Wandanstriche, Holzböden und farbige Gardinen verleihen den Räumlichkeiten Behaglichkeit und Frische zugleich. Die günstigste Möglichkeit der Unterbringung ist ein Bett im Schlafsaal bzw. Mehrbettzimmer (nach Geschlechtern getrennt). In der Gemeinschaftsküche und auf der Dachterrasse kommt man schnell in Kontakt mit Gleichgesinnten. Die Gäste sind größtenteils jung.

✚ 204 B3 ✉ Avenida José da Costa Mealha 68
☎ 966 66 09 43;
http://loulecoretohostel.com

OLHÃO

Casa Modesta €€

In der familiengeführten Landhaus-Unterkunft mit gewissem Komfort-faktor finden zeitgenössisches Feeling und die Geschichte um den Gründer und alten Seebären Joaquim Modesto de Brito zusammen. Rundherum sind Sie in direktem Kontakt mit der Natur des Parque Natural da Ria Formosa. Je nach Saison beträgt der Mindestaufenthalt zwei Nächte.

✚ 205 D1 ✉ Quatrim do Sul
☎ 964 73 88 24; www.casamodesta.pt

Real Marina Hotel & Spa €€€

Das einzige Fünf-Sterne-Quartier in Olhão liegt im westlichen Stadtteil. Es ist zwar ein Riesenblock, aber Hotelgäste profitieren hier von Einrichtungen wie mehreren Pools, Spa, Sonnenterrasse und Ria-Lounge. Außerdem sind Sie fußläufig in der Innenstadt. Auf der gegenüber beginnenden Promenade spazieren Sie bequem an den Ausläufern des Parque Natural da Ria Formosa entlang zu den Markthallen. In der Nebensaison purzeln die Preise in der Regel bis zur Kategorie €.

✚ 205 D1 ✉ Avenida 5 de Outobro
☎ 289 09 13 00; www.real-marina.com

Wohin zum …
Essen und Trinken?

Preise
für ein Drei-Gänge-Menü ohne Getränke und Service
€ unter 20 Euro   €€ 20–35 Euro   €€€ über 35 Euro

ALBUFEIRA

La Joya €€€

Die Investition ins leibliche Wohl liegt im dreistelligen Eurobereich. Das Restaurant ist sterngekrönt und Starkoch der gebürtige Österreicher Dieter Koschina. Sommelier Arnaud weiß Rat in allen Fragen rund um den passenden Wein.

✚ 201 D2 ✉ Estrada da Galé ☎ 289 59 17 95; www.vilajoya.com ◉ tägl. 12–14.30, 19–22.30 Uhr (die Zeiten können variieren)

ESTOI

Pousada Palácio de Estoi €€€

Eine gediegene Atmosphäre zeichnet das Restaurant dieses Pousada-Hotels aus, das in seiner Gesamtheit die Aura eines einstigen Palastes atmet (▶ Kasten, 110). Bei der regional bestimmten Küche dürfen Gäste eine hohe Messlatte anlegen. Vor oder nach dem Essen bietet es sich an, die Gartenanlage und die historischen Salons (*Salão Nobre, Salão Verde*) zu betreten. Ebensogut können Sie sich in einem der 63 Zimmer der schönen Pousada einquartieren.

✚ 204 C2 ✉ Rua São José ☎ 289 99 01 50; www.pestana.com 🕘 12.30-15, 19–22 Uhr

FARO

Vivmar €€

Meeresfrüchte und Fisch bestimmen die Speisekarte. Kein Wunder, steht doch die Fischervereinigung dahinter. Das Restaurant mit rustikaler Note wirkt etwas unscheinbar und liegt direkt außerhalb des Stadtmauerrings nahe dem Centro Ciência Viva do Algarve.

✚ 204 C1 ✉ Rua Comandante Francisco Manuel 8 ☎ 916 14 55 84 🕘 Mo–Sa 12–15, 19–22 Uhr

FUSETA

Casa A. Corvo €

Dieses einfache Restaurant ist eine wahre Institution in Fuseta und entsprechend gut besucht. Gelegentlich muss man sich auf Wartezeiten einstellen, was sich aber lohnt, um den exzellenten Fisch vom Grill zu probieren. Ebenso hervorragend wie die Qualität ist das Preisniveau. Was hier niemand erwarten darf, ist penible Sauberkeit. Gegrillt wird direkt neben der Terrasse, wo Sie auch essen.

✚ 205 E2 ✉ Largo 1° de Maio 33 ☎ 918 92 87 85 🕘 wechselnde Zeiten, in der Regel Di–Sa 12–15 und 19–22.30 Uhr

ILHA DA CULATRA

A-do-João €–€€

Das Inselrestaurant auf Culatra im Leuchtturmort Farol ist für seinen frischen Fisch und typische Meeresfrüchtegerichte bekannt und bietet auch draußen sehr nette Sitzgelegenheiten.

✚ 205 D1 ✉ Ilha da Culatra, direkt am Strand ☎ 289 71 42 09; www.adojoao.com 🕘 während der Saison tägl. 12–24 Uhr

LOULÉ

11 da Villa €

Der beliebte und stimmungsvolle Gastropub liegt an einem netten Platz in der historischen Altstadt. Sie können draußen sitzen oder es drinnen in der grottenartigen Ziegelstruktur gemütlich angehen lassen. Eine gute Adresse, um einen Drink oder ein paar Snacks zu sich zu nehmen.

✚ 204 B3 ✉ Largo de D. Pedro I. ☎ 919 55 72 68; www.merceariagourmet.com 🕘 Di–Do 11–23, Fr/Sa 11–1 Uhr

Café Calcinha €

Das traditionelle Kaffeehaus, das vom Ende der 1920er-Jahre datiert, wurde damals einem brasilianischen Coffee Shop nachempfunden. Heute ist es für Einheimische und Besucher ein beliebter Treffpunkt. Draußen sitzt der in Loulé verstorbene Heimatdichter António Aleixo (1899–1949) in Bronze. Sie können drinnen sitzen oder auf der Terrasse Platz nehmen.

✚ 204 B3 ✉ Praça da República 67 ☎ 289 41 57 63 🕘 Mo–Fr 11–22, Sa 11–16 Uhr

Museu do Lagar €€

Dieses rustikale, typische Restaurant mit reginalen Spezialitäten nimmt den Platz einer einstigen Olivenölmühle (*lagar*) ein. Es liegt am Kirchvorplatz der Igreja Matriz de São Clemente; die kleine Restaurantterrasse ist mit Pflanzenkübeln vom Parkplatz abgetrennt. Innen erinnern Werkzeuge und Geräte an die Vergangenheit als Ölmühle. Freitags abends gibt es oft Live-Musik.

✚ 204 B3 ✉ Largo Batalhão Sapadores/ Caminhos de Ferro 7/8 ☎ 289 42 27 18 🕘 Mo–Sa 12–15 und 19–23 Uhr

OLHÃO

O Bote €€

Es gilt als eines der besten Meeresfrüchte- und Fischrestaurants in der Stadt, vor allem wegen der Grillspezialitäten. Das Restaurant liegt nicht weit von den Markthallen entfernt. Hier geht es stets geschäftig zu. Entlang der Straße haben Sie alternativ weitere Einkehrmöglichkeiten zur Auswahl.

✚ 205 D1 ✉ Avenida 5 de Outobro 122; ☎ 289 72 11 83 🕔 12–15, 19–22.30 Uhr

Wohin zum … Einkaufen?

Flohmärkte und Märkte lohnen auch den Besuch, wenn man nur schauen möchte. Die Markthallen von Olhão und Loulé, zwei der schönsten Südportugals, präsentieren sich samstags vormittags besonders bunt und stimmungsvoll, denn dann stehen auch draußen rund um die Hallen viele Stände. Loulé gilt als Hochburg für Kunsthandwerk, während Olhão und Faro mit großen Einkaufszentren aufwarten.

OBST, GEMÜSE, KUNSTHANDWERK

Auf den Märkten bekommen Sie frische Produkte wie **Obst und Gemüse** im Überfluss, ganz abgesehen von Fisch, Käse, Gewürzen etc. In Loulé führen diverse Stände auch Wein und süße, äußerst nahrhafte Backwaren aus Mandeln, Feigen und Johannisbrot. Hinzu kommen kunsthandwerkliche Produkte wie Spitzendecken und Töpferwaren. Für **Keramik** genießt Loulé einen hervorragenden Ruf. Davon können Sie sich beispielsweise in den Geschäften der kleinen Innenstadt überzeugen, vor allem in Teresa's Pottery am Largo Dom Pedro I. 15. Hier bekommen Sie handbemalte Kaffeetassen und Teller. Im Trend liegt auch ausgefeiltere Designerkeramik, während in der Umgebung von Loulé noch traditionelle Fertigungskünste aus Binsengeflecht gepflegt werden. Endprodukte sind Gebrauchsartikel wie Körbe, Hüte und Fußmatten.

SHOPPINGZENTREN

Ein komplett anderes Publikum spricht Algarve Ria Shopping/Algarve Outlet (www.algarveoutlet.pt) bei Olhão an. Im August können Sie hier bis Mitternacht einkaufen, sonst bis 23 Uhr. Am nordwestlichen Stadtrand von Faro liegt das Shopping Center Forum Algarve (www.forumalgarve.net). Portugiesen mögen diese Art von **Einkaufszentren**, zumal man dort auch essen und ins Kino gehen kann.

NICHT IMMER IN DER ALTSTADT

Das Zentrum von **Albufeira** ist ein großer Shopping-Tummelplatz. Allerdings sind viele Souvenirstände gesichtslos und austauschbar. **Faro** eignet sich ebenfalls für den Schaufensterbummel, wobei die meisten Geschäfte außerhalb der Altstadt in und um Straßen wie die Rua de Santo António liegen.

TERMINE

Große Zugkraft üben **Floh- und Allerleimärkte** (*feiras de velharias*) aus. Empfehlenswert sind folgende: am jeweils 2. und 3. Samstag in Albufeira (*Mercado Municipal dos Caliços*), am 1. Sonntag im Monat in Olhos d'Água, am 1. Samstag im Monat im Zentrum von Quarteira, am 2. Sonntag im Monat in Fuseta (direkt neben dem Campingplatz) und am 3. Sonntag im Monat in São Brás de Alportel (Parque Roberto Nobre). Die aktuellen Termine können Sie im Touristenbüro erfragen.

Wohin zum …
Ausgehen?

Die mittlere Algarve eignet sich hervorragend für jene, die vorhaben, sich ins Abend- bzw. Nachtleben zu stürzen. Ein verlässlicher Dauerbrenner ist die Marina von Vilamoura. Ansonsten stehen in der Feriengemeinde Albufeira und in Faro die Stimmungsbarometer am höchsten.

HOTSPOTS ALBUFEIRA UND FARO

Ein Höhepunkt für Vergnügungsfreudige in der Gemeinde Albufeira ist die Avenida Dr. Francisco Sá Carneiro, die als **»Albufeira-Strip«** bekannt ist. Manchmal geht es im Sommer erst nach Mitternacht richtig ab. Im Zentrum der Stadt geht es um den **Largo Engenheiro Duarte Pacheco** ausgesprochen lebhaft zu. Nachtschwärmer fahren samstags gern zum Abtanzen im Lounge Garden in den Nachtclub T-Clube (www.tclube.com) in Quinta do Lago an der Buganvilia Plaza in der Nähe des Shopping-Center Quinta do Lago.

Faros Nachtleben profitiert von den vielen Studenten, die auswärtigen Besuchern gegenüber offen und herzlich sind. Der am meisten frequentierte Hotspot des Nachtlebens ist als **Rua do Crime** – Straße der Kriminalität – bekannt, obwohl Sie das auf keinem Stadtplan finden: Gemeint ist der Bereich rund um die Rua do Prior.

WIE DIE EINHEIMISCHEN

So manchen jungen Nachtschwärmer zieht es an der mittleren Algarve in die **Diskothek Kadoc** (Cerca da Areia; www.kadoc.pt), die sich selbst als »größter Disco Club der Algarve« bezeichnet – bisher hat niemand das Gegenteil bewiesen.

Kinos finden Sie in Einkaufszentren wie Forum Algarve (www.forumalgarve.net) am nordwestlichen Stadtrand von Faro. In der City von Faro gehen Bewohner und kulturell Interessierte gern ins **Theater**, entweder ins Teatro das Figuras (Horta das Figuras, Tel. 289 88 81 00, www.teatrodasfiguras.pt) oder ins Teatro Lethes (Rua de Portugal 58, Tel. 289 87 89 08, www.actateatro.org.pt/teatrolethes).

FREIZEITAKTIVITÄTEN

Bei den sportlichen Aktivitäten stehen in dieser Region alle erdenklichen Wassersportarten und Golf an erster Stelle. Die **Wassersportmöglichkeiten** reichen vom Stand Up Paddling bis zum Kitesurfen. Zu den Anbietern zählt Kite Culture Algarve (Tel. 919 31 88 20, www.kite-algarve.com) mit Stützpunkt in Fuseta.

Die **Golfplätze** an der Algarve konzentrieren sich geografisch auf die mittlere Algarve. Oceânico Pinhal (Vilamoura; www.oceanicogolf.com) und Pinheiros Altos (Sítio dos Pinheiros, Quinta do Lago; www.pinheirosaltos.com) zählen hier zu den bekannten Anlagen.

STIMMUNG ODER NATUR

Ein schönes Urlaubserlebnis sind **Bootsfahrten**, wie sie an den Marinas von Albufeira und Vilamoura angeboten werden; dabei schwingt ein gewisser Fun-Faktor mit, unterlegt durch den ein oder anderen Drink an Bord. Wer sich eher auf das Naturerlebnis konzentrieren möchte, kann an naturkundlichen Bootsausflügen oder Seekajaktouren durch den Parque Natural da Ria Formosa teilnehmen.

Jeden Monat erscheint das Heft »Algarve Guia/Guide«, das in den Touristeninformationen gratis ausliegt und über Feste, Events, Ausstellungen, Sportveranstaltungen etc. informiert.

Westliche Algarve

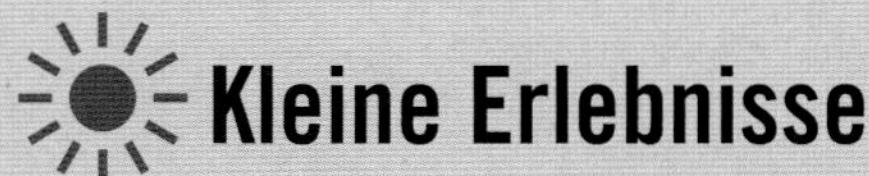

Kleine Erlebnisse

Zum Sonnenuntergang ans Kap

Das **Cabo de São Vicente** (➤ 127) ist jederzeit spektakulär, aber besonders grandios, wenn Sie dort einen Sonnenuntergang erleben.

Marktflair

Gehen und riechen Sie hinein in die Markthalle von **Lagos** (➤ 135). Beeindruckend sind die Fischstände im unteren Bereich.

Unter Vögeln

Bringen Sie Fernglas und Kamera mit, um an der **Lagoa dos Salgados** (➤ 139) Position zu beziehen. Der See ist ein tolles Vogelgebiet.

Erste Orientierung

Klippen und Strände in allen Formaten, Landspitzen, bizarre Grotten, Natursteinbögen – der Westteil der Algarve gehört zum Barlavento, der spektakulären Felsalgarve. Besonders beeindruckende Küstenabschnitte erwarten Sie bei Carvoeiro und an der Ponta da Piedade vor Lagos. Individualreisende freuen sich über kleine Urlaubsgebiete wie Luz und Burgau, Birdwatcher über Beobachtungsspots an der Ria de Alvor und der Lagoa dos Salgados bei Armação de Pêra.

Lagos ist die schönste, vitalste und historisch bedeutsamste Stadt der westlichen Algarve, wohingegen die Häusermeere von **Portimão** und **Armação de Pêra** erst einmal abschrecken. Eine durchgehende Küstenstraße existiert nicht, was bedeutet, dass immer wieder kleine Stichstraßen zu Stränden und Strandorten führen. Vereinzelt beschränken sich Strandzugänge auf schmale Zufahrten oder steil durch das Gestein verlaufende Treppen. Den Schlusspunkt der Geografie im äußersten Westen setzen die **Ponta de Sagres** und das sturm- und wellengepeitschte **Cabo de São Vicente**. Im Hinterland erreicht die **Serra de Monchique** auf dem Fóia eine Höhe von 902 m. Die grüne Bergbarriere hält die Winde des Nordens zurück.

TOP 10

⭐ **1** Ponta da Piedade ➤ 124
⭐ **2** Cabo de São Vicente ➤ 127

Nicht verpassen!

31 Lagos ➤ 132
32 Serra de Monchique ➤ 136

Loch einer Felswand bei Algar Seco

Nach Lust und Laune!

33 Armação de Pêra ➤ 139
34 Silves ➤ 140
35 Carvoeiro ➤ 141
36 Ferragudo ➤ 142
37 Portimão ➤ 143
38 Praia da Rocha ➤ 143
39 Alvor ➤ 144
40 Ria de Alvor ➤ 145
41 Luz ➤ 145
42 Burgau ➤ 145
43 Sagres ➤ 146

bieten mehr Parkplätze. Den Schlusspunkt der Geografie im äußersten Westen setzen die **Ponta de Sagres** und das sturm- und wellengepeitschte **Cabo de São Vicente**. Dort gebärdet sich das Meer ungestüm und die wilde Brandung schlägt gegen die Steilküste. Im Hinterland erreicht die **Serra de Monchique** auf dem Fóia eine Höhe von 902 m. Die grüne Bergbarriere hält die Winde des Nordens zurück und sorgt zwischen Herbst und Frühling für ein angenehm mildes Küstenklima.

In drei Tagen

So unterschiedlich die Eindrücke an der westlichen Algarve sind, so facettenreich fällt dieses Drei-Tage-Programm für Ihre Entdeckungen aus – und die verdichten sich mit Steilküste, Stränden, Städtchen, Kulturzielen und Berghinterland zu einer garantiert gelungenen Mischung. Für die Tour brauchen Sie ein (Miet-)Auto.

Erster Tag

Vormittags

Verbringen Sie den Vormittag in **31 Lagos** (▶ 132), das Sie am besten als Stützpunkt wählen. Buchen Sie möglichst früh eine spätere Ausfahrt zu den Meeresgrotten der Ponta da Piedade vor. Erstes Ziel des Stadtbesuchs ist die Igreja de Santo António mit ihrer Pracht aus Azulejos und dem angegliederten Museum. Schauen Sie sich auch das Denkmal für Prinz Heinrich den Seefahrer auf der Praça do Infante Dom Henrique, die Stadtmauerreste und das kleine Kastell an, ehe Sie die vorab gebuchte Bootstour zur ⭐ **Ponta da Piedade** (▶ 124) starten. Danach essen Sie in Lagos zu Mittag.

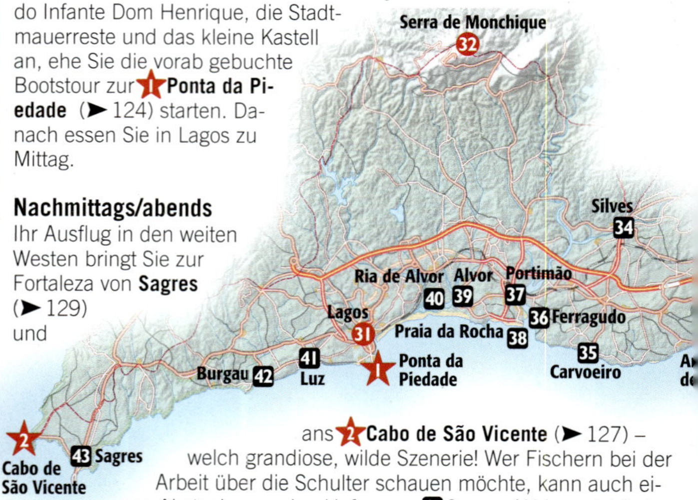

Nachmittags/abends

Ihr Ausflug in den weiten Westen bringt Sie zur Fortaleza von **Sagres** (▶ 129) und

ans ⭐ **Cabo de São Vicente** (▶ 127) – welch grandiose, wilde Szenerie! Wer Fischern bei der Arbeit über die Schulter schauen möchte, kann auch einen Abstecher an den Hafen von **43 Sagres** (Abb. rechts) einlegen. Sehen Sie sich auf der Rückfahrt nach Lagos die beiden netten Strand- und Ferienorte **42 Burgau** (▶ 145) und **41 Luz** (▶ 145) an. Dort können Sie auch zu Abend essen.

Zweiter Tag

Vormittags

Aufbruch ins Küstenhinterland! Die **32 Serra de Monchique** (▶ 136) ist Ihr Ziel. Fahren Sie der Algarve auf dem 902 m hohen Fóia aufs Dach. Früh am Morgen ist die Sicht dort oft am schönsten. Auf dem Rückweg können Sie sich in **Monchique** (▶ 137) die Kirche ansehen. Im Thermalort **Caldas de Monchique** (▶ 137) legen Sie Ihre Mittagsrast ein.

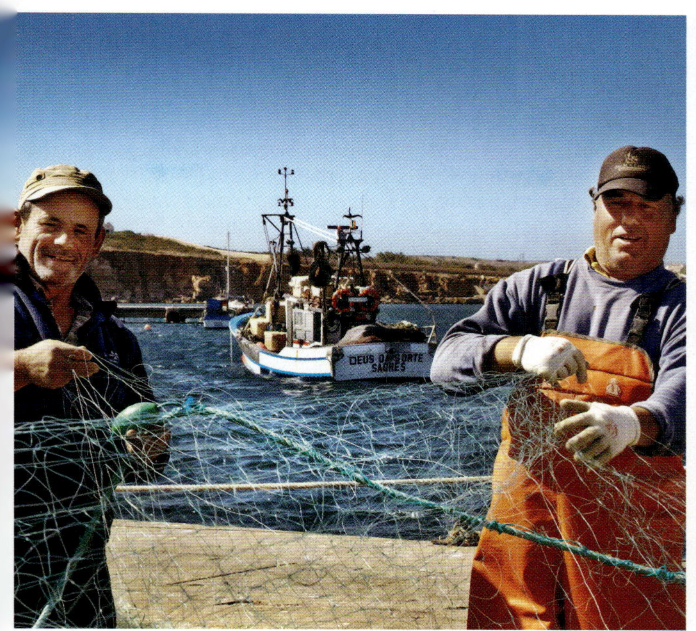

Nachmittags
Fahren Sie weiter nach **34 Silves** (► 140) und besuchen Sie die Trutzburg aus maurischer Zeit.

Abends
Die Altstadt von **31 Lagos** (► 132) ist heute die beste Option, um zu essen und Stimmung zu tanken. Schließlich trumpft Lagos während der Sommersaison mit einem gewissen Nightlife auf.

Dritter Tag

Vormittags
Heute geht es in den Ostteil der Westalgarve. In **37 Portimão** (► 143) am Rio Arade verdient das in der einstigen Fischkonservenfabrik eingerichtete Museum einen Besuch. Fahren Sie danach in das Strandstädtchen **35 Carvoeiro** (► 141), um etwas umherzubummeln, sich im Atlantik abzukühlen und zu Mittag zu essen.

Nachmittags
Ziele am Nachmittag sind die Wallfahrtskapelle **Nossa Senhora da Rocha** (► 140), der langgezogene Sandstrand von **33 Armação de Pêra** (► 139) und die vogelreiche **Lagoa dos Salgados** (► 139). Bringen Sie zu den Vogelbeobachtungen nach Möglichkeit ein Fernglas mit!

Abends
Lassen Sie den Tag in **39 Alvor** (► 144) ausklingen, wo sich an der **40 Ria de Alvor** (► 145) einige Restaurants zur Einkehr anbieten.

⭐ Ponta da Piedade

Der Landvorsprung Ponta da Piedade, der etwa 2 km südlich von Lagos weit in den Atlantik ragt, gilt als eine der atemberaubendsten Felsklippenlandschaften im Südwesten Europas. Die Felsformationen, die Sie erst bei einer Bootstour in ihrer ganzen bizarren Schönheit entdecken, gebieten Ehrfurcht und ziehen in den Bann. Zugaben der Panoramen sind kleine Strandabschnitte und direkt vor der Küste versprenkelte Felsinselchen.

Wind und Wellen haben die Felsformationen der Ponta da Piedade zu riesigen Skulpturen gemeißelt, die nicht nur die steinernen Visitenkarten der **Großgemeinde** Lagos, sondern die Wahrzeichen der kompletten Algarve sind. Kein Werbeprospekt der Sonnenregion kommt ohne ein Foto dieses Steilküstenabschnitts aus, dessen Begehung auf den oberhalb verlaufenden Pfaden nur eine halbe Sache ist. Die besten Ansichten bekommen Sie von der Seeseite. Das geht im landläufigen **Ausflugsboot**, aber für Erlebnishungrige auch im **Seekajak**.

Fantasievolle Felsgebilde

Türme, Zacken, Dome, kuppenartig abgerundete Massive – oder sind es überdimensionierte Faustkeile, Tiere in Gigantenformat? Beim Anblick der Felsgebilde bekommt die Fantasie automatisch Flügel, noch mehr inspiriert durch die Hinweise der Bootsführer, die ein gemütliches Tempo an den Tag legen. Plötzlich taucht ein Katzenkopf auf, ein Elefant, ein schlafendes Kamel, das Schichtwerk eines Hochzeitskuchens, Pinocchio mit seiner langen Nase, die berühmte Titanic, der aus Paris bekannte Triumphbogen, das gekrönte Haupt einer Königin. Auch ein Falke oder ein Gorilla lassen sich mühelos hineininterpretieren. Dann wiederum glaubt man, sich regelrechten Augenhöhlen im Gestein gegenüberzusehen. Welch eine **Zauberlandschaft** aus Felsen und Meer! Ausgewaschen, angenagt und wie von Geisterhand gestaltet.

Meeresgrotten und natürliche Lichteffekte

Weitere Höhepunkte sind die Bootseinfahrten **durch Felsbögen und in Höhlen**, regelrechte Labyrinthe, fast zentimetergenau in Links-rechts-links-Manövern an Spitzen und Kanten vorbei. Keine Sorge, die Bootsführer kennen sich aus, selbst bei kompliziert erscheinenden Wendemanövern! Ein erfahrener Steuermann weiß mit dem Vorwärts- und Rückwärtsgang umzugehen. In den Meeresgrotten schäumt, gurgelt, strudelt und wogt die See. Je nach Tag und Sonnenstand sind die Grotten von blaugrünen Lichteffekten durchflutet, als würden künstliche Scheinwerfer das Ganze in Szene setzen. Und himmelwärts öffnen sich wahre Kamine. Derweil reichen die Farbnuancen der umliegenden Felswände von Rostbraun und Hellbraun bis Grau.

Eine wilde, aber keine weltferne Szenerie

Die Küstenfelsen sind Lebensraum zahlreicher Seevögel. Agaven wurzeln bis kurz vor die allerletzten Abstürze. Allerdings ist inmitten der wilden Naturszenerie auch die Zivilisation nicht weit, wie deplatzierte Betonkästen oberhalb der kleinen Strandabschnitte nördlich der Ponta da Piedade belegen. Dass der kleinste Strand Praia Grande (großer Strand) heißt, sei nur nebenbei bemerkt. Richtung Lagos schließen sich weitere **Strände** an, darunter die Praia do Camilo, die Praia de Dona Ana und die Praia do Pinhão. Entfernt sich das Boot ein wenig von den Felsformationen, schaut man westwärts in Richtung der Feriengemeinde Luz und landeinwärts zu den Gebirgsbuckeln der Serra de Monchique.

Auf Bootstouren lassen sich Fotospeicherkarten bestens füllen, der Erlebniswert ist hoch. Wobei Sie nicht der Illusion verfallen dürfen, allein auf weiter Flur zu sein. Ein Geheimtipp ist die Ponta da Piedade nicht, dafür aber ein un-

Westliche Algarve

verzichtbares Highlight, wie die Besucherströme zeigen. Eine Bootstour eignet sich auch hervorragend für 👪 Familien mit Kindern.

KLEINE PAUSE

Nach der Rückkehr können Sie gut im Bereich der Marina von Lagos einkehren, ob zum kühlen Drink oder zum opulenteren Tafeln.

✠ 199 D2

Immer wieder in anderem Licht: Bootstouren entlang der Felsküste

BAEDEKER TIPP

■ Starten Sie Ihre **Bootstour** nach Möglichkeit ab der Marina von Lagos (► 132) und nicht ab der näher gelegenen Praia de Dona Ana. Denn ab der Marina fahren Sie zusätzlich durch die Flussmündung des Bensafrim und können nebenbei einen Blick auf das kleine Kastell werfen, ehe Sie sich den Felsformationen der Ponta da Piedade langsam nähern. Das steigert die Vorfreude. Und bei Abfahrt oder Rückkehr lässt sich die Szenerie der Masten in der Marina bestens fotografieren.

■ **Grottentouren** sind besser bei Ebbe, dann kommen die Boote besser hinein. Verlässliche Touren bietet Seafaris (www.seafaris.net, Tel. 282 79 87 27) ab 10 € pro Person.

■ Begleitete **Seekajaktrips** starten z. B. mit Kayak Centre (http://kayak-centre.com, Tel. 917 69 17 61), allerdings südwestlich von Lagos an der Praia do Porto de Mos. Diese Touren dauern gewöhnlich drei Stunden und kosten 25 € pro Person.

■ Seekajakpaddler sollten im Zweifelsfall auf die Mitnahme einer Kamera verzichten. In Seekajaks können Ungeübte leicht das Gleichgewicht verlieren und umkippen.

■ Vergessen Sie bei Ihren Boots- und Kajakausflügen keinesfalls den **Sonnenschutz**, selbst an bewölkten Tagen. Die Strahlung ist immens.

■ Nahe der Ponta da Piedade liegen winzige **Strände**, die Sie von oben über Treppenstufen erreichen, darunter die Praia do Camilo und die Praia de Dona Ana.

■ Spaziergänger, die sich oberhalb der Ponta da Piedade auf die Felsspitzen wagen, müssen äußerste **Vorsicht** walten lassen.

⭐ Cabo de São Vicente

Das Kap des hl. Vinzenz ist Portugals Finisterre, das Ende der Welt, einer der schönsten Küstenthrone in Europa. Aus weiter Ferne sieht man, wie der Leuchtturm sich hoch über dem Fels erhebt. Aussicht und Atlantikstimmung sind grandios. Die raue Natur um das Kap zieht zahlreiche Seevögel an, die entweder hier nisten oder durch einen ihrer Korridore in den Süden ziehen.

Die Zufahrt von Sagres (➤ 146) zum Cabo de São Vicente ist wie eine Steigerung in mehreren Akten. Sie führt durch ein wildes, menschenfeindliches, kaum besiedeltes Gebiet, über das höllisch der Wind pfeifen kann. Die Vegetation ist niedrig. Für Orientierung sorgt der **Kap-Leuchtturm**, der wie ein Wächter in der Landschaft wirkt. Die kleine Straße endet kurz davor auf dem Parkplatz, wo Snack- und Souvenirstände nicht so recht ins Bild passen wollen. Wer die Fahrzeugtür öffnet, muss an manchen Tagen richtig Kraft aufbieten, dass die Sturmböen sie nicht wegreißen. Ebenso können ganze Tage windstill sein, doch das ist eher die Ausnahme.

Wo der Atlantik schäumt und kocht

Die 60 bis 70 m hohen Klippenabstürze und die spektakulären Panoramen um das Kap sind kaum zu toppen. Der Wind trägt das Grollen der Brandung gegen die Klippen herauf zum Kap. Was für eine Ende-der-Welt-Stimmung! Wetterfeste Naturfreaks können hier lange ausharren und auf den Horizont hinaussehen, wo die Schaumkrönchen treiben und oft ein dramatisches Licht hängt. Besonders schön sind die Ausblicke nordwärts entlang der Costa Vicentina. Dort kocht der Atlantik, da schäumt, donnert und gischtet es erfahrungsgemäß besonders stark. Süd-ostwärts des Kaps breitet sich ver-gleichsweise ge-

schützt die Ensenada do Beliche aus, eine Bucht, die sich bis zur **Ponta de Sagres** (➤ 128) spannt. Zuflucht vor dem scharfen Wind finden Sie im Hof vor dem Leuchtturm und in einem kleinen Museum.

Die Umseglung des Cabo de São Vicente war schon zu Zeiten der Kreuzritter eine Herausforderung.

Die südwestlichste Spitze Europas

Der Leuchtturm am Kap ist ein Pilgerziel für Schaulustige und Wanderer.

❶ Cabo de São Vicente: Im 16. Jh. wurde hier eine Festung mit einem Kloster und Pilgerunterkünften gebaut, die 1587 bei einem Angriff von Sir Francis Drake zerstört wurde. Die heutige Festungsanlage entstand Mitte des 19. Jhs.

❷ Leuchtturm: Das Cabo de São Vicente wird durch einen 22 m hohen Leuchtturm (▶ 131) markiert.

❸ Ponta de Sagres: Auf der Ponta de Sagres sind nur spärliche Reste der alten Festung erhalten sowie die Kirche Igreja Nossa Senhora da Graça, die auf das 16. Jh. zurückgeht.

Die Ponta de Sagres bildet gemeinsam mit dem Cabo de São Vicente Europas Südwestspitze. »Wo das Land endet und das Meer beginnt«, beschrieb Portugals Nationaldichter Luís de Camões vor 500 Jahren dieses meerumtoste Kap. Und Plinius d. Ä. berichtet, dass die Römer das Kap und die nahe Landspitze Ponta de Sagres für einen alten Sitz der Götter hielten.

4 Fortaleza de Sagres: Geografen, Astronomen und Seefahrer aus mehreren Ländern trugen unter Heinrich dem Seefahrer (▶ 16, 146) in der Festung auf der Ponta de Sagres ihre Kenntnisse zusammen, so besagt eine nicht überprüfbare Legende. Von dem Wissenschaftszentrum aus dem 15./16. Jh. blieb nichts erhalten. Die Festung in ihrer heutigen Form stammt von 1793.

5 *rosa dos ventos*: Aus dem 15. Jh. ist noch ein Bodenkreis mit 43 m Durchmesser erhalten. Er ist in 40 Segmente eingeteilt und wird im Volksmund als »Windrose« bezeichnet; seine Bedeutung ist aber unklar.

Navigationshilfe oder Sonnenuhr? Die Bedeutung der »Windrose« in der Fortaleza de Sagres bleibt ein Rätsel.

Westliche Algarve

Legendenumwobenes Kap

Um das Cabo de São Vicente ranken sich Mythen, Legenden und überlieferte Geschichtssplitter. Den Vorgeschichtlern, denen wir erhaltene Dolmenanlagen um das nahe Vila do Bispo und Raposeira verdanken, dürfte das Kap reichlich Respekt eingeflößt haben. Es besteht kein Zweifel daran, dass es dank seiner naturräumlichen Gegebenheiten – ebenso wie die nahe Landspitze Ponta de Sagres (➤ 128) – bereits in der Antike als heiliger Felsvorsprung und Göttersitz verehrt und geachtet wurde. Ob die Römer das Kap oder den Vorsprung von Sagres hoch über dem Atlantik *promontorium sacrum* genannt haben, bleibt ein Rätsel. Es wird vermutet, dass am Kap ein Sanktuarium oder eine Art Freilufttempel existiert hat, doch bewiesen ist dies ebensowenig wie Mutmaßungen, ob Saturn oder Herkules hier verehrt wurden. Im 4. Jh. n. Chr. legte der lateinische Dichter Avienus in seiner *Ora maritima* das älteste erhaltene Zeugnis der rauen Gegend um das Kap ab.

Von Raben bewacht – die Reliquien des hl. Vinzenz

Der Kapname »São Vicente« datiert aus späterer Zeit und gründet sich auf den hl. Vinzenz, der zu Beginn des 4. Jhs. im spanischen Valencia sein Martyrium erlitt. Sein Leichnam, so besagt eine weit verbreitete Version der Legende, wurde in einen mit Steinen beschwerten Seesack eingenäht und auf dem Meeresgrund versenkt, trieb aber ans Ufer zurück. In diesem Augenblick tauchten zwei Raben auf und beschützten des Heiligen sterbliche Überreste vor anderen Vögeln und Tieren. Der Leichnam wurde von frommen Leuten gefunden und bestattet. Nach dem Einfall der Mauren im 8. Jh. musste er vor möglicher Schändung

BAEDEKER TIPP

■ Unterschätzen Sie um das Cabo de São Vicente keinesfalls die messerscharfen Winde und das unwegsame **Felsgelände**! Wagen Sie sich für ein Erinnerungsfoto oder ein Selfie unter keinen Umständen zu nah an die Klippen heran. Hier ist es schon zu tödlichen Abstürzen gekommen!

■ Das kleine **Museum** (April–Sept. Di–So 10–18, Rest des Jahres Di–So 10–17 Uhr; Eintritt 1,50 €) am Kap dürfte eher Spezialisten ansprechen. In bescheidenem Rahmen sind u. a. Bootsmodelle und nautisches Gerät ausgestellt.

■ Stoppen Sie bei der An- oder Rückfahrt ab/bis Sagres unbedingt am Parkplatz oberhalb der **Praia do Beliche.** Der wunderbare Strand ist unmittelbar von der Straße nicht zu sehen. Ein Treppenabgang führt hinab. Die Praia do Beliche ist auch bei Surfern beliebt und vor den kräftigen Nordwinden geschützt.

■ Ein weiterer Stopp zwischen Sagres und dem Cabo de São Vicente ist an den Resten der **Festung Santa Catalina** möglich.

■ Fassbare Spuren zur Geschichte um den hl. Vinzenz sucht man am Cabo de São Vicente vergebens. Eine Kapkirche (so sie überhaupt je existiert hat) blieb nicht erhalten, die Reste des Heiligen werden seit dem Hochmittelalter in Lissabon verehrt. Und doch gibt es in der Nähe, etwa 15 km nordöstlich im Inland, ein Reliquiar mit einem winzigen Knochenstückchen des Heiligen, aufbewahrt in dem ebenfalls winzigen, unregelmäßig geöffneten Museum der **Pfarrkirche von Vila do Bispo.**

in Sicherheit gebracht werden. Ein von Raben begleitetes Schiff brachte ihn von Südspanien aus bis zum Cabo de São Vicente. Dort bekamen die Reliquien ihren Ehrenplatz in einer kleinen Kirche, die schon vorher gläubige Christen auf Pilgerwallfahrt angelockt hatte. Die Raben hielten Wache um das Gotteshaus, das man aus diesem Grund Igreja do Corvo (Rabenkirche) nannte. Im 12. Jh. gingen die Reliquien erneut auf Reisen – zu ihrem endgültigen Bestimmungsort nach Lissabon. Welcher Wahrheitsgehalt der Legende um den hl. Vinzenz zugrunde liegt, lässt sich nicht mehr ermessen, aber sie ist untrennbar verbunden mit dem sagenhaften Kap, dem portugiesischen »Ende der Welt«.

Lichtstarker Leuchtturm

Die Geschichte besagt, dass auf die legendäre »Rabenkirche« die Bauten eines Klosters, einer Festung und eines Leuchtturms folgten. Die Aufrechterhaltung der Leuchtfeuer auf dem Leuchtturm zählte ebenso wie die Verteidigung der Anlage zu den Aufgaben der Mönche. Immer wieder kam es zu Zerstörungen, ob durch Feindeshand oder durch Erdbeben. Der heutige Leuchtturm aus dem Jahr 1846 wurde während der Regentschaft von Dona Maria II. errichtet. Er ragt aus den umfassend restaurierten Festungsanlagen empor und ist technisch mehrfach nachgerüstet worden, zuletzt zu Beginn dieses Jahrtausends. Das gedrungene Bauwerk trägt ein rotes Häubchen, sein Licht lässt sich bei klarer Sicht noch aus über 50 km Entfernung (33 Seemeilen) erkennen.

KLEINE PAUSE

Am Parkplatz vor dem Cabo de São Vicente gibt es Stände mit Snacks, aber für eine ausgiebigere Rast besser geeignet sind Sagres oder der kleine Ortskern von Vila do Bispo.

✠ 198 A1

③② Lagos

Lagos, gern »Perle der Algarve« genannt, ist ein stimmungsvolles Städtchen mit 30 000 Einwohnern und vielen Facetten: historische Bauten, freundliche Gassen und Plätze, die Marina, die Flusspromenaden am Bensafrim kurz vor dessen Mündung in den Atlantik, dazu kleine Strände und die Ponta da Piedade (▶ 124) gleich vor der Haustür. Im nordöstlichen Teil der Stadt erwartet Sie der längste Strand mit reichlich Liegefläche, die Meia Praia.

Lagos blickt auf eine lange Geschichte zurück, der ursprüngliche Stadtname *Lacobriga* soll sogar auf die Kelten zurückgehen. Später rückten Phönizier, Griechen, Römer und Mauren an. Seit jeher haben Hafen und Handel eine wichtige Rolle gespielt. Das Spätmittelalter bedeutete für Lagos eine goldene Zeit, diente der Hafen im 15. Jh. doch als Start- und Ankunftspunkt für die Schiffe, die den **Afrikahandel** und den Aufstieg Portugals als Seemacht in Gang

EIN HEILIGER AUS LAGOS

Gonçalo de Lagos (1360–1422) ist als geschichtliche Gestalt verbürgt. Er war Fischersohn, stammte aus Lagos und ließ bereits in jungen Jahren sein christliches Wesen erkennen. Nach Ende seiner Studien trat er in den Augustinerorden ein und wurde Prior mehrerer Klöster. Dank seiner Hilfe wurden viele Fischer auf wundersame Weise gerettet, so heißt es, was seinen Ruf als Heiliger untermauerte.
Gonçalo de Lagos begegnen Sie in dessen Heimatstadt gleich mehrfach: auf dem kleinen Bildnis in dem nach ihm benannten Stadtmauertor Arco de São Gonçalo, als Skulptur in der Pfarrkirche Santa Maria und im Stadtmuseum sowie als Megabildnis auf dem Freiplatz südlich der kleinen Flussfestung Ponta da Bandeira. Noch heute wird Gonçalo de Lagos als Beschützer der Fischer verehrt.

brachten. Lagos war fest mit den Entdeckungsreisen durch **Prinz Heinrich den Seefahrer** (1394–1460, ➤ 16) verknüpft und stieg zum Umschlagplatz kostbarer exotischer Waren auf – leider auch von Lebendwaren, die schändlich wie Tiere behandelt wurden, nämlich Sklaven.

Im Jahr 1444 fand nachweislich der erste **Sklavenmarkt** statt, ein düsteres Kapitel der Lokalgeschichte. Der neue Reichtum wurde in Kirchen und Häuser gesteckt. Lagos stieg zum Tummelplatz von Kaufmannsleuten auf, die Stadtmauern wurden verstärkt, Festungsbauten errichtet. Das schwere Erd- und Seebeben 1755 bedeutete einen Rückschlag, später brachten Fischkonservenindustrie, abermaliges Handelsgeschick und nicht zuletzt der **Fremdenverkehr** neuen Aufschwung. Heute ist Lagos einer der größten touristischen Fixpunkte an der Algarve.

Repräsentative Plätze und barocke Kirchenpracht

Beliebter Startpunkt für einen Stadtbummel ist die **Praça Gil Eanes**, wo sich die Touristeninformation befindet, eine befremdlich moderne Skulptur an König Sebastião (1554–1578) erinnert und geschäftige Gassen von der **Fußgängerzone** abgehen. Eine besonders lebhafte Gasse ist die Rua 25 de Abril, in der sich zahlreiche Restaurants reihen, was Sie sich auch für den Abend vormerken können.

Nächster bedeutsamer Platz ist die **Praça do Infante Dom Henrique**, wo Prinz Heinrich der Seefahrer auf seinem Denkmal thront. Ein kleiner Arkadenbau im Nordwesteck des Platzes zeigt an, wo 1444 der erste Sklavenmarkt abgehalten wurde. Weitere Gebäude am Platz sind die barocke Igreja de Santa Maria (Pfarrkirche), der vormalige Gouverneurspalast, ab dem 14. Jh. Sitz der Gouverneure, und ein wappengeschmücktes, militärisches Warenlager aus dem 17. Jh.

Lagos größte kulturelle Sehenswürdigkeit liegt ein wenig versteckt, zwei Gassen weiter ab der Praça do Infante Dom Henrique: die **Igreja de Santo António** (18. Jh.). Von innen ist die Barockkirche überreich mit Azulejos, vergoldeten Holzschnitzereien und Gemälden dekoriert, die Szenen aus dem Leben des hl. Antonius zeigen. Wer den Sakralbau betreten möchte, muss zwangsläufig den gebühren-

Wer abends ausgehen möchte, findet in Lagos stimmungsvolle Gassen (links). Die Igreja de Santa Maria und der Sklavenmarkt sind romantisch beleuchtet.

pflichtigen Umweg durch das Stadtmuseum **Museu Municipal Dr. José Formosinho** wählen, in das sie integriert ist. In mehreren kleinen Sälen zeigt das Museum archäologische Exponate, Keramikgegenstände, Bootsmodelle, Gemälde mit Algarve-Motiven, eine Waffensammlung, Porzellanfiguren, Silberschalen, Orden, Münzen und Klöppelspitzenarbeiten. Zudem gibt es eine Abteilung für sakrale Kunst.

Festungsmauern und Strände

Südlich der Praça do Infante Dom Henrique streifen Sie am besterhaltenen Teil der **Stadtmauern** entlang. Palmen spenden Schatten. Ein Denkmal zeigt Gil Eanes, im 15. Jh. einer der maßgeblichen Entdeckungsreisenden im Dienst von Prinz Heinrich dem Seefahrer. Ein Stückchen weiter öffnet sich das schönste Stadtmauertor, der Arco de São Gonçalo (14. Jh.), bevor Sie über die Straße zu dem kleinen Kastell hinübergehen, das zu besichtigen ist. Es heißt **Forte Ponta da Bandeira** und wurde Ende des 17. Jhs. an der Flussmündung des Bensafrim zur Verteidigung des alten Hafens erbaut.

Südlich der Festung erreichen Sie – teils über steile Treppen – kleine **Strandabschnitte**, die sich in Richtung der Ponta da Piedade (➤ 124) fortsetzen: die Praia da Batata, die Praia dos Estudantes, die Praia do Pinhão, die Praia de Dona Ana, die Praia do Camilo und die Praia Grande.

Lagos längster Strand beginnt an der anderen Seite der Flussmündung und erfordert bei der Anfahrt eine längere

BAEDEKER TIPP

Ein neueres Besuchsziel an der Marina von Lagos ist das **Museu de Cera dos Descobrimentos** (www.museuceradescobrimentos.com, tgl. 10–18 Uhr, 5 €), ein Wachsfigurenkabinett, das Portugals Zeitalter der Entdeckungen mit Schlüsselfiguren wie Prinz Heinrich dem Seefahrer und Vasco da Gama dokumentiert.

Schleife durch das Inland: Die **Meia Praia** bringt es auf eine Länge von 4 km und grenzt östlich an die Ria de Alvor (➤ 145). Im Bereich hinter der Meia Praia liegen einige Hotels. Der Zugang zur Meia Praia führt über Bahngleise und weitläufige Dünenzonen.

Markt und Marina

Weiterhin sehenswert in Lagos sind die Markthalle an der Avenida dos Descobrimentos und die Marina, zu der ein Fußgängerüberweg führt. Ab der Marina starten **Bootstouren** zur Ponta da Piedade (➤ 124) und zum Dolphin Watching. Die Chancen, **Delfine** weit draußen vor der Küste zu sehen, stehen erfahrungsgemäß gut.

Abwechslung ins Beachlife bringt auch ein Ausflug ins Hinterland zur Talsperre Barragem da Bravura. Die etwa 15 km lange Anfahrt führt über Odiáxere.

KLEINE PAUSE

Zwischen der Praça Gil Eanes und der Praça do Infante Dom Henrique haben Sie viele Möglichkeiten zur Einkehr, vor allem entlang der Rua 25 de Abril. Eine gute Alternative ist die Marina, wo Sie von vielen Terrassenplätzen auf die Jachten blicken können.

EIN BESONDERER TIERPARK

Für Familien mit Kindern bietet sich ab Lagos ein Ausflug in den Parque Zoológico de Lagos an, der trotz seines Namens nicht in der Stadt selbst, sondern knapp 10 km nordwestlich im Hinterland zwischen Bensafrim und Barão de São João liegt. Dieser Zoo ist kein landläufiger Tierpark, sondern erlaubt es, manche Spezies näher als andernorts zu erleben, darunter Flamingos. Überall zirpt und gurrt es. Im weitläufigen Teichgelände gibt es Affen- und Lemureninseln. Pfauen, Gänse und Enten stolzieren über den Weg. In einem separaten Haustierbereich treffen Sie und Ihr Nachwuchs auf Schafe, Ziegen, Ponys, Hasen- und Meerschweinchengehege. Der Parque Zoológico de Lagos (www.zoolagos.com) öffnet April–Sept. tägl. 10–19, Okt.–März tägl. 10–17 Uhr; der Eintritt beträgt 16 € für Erwachsene und 12 € für Kinder (4–11 Jahre). Für eine Einkehr steht das Restaurant vor dem Eingangsbereich zur Verfügung.

✚ 199 D2 ℹ Posto de Turismo, Praça Gil Eanes, Antigos Paços do Concelho, ☎ 282 76 30 31; www.cm-lagos.pt ⊙ Juli–Mitte Sept. tgl. 9–19, Rest des Jahres Mo–Sa 9.30–17.30 Uhr 🚌 Largo Rossio de São João, www.eva-bus.com; Verbindungen u. a. nach Albufeira, Armação de Pêra, Burgau, Cabo de São Vicente (saisonal), Faro, Lagoa, Portimão, Sagres, Vila do Bispo 🚆 Estrada de São Roque, www.cp.pt; Verbindung u. a. nach Faro

Igreja de Santo António/Museu Municipal Dr. José Formosinho

✉ Rua General Alberto da Silveira ⊙ Di–So 10–12.30, 14–17.30 Uhr ✋ 3 €

Forte Ponta da Bandeira

✉ Cais da Solaria ⊙ Di–So 10–18 Uhr ✋ 3 €

32 Serra de Monchique

Landschaftlich und klimatisch ist die Serra de Monchique der Gegenpol zu den Küstengebieten der Algarve. Bis zu 902 m Höhe buckelt sich der Gebirgszug im weiten Hinterland von Lagos und Portimão auf. Er ist das Dach der Algarve, durchsetzt von reichlich Grün, durchzogen von Flüsschen und Bächen. Eine Straße führt hinauf zum Gipfel Fóia und erlaubt fantastische Fernblicke.

Speziell an heißen Tagen am Küstensaum werden Sie die Höhenfrische der Serra de Monchique besonders zu schätzen wissen. Dort oben riecht es nach Eukalyptus und Wildblumen, dort wurzeln Erdbeerbäume, aus denen der kräftige Medronho-Schnaps gebrannt wird. Kiefern, Korkeichen und Esskastanienbäume sorgen für grüne Tupfer. Insgesamt sind **über 1000 Pflanzenarten** dokumentiert. Wer

Durchgangsstation in die höhere Bergwelt ist der kleine Thermalort Caldas de Monchique.

👪 FAMILIENZIEL PARQUE DA MINA

An der Straße ab Portimão ins Bergland der Serra de Monchique liegt der Minenpark **Parque da Mina** (www.parquedamina.pt, April–Sept. tägl. 10–19, Okt.–März tägl. 10–17 Uhr, Nov.–Jan. Mo geschl., 10 €, Kinder 4–11 Jahre 6 €), wo einst eine Baryt-, Kupfer- und Eisenmine existierte. Heute ist das Areal als weitläufiges Grüngelände aufbereitet und auch Ziel für Familien mit Kindern. Über Kinderspielgerät und ein Vogelgehege hinaus gibt es Pferche mit Ponys, Eseln und Hängebauchschweinen. Am Eingang können Sie Futter kaufen. Weiteres Besucherziel im Parque da Mina ist das **Landhaus der einstigen Minenbesitzerfamilie** mit Sammlungen von Wand- und Standuhren sowie Musikinstrumenten. Der Rechtsabzweig an der Straße von Portimão nach Caldas de Monchique zum Parque da Mina ist ausgeschildert.

mag, bricht im Gebirge zu **Wanderungen** auf. Ein Teil des Fernwanderwegs Via Algarviana führt hier hindurch, ein beliebtes Wanderterrain ist der Berg Picota. Bei der Straßenauffahrt auf den Fóia powern sich Rennradfahrer gern aus. Die Zufahrt ab der Küste ist denkbar einfach: Sie erfolgt nordwärts auf der N-266, die sich über Caldas de Monchique und den Ort Monchique hinaufzuschlängeln beginnt.

Thermalbad im Vorgebirge

Für Heilwasserfans ist **Caldas de Monchique** ein Wellnessziel und Standquartier im Vorgebirge. Die einzige Therme der Algarve macht den Ort mit einigen Unterkünften zur Besonderheit. Etwas abseits der Hauptstraße, knapp 20 km nördlich der Küstenstadt Portimão, liegt er eingefasst in einem sattgrünen Taleinschnitt mit üppiger Vegetation. Der Blick ins Buch der Geschichte zeigt, dass die Heilwasser schon von den Römern genutzt wurden und sich König João II. 1495 hier aufhielt. Im 17. Jh. entstanden auf Initiative des Algarve-Bischofs die ersten Badehäuser samt Krankenstation, ab 1899 begann mit dem Hotel Central der Fremdenverkehr. Heute entspricht der Komfort des Orts nach umfangreichen Aufpolierungsarbeiten dem Stand der Moderne, aber es ist hier bodenständig geblieben – kein exklusiver Hyperluxus. Die bikarbonat-, natrium- und fluorhaltigen Wasser haben eine wohltuende Wirkung bei Problemen mit Atemwegen, Muskeln, Gelenken und Knochen. Treffpunkte von Kurgästen und Besuchern sind die zentrale Ulmenpromenade und der kleine, baum- und wasserreiche Park. Dort trinken abergläubische Menschen aus dem »Brunnen der Jugend« und der »Liebesquelle«. Im Dorf gibt es auch eine kleine Kirche – die Capela de Santa Teresa.

Hauptort und Bergthron

Monchique, der wichtigste Ort im Gebirge, wurde einst durch Woll- und Leinenweberei sowie Holzschnitzarbeiten bekannt. Heute klettert Monchique mit seinem weißen Häusermeer den Hang hinauf und wirkt eher bescheiden.

Westliche Algarve

Interessant ist die im 15./16. Jh. erbaute Kirche **Igreja Matriz** mit ihrem gedrungenem Glockenturm und dem manuelinischen Hauptportal. Die im Kircheninneren verehrte Muttergottesfigur der Nossa Senhora da Conceição wird dem Bildhauer Joaquim Machado de Castro (1731–1822) zuge-

schrieben. Ein Stück oberhalb des Orts liegen die Reste des Klosters Convento de Nossa Senhora do Desterro, das 1631 gegründet und durch das Erdbeben von 1755 schwer in Mitleidenschaft gezogen wurde. Ab Monchique erwartet Sie eine 8 km lange Straßenstrecke hinauf bis zum **Fóia**, dem eigentlichen Bergthron, der sich mit reichlich Antennenmasten ankündigt und damit erst einmal abschreckt. Auch die großen Parkplatzflächen haben dem Fóia allzu sehr den Stempel der Zivilisation aufgedrückt, ein Tribut an die Moderne, ebenso wie die Windkrafträder im Gebirge. Die Ausblicke ins Küstenvorland und auf den Atlantik sind vom Fóia jedoch unschlagbar!

Die Menschen in den Bergen essen etwas deftiger als an der Küste, aber auf Salat und Meeresfrüchte muss deshalb auch in der Serra niemand verzichten.

Beliebt für die Einkehr ist der Hauptplatz in Monchique, da sitzen Sie geruhsam. Entlang der Auffahrt zum Fóia liegen überdies einige Streckenrestaurants.

✚ 199 E5 ℹ Posto de Turismo, Largo de S. Sebastião, Monchique, ☎ 282 91 11 89; www.cm-monchique.pt 🕓 Mo–Fr 9.30–13, 14–17.30 Uhr 🚌 Verbindungen nach Portimão; www.frotazul-algarve.pt

BAEDEKER TIPP

■ Testen Sie in der Serra de Monchique einmal den klaren Erdbeerbaumschnaps (medronho) sowie die deftigen Wildgerichte und Würste. Von hervorragender Qualität ist auch der **Honig** *(mel)*, dessen Gewinnung und Verkauf schon seit einigen Jahrhunderten bekannt ist.

■ Zündeln Sie im Gebirge nicht herum. Es herrscht erhöhte Waldbrandgefahr!

■ Geführte deutschsprachige **Wanderungen** können Sie buchen bei: Wandern mit Uwe (Tel. 966 52 48 22, www.wandern-mit-uwe.de, ca. 30 € pro Person, Kinder bekommen Ermäßigung). Wanderführer Uwe Schemionek kennt die Gegend wie seine Westentasche. Gewandert wird abseits ausgetretener Pfade in kleinen Gruppen im Gebiet des Picota, wobei eine Mindestteilnehmerzahl erreicht werden muss.

■ In den Bergen können Sie frisches **Quellwasser** bedenkenlos trinken. An der Auffahrt von Monchique zum Fóia füllen die Einheimischen ihre Kanister und Flaschen.

■ Wählen Sie bei An- oder Rückfahrt die Variante über Alferce, wobei sich zusätzlich ein Kurzabstecher zur Talsperre **Barragem de Odelouca** anbietet (➤ 176).

Nach Lust und Laune!

31 Armação de Pêra

Das Ferienstädtchen an der Mündung der Ribeira de Alcantarilha hat sich aus einem Fischerdorf entwickelt. Früher wurden hier insbesondere Tunfische und Sardinen gefangen, eingesalzen und in andere Landesteile verkauft. An derlei Aktivitäten, die sich in gewissem Rahmen fortsetzen, erinnert noch der Name des Stadtstrands Praia dos Pescadores (Strand der Fischer). Im 17. Jh. kam es zur Anlage einer Festung, die in den Strömen der Zeiten so gut wie untergegangen ist. Touristisches Grundkapital und Hauptgrund für den Besuch von Armação de Pêra ist die **Praia Grande**, der lange Strand südöstlich des recht zugebauten Städtchens. Dort öffnen sich herrliche, dünenbegrenzte Sandweiten. Stege aus Holzbohlen erleichtern, wie auch andernorts, den Weg zum Strand durch die Dünen und tragen zu ihrem Schutz bei.

Ein Stück hinter der Dünenbarriere zur Praia Grande breitet sich die **Lagoa dos Salgados** aus, ein über eine Pistenzufahrt erreichbarer Binnensee; speziell ausgewiesen ist die Anfahrt allerdings nicht. Die Lagoa dos Salgados ist ein Top-Spot für Birdwatcher, die je nach Jahreszeit und Tag Geduld und Glück haben müssen, um Flamingos auszumachen. Gelegentlich beschränken sich die Beobachtungen auf Reiher, Blässhühner, Moorenten oder Purpurhühner, was sich ebenfalls lohnt – auch für Familien mit naturbegeisterten Kindern! Abends herrscht um den See eine besondere Stimmung, die Bebauung im ferneren Hintergrund stört

nur minimal. Bleibt zu hoffen, dass die Lagoa dos Salgados nicht wieder in die Schlagzeilen gerät, weil sie aufs Neue von Bauprojekten bedroht wird. Es ist eines der schönsten Gewässer der Algarve.

Armação de Pêra ist alles andere als eine Küstenschönheit, die Promenade allerdings passabel. Während der Sommermonate steigt die Einwohnerzahl um ein Vielfaches. Das Städtchen ist ein guter Ausgangspunkt, um **weitere Strände** bzw. Strandbuchten zu entdecken: weiter südostwärts erstreckt sich die

FESTIVAL DER SANDSKULPTUREN

Die Kunst bekommt alljährlich von etwa Mitte/Ende März bis Mitte/Ende Oktober zwischen Pêra und Algoz ihren besonderen Raum: beim Festival Internacional de Escultura em Areia, abgekürzt Fiesa, dem Internationalen Festival der Sandskulpturen. Dann treten Teilnehmer aus aller Welt in Aktion, um ihren fantasiereichen Figuren mit unzähligen Tonnen Sand Gestalt zu geben. Das Festival steht jedes Jahr unter einem anderen Leitmotiv und ist auch bei Familien mit Kindern populär. Der Eintritt beträgt 9 € für Erwachsene und 4,50 € für 6–12jährige Kinder; Infos unter www.fiesa.org.

Westliche Algarve

Nach einigem Urlaubsbudget verlangt der bei Guia an der N-125 gelegene Tier-, Vergnügungs- und Aquapark Zoomarine (www.zoomarine.pt, März–Okt. jahreszeitlich wechselnde Zugangszeiten 10–17/18/19.30 Uhr, Juni–Aug. tägl., sonst vereinzelte Schließtage, siehe Jahreskalender auf der Webseite, 29 €, Kinder bis 10 Jahre 19 €). Bei Estômbar liegt der April–Okt. geöffnete Aquapark Slide & Splash (www.slidesplash.com, 26 €, Kinder 5–10 Jahre 19 €). Ein weiterer Aquapark, Aqualand Algarve, liegt bei Alcantarilha und hat zwischen Mitte Juni und Anfang September geöffnet (http://www.aqualand.pt, 22,50 € und Kinder 5–10 Jahre 16,50 €, online preiswerter). Für ganz kleine Kinder fällt gewöhnlich keine Eintrittsgebühr an. Lohnen kann sich allerdings der Kauf eines Familientickets, sofern aktuell ein solches angeboten wird.

ausgemacht schöne Praia da Galé, Richtung Westen gibt es die Praia da Cova Redonda, die Praia dos Beijinhos und die Praia da Senhora da Rocha zu entdecken. Oberhalb der Praia da Senhora da Rocha liegt die **Ermida de Nossa Senhora da Rocha**, eine der hl. Maria geweihte Wallfahrtskapelle. Der Sakralbau ist

kalkweiß und gedrungen, die Skulptur der Gottesmutter mit dem Kind, die aus dem 16. Jh. stammt, können Sie durch eine große Glasscheibe eingehend bewundern. Von dem schmalen, in den Atlantik ragenden Felsvorsprung haben Sie eine sehr schöne Aussicht.

🗺 200 C2 ℹ Posto de Turismo, Avenida Marginal, Armação de Pêra, ☎ 282 31 21 45

34 Silves

Orangenhaine tauchen auf, der Flusslauf des Rio Arade und schließlich das markante Monumente-Doppel auf dem Hügel von Silves: die mutmaßlich über der vormaligen Moschee erbaute **Sé Velha** (Alte Kathedrale, Ursprünge 13.–15. Jh.) und das mächtige, zinnenbesetzte **Castelo** (Burg), das wie kein anderes Bauwerk in der Region die maurische Vergangenheit ins Gedächtnis ruft.

Silves kristallisierte sich früh im 8. Jh. als Stützpunkt der Mauren heraus, stieg im 11. Jh. zur Hauptstadt der Algarve auf und soll seinerzeit die Ausmaße und Bedeutung von Lissabon übertroffen haben. Silves war ein Zentrum der blühenden Kultur des Islam, der Dichter und Denker, bis es dann im 13. Jh. von den Truppen der Christen erobert wurde. Später büßte Silves an Bedeutung ein. Der so wichtige Fluss Arade versandete, die Handelsbeziehungen mit Nordafrika endeten, im 16. Jh. wurde der Bischofssitz von Silves nach Faro verlegt. Ab dem 19. Jh. sorgte die Korkindustrie für neuerlichen Aufschwung. Gegenwärtig ist das 11 000-Einwohner-Städtchen ein gern besuchtes Ziel im Hinterland. Für die Erkundung reicht ein halber Tag völlig aus.

Im Mittelalter war die gewaltige **Burganlage** die größte der Algarve und umfasste etwa 12 000 m². Bei der Errichtung dürften die Muselmanen Material eines Vorgängerbaus aus spätrömischer oder westgotischer Zeit verwendet haben.

Heute sind Eingriffe restauratorischer Art nicht zu verleugnen, manches in der Burg wirkt daher inzwischen stilbrüchig und deplatziert. Dennoch ist der Rundgang durch die Welt der Mauern und Wachtürme interessant. Im Inneren der Anlage breitet sich ein weiter Freiplatz aus. Es gibt auch einen Abgang zu einer Zisterne, die im Volksmund »Zisterne der verzauberten Maurin« genannt wird.

Spuren der wechselvollen Vergangenheit zeigen in Silves außerdem das archäologische Stadtmuseum **Museu Municipal de Arqueologia** mit einem Brunnen islamischen Ursprungs und die **Casa da Cultura Islâmica e Mediterrânica** (das Haus der Islamischen und Mittelmeer-Kultur). In der Unterstadt ist die weit ausgreifende **Esplanade** mit Wasserflächen und modernem Skulpturenwerk einen Bummel wert. Auf der Esplanade finden auch immer mal wieder Musikveranstaltungen statt.

✚ 200 B3 ℹ Posto de Turismo, Estrada Nacional 124, Silves, ☎ 282 44 22 55 ◉ Mo–Fr 9.30–13, 14–18 Uhr 🚌 Busse u. a. nach Albufeira und Armação de Pêra

---

👫 BLICK IN DEN FESTKALENDER

Fixpunkt im Festkalender von **Lagos** ist das historisch ausgerichtete *Festival dos Descobrimentos* (Festival der Entdeckungen) Ende April/Anfang Mai. Ende Juli stehen in **Monchique** zur gleichen Zeit das Schinkenfest *Feira do Presunto* und das *Festival do Medronho* (Erdbeerbaumschnaps-Festival) an. Etwa Mitte August ist **Silves** Schauplatz des großen Mittelalterfests *Feira Medieval* mit über einer Woche Programm. Parallel dazu steigt im August, ebenfalls in der Monatsmitte, am Flussufer von **Portimão** das große Sardinenfest *Festival da Sardinha*. Wer im Oktober an der Algarve Urlaub macht, kann das Birdwatching-Festival *Festival de Observação de Aves* in **Sagres** besuchen.

Die Kathedrale und die Burg überragen die Dächer von Silves.

Castelo
◉ Mitte Juni bis Ende Sept. tägl. 9–19, Okt.–Mitte Juni tägl. 9–17.30 Uhr ✋ 2,80 €, Kombiticket mit dem Museu Municipal de Arqueologia 3,90 €

Museu Municipal de Arqueologia
✉ Rua da Porta de Loulé 14 ◉ tägl. 10–18 Uhr ✋ 2,10 €, Kombiticket mit dem Castelo 3,90 €

Casa da Cultura Islâmica e Mediterrânica
✉ Largo da República, Jardim Cancela de Abreu ✋ frei

Sé Velha
◉ Mo–Fr 9–13 und 14–18 Uhr, Sa 9–13 Uhr ✋ 1 €

35 Carvoeiro

Klein, aber eine feste touristische Größe der Westalgarve! Das einstige Fischerdorf hat sich zu einem 3000-Einwohner-Ort gemausert, der sich ein Stück weit ins Inland zieht und mit reichlich Restaurants und Kneipen aufwartet. Aller Augen richten sich auf die kleine Promenade und den von Felsen begrenzten **Hauptstrand**, die Praia do Carvoeiro, auf den noch Fischerboote hochgezogen werden. Im Westteil des Orts liegt der Paradiesstrand Praia do Paraíso. Angeboten werden **Bootstouren** entlang der zer-

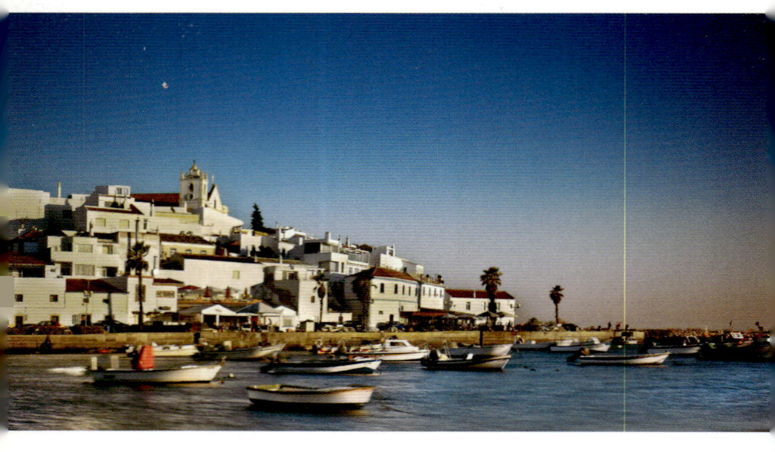

Malerisch im Abendlicht: Ferragudo am Rio Arade

klüfteten, von Naturgrotten, Felsformationen und -einschnitten geprägten Küste. Eine schöne Unternehmung an Land ist der Spaziergang auf einer **Stegpromenade,** die auf den Höhen hinter der modern gestalteten Kirche Nossa Senhora da Encarnação beginnt und oberhalb der Klippenküste etwa zehn Gehminuten ostwärts nach Algar Seco führt. Unterwegs haben Sie wunderbare Panoramaausblicke auf die See. Am Ende kommen Sie an einem Parkplatz raus und können einen Treppenabstieg zu einem Restaurant bzw. zu Aussichtspunkten auf Felsformationen in Angriff nehmen. Agaven prägen das Hinterland. Ein Stück weiter ostwärts liegen weitere **Strände**. Zunächst kommt die Praia de Vale Covo, dann geht es in Richtung Armação de Pêra mit der Praia do Carvalho, der Praia de Benagil und der besonders idyllischen Praia da Marinha weiter.

✚ 200 B2 ℹ Posto de Turismo, Praia do Carvoeiro, ☎ 282 35 77 28; www.carvoeiro.com

36 Ferragudo

Ferragudo, an der Ostseite der Mündung des Rio Arade, wirkt sympathisch und ein wenig befremdlich zugleich. Sympathisch, weil sich der 2000-Einwohner-Ort im Kern und entlang der Flussmündungsseite das Bild des alten Fischerdorfs bewahrt hat und rund um den **Dorfplatz** Plaça Rainha Dona Leonor richtig viel los ist. Befremdlich, weil sich die wenig ansehnlichen Häusermeere von Portimão und Praia da Rocha auf der Gegenseite des Rio Arade aus dem Gesamtpanorama nicht ausblenden lassen, doch das darf Ihren Besuch nicht nachhaltig stören!

Streifen Sie an den Flussufern entlang und schauen Sie sich dort die Fischerboote und aufgestapelten Reusen an. In Ferragudo erleben Sie keine touristische Massenabfertigung. Besuchen Sie die **Kunstausstellungen** der Vereinigung Arte Algarve und lassen Sie sich von den **Stränden** überraschen! Zur Auswahl stehen die Praia Grande, die Praia do Pintadinho unterhalb eines modernen Betonleuchtturms und die Praia do Molhe, die an eine Mole stößt, welche die Flussmündung des Arade begrenzt. Der letzte Strand in Richtung Carvoeiro ist die Praia dos Caneiros.

Im Oberdorf von Ferragudo geht es zur Kirche Igreja de Nossa Senhora da Conceição und einem *Mi-*

...adouro (Aussichtspunkt) hinauf. Das etwas abseits gelegene Schlösschen Castelo de São João Arade, das die Flussmündung einst zusammen mit der Festung von Santa Catarina schützte, ist zwar ein Blickfang, aber als Privatbesitz nicht der Öffentlichkeit zugänglich.
✠ 200 A2

Galeria Arte Algarve
✉ Rua 25 de Abril 55–57 ☎ 282 425 082; www.artealgarve.net ⊕ Di–Sa 11–21 Uhr

37 Portimão

Portimãos lange Geschichte und mittelalterliches Gepräge sind in den Strömen der Zeit versunken, die Überlagerungen in der Stadt mit heute 50 000 Einwohnern am Rio Arade weitgehend unansehnlich und unübersichtlich. So gilt es, sich in Portimão auf das Wesentliche zu konzentrieren: die freundliche **Flussuferzone** (ausgewiesen als *Zona Ribeirinha*) mitsamt ihrem Sporthafenbereich und ausreichend Sitzbänken sowie das interessante **Museu de Portimão**.

Dieses Museum ist ein echtes Unikat, modern untergebracht in einer umgebauten Fischkonservenfabrik. Die Dauerausstellung mit dem Titel »Territorium und Identität« kreist u. a. um Fischfang und -produktion. Filmeinspielungen und Geräuscheffekte gestalten den Besuch lebendig. Zu sehen sind beispielsweise einst verwendete Maschinen zur Eindosung von Fisch und Handwerksutensilien für den Bootsbau. Ausgestellt sind auch Fundstücke aus der Römerepoche, darunter Amphoren zum Transport von Öl und Fischprodukten. Etwas versteckt führt im Museum eine Treppe hinab zur interessanten Zisterne. Ein Teil des Museums bleibt Sonderausstellungen vorbehalten. Am Ticketschalter ist in der Regel eine kleine

Infobroschüre auf Deutsch erhältlich. Ungewöhnlich sind die spätabendlichen Öffnungszeiten des Museums im August.

Ab Portimão starten auch **Bootstouren** über den Rio Arade, der einst bis tief ins Landesinnere schiffbar war und schon von den Phöniziern, Griechen, Römern und Mauren genutzt wurde, um Handel zu treiben.
✠ 200 A3 ℹ Posto de Turismo, Edifício Tempo/Teatro Municipal, Largo 1° de Dezembro ☎ 282 40 24 87; http://visitportimao.com ⊕ Mo–Fr 9.30–18.30, Sa 10–13, 14–18.30 Uhr (Änderungen vorbehalten) 🚌 Largo do Dique, www.eva-bus.com; Verbindungen u. a. nach Albufeira, Armação de Pêra, Carvoeiro, Faro, Lagos, Loulé, Sagres, Vila do Bispo

Museu de Portimão
✉ Rua D. Carlos I. ☎ 282 40 52 30; www.museudeportimao.pt ⊕ Sept.–Juli Di 14.30–18, Mi–So 10–18 Uhr, im Aug. Di 19.30–23, Mi–So 15–23 Uhr ✋ 3 €

38 Praia da Rocha

Sommerliches Highlife zeichnet diesen südlichen Vorort von Portimão aus. Wer hierher kommt, weiß, was er will – abgeschiedene Seelenruhe gehört ganz sicher nicht dazu. Praia da Rocha grenzt an die Mündung des **Rio Arade** und profitiert von seinen **makellosen weiten Sandstränden**, zu denen es vom oberen Ortsteil hinabgeht.

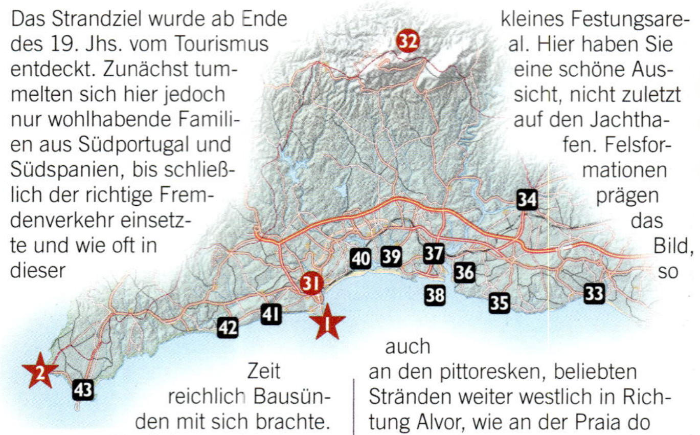

Westliche Algarve

Das Strandziel wurde ab Ende des 19. Jhs. vom Tourismus entdeckt. Zunächst tummelten sich hier jedoch nur wohlhabende Familien aus Südportugal und Südspanien, bis schließlich der richtige Fremdenverkehr einsetzte und wie oft in dieser Zeit reichlich Bausünden mit sich brachte. Die dichte gesichtslose Bebauung oberhalb des Strands entspricht sicher nicht jedermanns Geschmack.

An der östlichen Strandausdehnung verlaufen Zubringerstege durch den Sand und erleichtern den Weg auch zu Restaurants. Eine Oase abseits des Trubels im oberen Bereich ist die **Fortaleza de Santa Catarina**, ein im 17. Jh. zum Schutz der Flusseinfahrt erbautes, kleines Festungsareal. Hier haben Sie eine schöne Aussicht, nicht zuletzt auf den Jachthafen. Felsformationen prägen das Bild, so auch an den pittoresken, beliebten Stränden weiter westlich in Richtung Alvor, wie an der Praia do Vau, der Praia da Prainha und der Praia dos Três Irmãos. Diese Strände sind auch bei Familien mit Kindern beliebt.

200 A2 Posto de Turismo, Avenida Tomás Cabreira ☎ 282 41 91 32

39 Alvor

Im **Altstadtviertel** von Alvor, das um die winzigen Kastellreste aus dem Mittelalter, den Markt und die Pfarrkirche **Igreja Matriz** (16. Jh.) auf einem Hügel liegt, geht das Leben seinen gewohnten, dörflichen Gang. Die Straßen sind eng, manche Hausfassaden mit Azulejos in geometrisch-floralen Mustern überzogen, Wäsche trocknet vor den Häusern. Auf den ersten Blick wirkt der Ort bescheiden, auf den zweiten bietet Alvor dank seiner Lage höchst attraktive Seiten.

Westwärts stößt der Ort an die Ria de Alvor (➤ 145) mit dem **Flussuferbereich** *Zona Ribeirinha* (samt Restaurants und Hafen), nach Süden hin an die **Praia de Alvor**. Dieser wunderbar lange und breite Sandstrand erstreckt sich bis zur Mündung der Ria de Alvor und geht ostwärts in die Praia da Torralta über. Die dahinter aufragenden Betonblöcke sind zwar Schandflecke, trüben das Strandvergnügen

Die Pfarrkirche ist das Schmuckstück von Alvor.

deshalb aber nicht. Hinter der Praia de Alvor können Sie herrlich über Stege durch die Dünen gehen und kommen auf Ihrem Weg bis an die **Ria de Alvor** (➤ unten).

Die Besiedlung in und um Alvor ist bereits seit vorgeschichtlicher Zeit belegt. Im Hinterland wird dies bei einem Abstecher zu dem kleinen restaurierten Megalithkomplex **Alcalar Monumentos Megalíticos** deutlich. Der Komplex etwa 8 km nördlich von Alvor datiert aus dem 3. Jt. v. Chr.

✚ 199 E2 ℹ Posto de Turismo, Rua Dr. Afonso Costa 51, ☎ 282 45 75 40

Alcalar Monumentos Megalíticos

✉ Zufahrt per ausgewiesenem Abzweig ab der N-125 ☎ 282 47 14 10; www.monumentosdo algarve.pt 🕓 Sept.–Juli Di–Sa 10–13, 14–16.30 Uhr, im Aug. Di–Sa 10–13, 14–18 Uhr ✋ 2 €

🔟 Ria de Alvor

Salz- und Süßwasser verschmelzen in der Ria de Alvor, die mehrere kleine Flüsse aus der **Serra de Monchique** (➤ 136) aufnimmt und trichterförmig in den Atlantik übergeht. Westlich der Mündung stößt die zu **Lagos** (➤ 132) gehörende Meia Praia an, östlich der Strand von **Alvor** (➤ 144), die Praia de Alvor. Die Ria de Alvor verdient das Prädikat »ökologisch wertvoll« und ist eines der besten Gewässer der Algarve zum **Birdwatching**.

Austernfischer und Brandseeschwalben können Sie hier ebenso beobachten wie Stelzenläufer, Sichelstrandläufer, Seeregenpfeifer, Möwen und Flamingos. Bei Ebbe sind örtliche **Muschelsucher** in den Marschlandschaften unterwegs. Der Schlick glitzert in der Sonne, ein Salzhauch hängt in der Luft.

Nah ans Ufer der Ria de Alvor führen gut ausgebaute Spazierwege. Sie beginnen auf der Seite von Alvor südwestlich des Hafens und erstrecken sich bis zu den Dünen der Praia de Alvor und zum Steinwall am Auslauf der Ria de Alvor. Das kilometerlange Wegenetz ist auch für 👪 Familien mit Kindern geeignet. Bringen Sie bei Interesse ein Fernglas für das Birdwatching mit, aber auch ohne Vogelbeobachtungen lohnt sich der Weg durch die Natur allemal. An Alvors Uferzone, der *Zona Ribeirinha*, wo Sie gut einkehren und die Aussicht über die Ria de Alvor genießen können, starten saisonal regelmäßig **Bootstouren**.

✚ 199 E2

Alvor Boat Trips

✉ Zona Ribeirinha, Alvor
☎ 966 80 76 21; www.alvorboattrips.com
🕓 Abfahrtszeiten je nach den Gezeiten
✋ einstündige Bootstour 15 €

🔢 Luz

Der **Strand- und Ferienort** im Westteil der Gemeinde Lagos ist keine Touristenenklave von der Stange, sondern hat sich seine freundliche Atmosphäre bewahrt. Dafür sorgen die Bewohner, kleine Restaurants und Unterkünfte, eine von Palmen und Laternen gesäumte Promenade sowie der schöne Sandstrand. Die Kirche Igreja Matriz, zu erkennen an ihrem klobigen Turm, beherbergt einen Altaraufsatz aus dem 18. Jh. In der einstigen Festung ist heute ein Restaurant untergebracht. In der Gegend fühlten sich bereits Karthager und Römer wohl, die hier ihren Fisch einsalzten. Für den nahen Cerro de Lorvão ist der Fund einer römischen Grabstätte nachgewiesen.

✚ 199 D2

🔢 Burgau

Eine Nummer kleiner als Luz ist der weiße **Küstenort** Burgau, der sich ein Stück weiter westlich über dem Meer erhebt. Ziele wie Burgau und Luz trotzen der touristischen Massenabfertigung und zeichnen sich durch einen freundlichen Charakter und kleine Einkehrmöglichkeiten aus. Nett wie der Ort Burgau selbst ist auch der von Felsmassiven begrenzte **Strand**.

STRÄNDE WESTLICH VON BURGAU
Wer aktiv und motorisiert ist, bricht westlich ab Burgau zu ausgemacht schönen, wildromantischen Stränden wie der **Praia de Cabanas Velhas**, der **Praia da Boca do Rio** und der **Praia da Salema** auf. Im Ort **Salema** können Sie unterwegs gut eine kleine Pause einlegen. Anschließend bietet sich eine Ausdehnung des Ausflugs bis zur isoliert gelegenen **Praia das Furnas** (schwierige Zufahrt; am Strand interessante Natursteinbögen) und zur ebenfalls lohnenden **Praia do Zavial** (Restaurant am Zugang) an. Beachten Sie einmal mehr, dass bei Flut weite Strandflächen vom Wasser eingenommen sein können. Fahren Sie auf der Rückfahrt eine Schleife durch das Inland. Wer ein Stück über die N-125 fährt, kann noch einen kulturellen Zwischenstopp einlegen und die **Ermida da Nossa Senhora de Guadalupe** (Mai–Sept. Di–So 10.30–13, 14–18.30 Uhr, Okt.–Apr. Di–So 9.30–13 und 14–17 Uhr) besuchen. In dieser einsamen Kapelle soll sich Prinz Heinrich der Seefahrer (▶ 16) im 15. Jh. des Öfteren zur Messe eingefunden haben.

Burgau zählte zusammen mit Boca do Rio, Figueira, Luz, Zavial, Baleeira und Beliche zum Verbund der im 16./17. Jh. erbauten Küstenfestungsanlagen in dieser Gegend.
✚ 198 C2

⑱ Sagres

Sagres sollte keine bloße Durchgangsstation auf dem Weg zum sagenumwobenen **Cabo de São Vicente** (▶ 127) bleiben. Die nüchterne Einfahrt und manch blasse Straßenzüge sind kein Maßstab, denn das Städtchen hat auch schöne Seiten. Dazu zählt der außergewöhnlich pittoreske **Fischerhafen**, wo es Spaß macht, den Fischern bei der Arbeit oder beim Ausladen des frischen Fangs zuzuschauen, wenn Sie zur rechten Zeit zur Stelle sind. Ein Stückchen nordöstlich erstreckt sich ein geschützter Küstenstreifen mit dem Sandstrand **Praia do Martinhal** und weiter südlich ein raues Stück Natur um die **Ponta de Sagres** (▶ 128). Diese von Klippen geprägte Landspitze war bereits in vorrömischer Zeit ein heiliger Platz. Teile des schroffen Landvorsprungs nimmt die Fortaleza ein, eine zum Nationalmonument erhobene Festungsanlage mit Wurzeln im Spätmittelalter. Obgleich die erhaltene Bausubstanz spärlich ausfällt und befremdlich moderne Strukturen hineingemischt worden sind, sticht die Festung als historisch bedeutsamer Punkt hervor. Hier soll Prinz Heinrich der Seefahrer 1394–1460) mit der Nautikschule von Sagres den Grundstein zur Seemacht Portugal gelegt haben, wobei dies viele Forscher für eine komplette Mythisierung und Verklärung der geschichtlichen Tatsachen halten. Zweifelsfrei war Prinz Heinrich allerdings hier und begründete die Vila do Infante. Im November 1460 verstarb er in Sagres. Ganz interessant sind die Windrose und die Festungskapelle in der Festungsanlage. Streifen Sie auch ein wenig über das Wegenetz der Ponta de Sagres und genießen Sie die grandiose Aussicht hinüber auf das Cabo de São Vicente. Westlich der Ponta de Sagres breitet sich ein weiterer Strand aus, die Praia do Tonel. In Sagres gibt es einige Unterkünfte und familiär geführte Restaurants. Auch Surfer beziehen im Ort gern Quartier.
✚ 198 C2 ℹ Posto de Turismo, Avenida Comandante Matoso, ☎ 282 62 48 73 🕐 Di–Sa 9–12.30– und 13.30–17.30 Uhr 🚌 Busse u. a. nach Lagos, Vila do Bispo und zum Cabo de São Vicente (saisonal)

Fortaleza de Sagres
✉ Ponta de Sagres ☎ 282 62 01 42; www.monumentosdoalgarve.pt 🕐 Juli/Aug. tägl. 9.30–20.30 Uhr, Mai/Juni/Sept. tägl. 9.30–20, April und Okt. tägl. 9.30–18.30, Nov.–März tägl. 9.30–17.30 Uhr ✋ 3 €

Wohin zum …
Übernachten?

Wohin zum …

Preise
für ein Doppelzimmer pro Nacht in der Hauptsaison
€ unter 90 Euro   €€ 90–150 Euro   €€€ über 150 Euro

ALPORCHINHOS

Vilalara Thalassa Resort €€€
Das Spitzenresort auf einem 11 ha großen Gelände mit viel Grün westlich von Armação de Pêra bietet die Annehmlichkeiten eines Wellnesshotels und herrlichen Meerblick. Auch die Küche ist erlesen. Ein großes Thalassotherapie-Programm setzt darauf, Körper und Geist in Einklang in bringen.
✚ 200 C2 ✉ Praia das Gaivotas, Alporchinhos, ☎ 282 32 00 00; www.vilalararesort.com

CARVOEIRO

Casa Luiz €
Nah dran am Urlaubstrubel und doch etwas abseits – in dieser Unterkunft im oberen Teil von Carvoeiro haben Sie die Wahl zwischen zwei geräumigen Gästezimmern, einem Studio oder einem Apartment. Zum Hauptstrand sind es nur wenige Gehminuten abwärts. Noch schneller ist die schöne, hinter der kleinen Kirche Nossa Senhora da Encarnação beginnende Stegpromenade in Richtung Algar Seco erreicht. Im Winter gibt es besonders attraktive Wochentarife.
✚ 200 B2 ✉ Rampa Nossa Senhora da Encarnação 5 ☎ 282 35 40 58; www.casaluiz.com

FERRAGUDO

Hotel Casabela €€€
Dieses Vier-Sterne-Hotel liegt abseits des touristischen Mainstreams und außerhalb von Ferragudo. Es zeichnet sich durch schönen Meerblick aus, hat aber seinen Preis. Der Pool ist recht klein, der Abgang zum nächsten Strand nicht weit. Das Haus öffnet gewöhnlich nur von Februar bis November.
✚ 200 A2 ✉ Vale de Areia, Ferragudo ☎ 282 49 06 50; www.hotel-casabela.com

LAGOS

Marina Club Lagos Resort €€€
In der ansprechenden Anlage hinter der Marina können Sie zwischen Studios und Suiten wählen. Dank der günstigen Lage sind Sie nah am Geschehen und doch etwas abseits einquartiert. Zu den Annehmlichkeiten zählen der zentrale Pool, das Spa, die Bar Regata Club und das Restaurant Way Point. Die Altstadt ist von hier aus gut zu Fuß erreichbar. Attraktive Preise in der Nebensaison!
✚ 199 D2 ✉ Marina de Lagos ☎ 282 79 06 00; www.marinaclub.pt

Marina Rio €€
Das serviceorientierte und in einschlägigen Foren oft gelobte Haus ist durch eine Durchgangsstraße von der Marina getrennt. Zu Fuß sind Sie in etwa zehn Minuten in der Altstadt.
✚ 199 D2 ✉ Avenida dos Descobrimentos ☎ 282 78 08 30; www.marinario.com

Vila Galé Lagos €€€
Diese schöne Hotelanlage liegt im Ostbereich der Stadt, etwa 400 m hinter der Meia Praia auf einem weiten großzügigen Gelände.Dazu

gehören die Außenpool-Landschaft und zwei Tennisplätze, ein Hallenbad, eine Sauna und ein Fitnessraum. In der Nebensaison preiswerter!

✚ 199 D2 ✉ Rua Sophia de Melo Breyner Andresen ☎ 282 77 14 00; www.vilagale.com

Luz Beach Apartments €–€€

Im Ferienort Luz bieten die Apartments gleich hinter dem Strand eine gute Möglichkeit unabhängiger Urlaubsgestaltung. Dies wissen nicht zuletzt 👪 Familien mit Kindern zu schätzen, auf die auch die Ausstattung und Preisstruktur (mit der Wahl von Zustellbetten) zugeschnitten ist. In der Hochsaison liegt der Mindestaufenthalt bei vier, sonst bei drei Nächten.

✚ 199 D2 ✉ Rua do Poço, Praia da Luz ☎ 282 79 26 77; www.luzbeachapartments.com

Good Feeling €

Auf der Suche nach einem Low-Cost-Hostel im äußersten Westen darf man sich hier in Raposeira, auf halber Strecke zwischen Lagos und dem Cabo de São Vicente, gut aufgehoben fühlen.Das von zwei portugiesischen Freunden, Miguel und Hugo, geführte Hostel ist bei Surfern und anderen jungen Leuten beliebt. In der Gemeinschaftsküche, im Wohnzimmer oder auf der Terrasse kommt man in Kontakt mit anderen Travellern. Zur Wahl stehen Doppel- und Mehrbettzimmer. Etwas teurer ist das private Studio (€–€€).

✚ 198 B2 ✉ Sítio Eiras de Cima, Raposeira ☎ 914 65 88 07; www.thegoodfeeling.com

Baleeira €€–€€€

Vier-Sterne-Komfort abseits der Hauptpfade, etwas oberhalb des Hafens von Sagres. Das Design ist zeitgenössisch, zu den Einrichtungen gehören Pool, Spa, Restaurant, Bar und Lounge. Sportaktive buchen gleich einen Surfkurs. Das Preisgefüge schwankt extrem.

✚ 198 B1 ✉ Sítio da Baleeira ☎ 282 62 42 12; www.memmohotels.com

Martinhal Beach Resort & Hotel €€€

Das luxuriöse Resort in Form eines Dorfs setzt auf 👪 Familien mit Kindern und bietet Pools, Sport und sonstige Aktivitäten. Das Resort liegt außerhalb mit schönem Blick nach Sagres. Die Außenbereiche sind weitläufig, ein direkter Strandzugang führt zur Praia do Martinhal. Es gibt mehrere Restaurants und ein Spa.

✚ 198 B1 ✉ Quinta do Martinhal, Apartado 54 ✉ 282 24 02 00; www.martinhal.com

Villa Termal das Caldas de Monchique Spa Resort €€–€€€

In dem Thermaldorf gibt es fünf Unterkünfte. Das Hotel Central hat sich den Charme aus dem ausgehenden 19. Jh. bewahrt, während das Gasthaus (*estalagem*) D. Lourenço direkt an die Ulmenpromenade grenzt und das Hotel D. Carlos einer großen Villa gleicht und von den Balkonen einen schönen Blick ins Grüne bietet. In das Hotel Termal mit einer eher gesichtslosen blockartigen Architektur ist der Thermalkomplex integriert. Hinzu kommt der kleine, etwas teurere Apartmentkomplex D. Francisco. Die Spa-Einrichtungen und Pools (Indoor, außen) sind relativ klein, es herrscht ein durchweg legeres Ambiente. In der Nebensaison werden günstige Preise angeboten. Es gibt immer wieder Paketprogramme zum attraktiven Einheitspreis, inklusive Unterkunft, Essen und Nutzung der Spa-Einrichtungen.

✚ 199 E4 ✉ Caldas de Monchique ☎ 282 91 09 10; www.monchiquetermas.com

Wohin zum …
Essen und Trinken?

Preise
für ein Drei-Gänge-Menü ohne Getränke und Service
€ unter 20 Euro   €€ 20–35 Euro   €€€ über 35 Euro

ALGAR SECO

Bistrobar Algar Seco €
Ideal für Drinks, Erfrischungen oder kleine Mahlzeiten und Anlaufstelle für jene, die im oberen Bereich von Carvoeiro die Stegpromenade von der Kirche Nossa Senhora da Encarnação nach Algar Seco zurückgelegt haben.
✠ 200 B2 ✉ Rua das Flores, Algar Seco ☎ 282 35 04 49; www.algarseco.pt/bistrobar.htm ⊕ tägl. 9.30–21 Uhr (Lunch nur 12–15.30, Abendessen 17.30–21 Uhr)

ALVOR

O Luís €€–€€€
In dem wegen seiner Lage begehrten Strandrestaurant können Sie sich Ihr Steak am Tisch flambieren lassen oder sich leckere Meeresfrüchte mit Blick auf die Wellen auf der Zunge zergehen lassen. Auch Kinder sind willkommen.
✠ 199 E2 ✉ Praia dos 3 Irmãos ☎ 282 45 96 88; Facebook-Adresse ⊕ Di–So 9–22 Uhr

O Navegador €–€€
Eine zuverlässige Adresse für Fisch- und Meeresfrüchte in allen Varianten. Spieße, gegrillter Fisch und *cataplanas* zählen zu den Spezialitäten. Das innen erstaunlich große Restaurant hat auch eine Terrasse. Es liegt in einem besonders schönen, für den Durchgangsverkehr gesperrten Abschnitt der Ria de Alvor, sodass Sie nach dem Essen in aller Ruhe einen schönen Verdauungsspaziergang an der Promenade machen können.
✠ 199 E2 ✉ Zona Ribeirinha ☎ 282 41 23 75; http://navegadoralvor.webs.com ⊕ tägl. 12–15,16–23, in der Saison bis 24 Uhr

Taberna Zé Morgadinho €
Diese Taverne in der populären Einkehrzone von Alvor bewahrt noch das Flair des guten alten Portugals und ist ein unverwüstlicher Klassiker. Schon Ende des 19. Jhs. kehrten die Fischerleute hier ein und aßen sich satt. Man sitzt an einfachen Tischen. In der Saison werden reichlich Sardinen auf den Grill geworfen.
✠ 199 E2 ✉ Zona Ribeirinha ☎ 929 05 81 53 ⊕ tägl. 12–23 Uhr

LAGOS

Cachoa €€
Das etwas außerhalb von Lagos idyllisch auf dem Land gelegene Restaurant ist für seine schöne Terrasse im Garten und seine kreativ präsentierte Küche aus frischen Zutaten beliebt. Zur Vorspeise schmecken Salat oder Ziegenkäse auf Apfelscheiben, als Hauptspeise Lammsteaks, gefülltes Schweinefilet oder ein leckeres Fischgericht. Auch die Desserts sind köstlich. Es gibt ebenfalls vegetarische Gerichte.
✠ 199 D2 ✉ Sitio de Cachoa ☎ 282 78 28 22; http://cachoa.50megs.com ⊕ Di–Sa 18.30–24 Uhr

Don Sebastião €€
Auf einer schönen Terrasse in der Fußgängerzone wird typisch portugiesische Küche serviert, und dies

schon seit Ende der 1970er-Jahre, was als eine Art Gütesiegel verstanden werden darf. Zur großen Auswahl an Speisen zählen auch vegetarische Gerichte. Während des Essens können Sie bestens das vorbeischlendernde Volk beobachten.

✚ 199 D2 ✉ Rua 25 de Abril 20–22 ☎ 282 78 04 80; www.restaurantedon sebastiao.com ⊕ 12–22.30 Uhr

Dos Artistas €€€

Wer sich einmal etwas gönnen möchte, ist in diesem gehobenen Restaurant mit stilvoller Einrichtung und schöner Terrasse richtig. Die Köche verstehen sich als Künstler und servieren auch optisch originelle Gerichte sowie vier- bis sechsgängige Menüs mit den passenden Weinen. Hier kommen Vegetarier ebenso auf ihre Kosten wie Liebhaber von Fleischgerichten sowie Hummern, Muscheln und anderen Meeresfrüchten. Reservierung empfohlen.

✚ 199 D2 ✉ Rua Cândido dos Reis 68 ☎ 282 76 06 59; www.artistasrestaurant.com/ ⊕ Mo–Sa 11–14, 18–24 Uhr

Fortaleza da Luz €–€€

Ganz in der Nähe der Kirche betreten Sie das alte Festungsgelände (17. Jh.) des Ferienorts. Hier können Sie stilvoll tafeln – es sei denn, es ist gerade alles durch eine Geburtstags- oder Hochzeitsgesellschaft belegt. Das Menü zeichnet sich durch ein erfahrungsgemäß gutes Preis-Leistungs-Verhältnis aus. Weiterer Pluspunkt sind die Gartenterrassen. Gelegentlich gibt es Live-Musik.

✚ 199 D2 ✉ Avenida dos Pescadores 3 ☎ 282 78 99 26; www.fortalezadaluz.com ⊕ 11–23 Uhr

Dona Barca €–€€

Ein authentisches landestypisches Traditionslokal für fangfrischen Fisch, am besten vom Grill. Es liegt etwas versteckt neben der alten Arade-Brücke, man sitzt ein bisschen unterhalb. Orientierung bei der Suche gibt im Zweifelsfall der alte Ziegelschornstein.

✚ 200 A3 ✉ Largo da Barca ☎ 282 48 41 89 ⊕ tägl. 18–24 Uhr

Marisqueira Carvi €€€

Die freundlichen Kellner helfen in diesem auch von Einheimischen gern besuchten Meeresfrüchterestaurant bei der Auswahl und präsentieren die fangfrischen Schalentiere und Fische des Tages. Es gibt auch Reiseintöpfe bzw. Curries und stets den richtigen Wein dazu. Rundum ein Genuss!

✚ 200 A3 ✉ R. Direita 34 ☎ 282 41 79 12 ⊕ tägl. außer Di 12–24 Uhr

O Mané €–€€

Die rustikale, typische Cervejaria ist bei Einheimischen beliebt. Vor allen Dingen können Sie hier *porco* (Schweinefleisch) so probieren, wie es im Alentejo gegessen wird. Die kleinen gegrillten Sardinen mit Bohnenreis (*carapauzinhos fritos*) schmecken hervorragend und der Fisch ist köstlich.

✚ 200 A3 ✉ Rua Damião Luís Faria de Castro 1 ☎ 282 42 34 96 ⊕ 18–24 Uhr

Jardim das Oliveiras €€

Dies ist ein schönes, äußerst rustikales Bergrestaurant in der Serra de Monchique. Die etwa 400 m lange Zufahrt an der Straße von Monchique hinauf zum Fóia ist deutlich nach rechts ausgeschildert. Serviert wird echte Hausmannskost – Schinken, Würste, Wildspezialiäten (insbesondere Wildschwein, *javali*), Gerichte aus dem Holzofen. Das Restaurant ist 👪 familienfreundlich, da sich der Nachwuchs in den Olivenhainen rundum austoben kann.

✚ 199 E5 ✉ Sítio do Porto Escuro ☎ 282 91 28 74; www.jardimdasoliveiras.com ⊕ tägl. 12–22 Uhr

Restaurante 1692 €€
In der wärmeren Jahreszeit ist insbesondere die Terrasse auf dem zentralen Ulmenplatz des Vorzeigerestaurants im Thermalort Caldas de Monchique ausgesprochen attraktiv. Suchen Sie sich ein schattiges Plätzchen und genießen Sie die gute portugiesische Küche. Falls es regnet, zu kühl sein sollte oder gerade alles belegt ist, finden Sie drinnen Platz. Das Restaurant bietet auch eine gute Weinauswahl.
✚ 199 E4 ✉ im Dorfzentrum von Caldas de Monchique ☏ 282 91 09 10; www.monchiquetermas.com
◷ tägl. 12.30–15, 19–22 Uhr

Wohin zum …
Einkaufen?

Gute Gelegenheiten zum Shoppen bieten sich in den Geschäften, die sich in der verästelten Altstadt von Lagos verstecken. In Carvoeiro gibt es zwar viele Shops, doch die Geschenkartikel sind häufig Stangenware für Touristen. Stilvoller ist es in Monchique, wo einzelne Geschäfte Keramik, Erdbeerbaumschnaps (*medronho*) und Honig (*mel*) verkaufen. Porches vermarktet sich als traditioneller Töpferort, wobei sich die Auswahl auf Großshops an der Durchgangsstraße N-125 beschränkt; dort haben Sie eine gute Auswahl an Keramik.

KULINARISCHES

Starten Sie Ihren Einkaufsbummel in **Lagos** an der Praça Gil Eanes. Nicht versäumen sollten Sie die **Markthalle** an der Avenida dos Descobrimentos. Im oberen Bereich bekommen Sie Obst, Gemüse, Honig, Gewürze, scharfe Piri-Piri-Sauce etc. Oder möchten Sie gern preisgünstige Weine kaufen? Dann

fahren Sie weiter: Ein Stück westlich von **Porches** liegt in Lagoa direkt an der N-125 der Sitz der **Weinkooperative** Adega Cooperativa do Algarve (➤ 27, Mo geschl.) Es gibt Rot-, Weiß- und Roséweine. Auf einer höheren Qualitäts- und Preisstufe steht der Muskateller-Süßwein (*moscatel*). Der Direktkauf von Weinen beim Erzeuger ist auch auf dem **Weingut Quinta dos Vales** (➤ 29, Sítio dos Vales, Estômbar, www.quintadosvales.eu) möglich.

SHOPPING-MALL

Treffpunkt vieler Einheimischer und Besucher ist der Megakomplex von Algarve Shopping (www.algarve-shopping.pt) an der N-125 bei Guia. Die Geschäfte bieten Kleidung, Schuhe, Uhren, Accessoires und vieles mehr.

TRÖDELMÄRKTE & MÄRKTE

Eine besondere Anziehungskraft auf Einheimische und Touristen üben die bunten Floh- und Allerleimärkte (*feiras de velharias*) aus, die in der Regel nur vormittags stattfinden. Hier können Sie bei den Händlern, Trödlern und lokalen Kunsthandwerkern vielleicht ein originelles Mitbringsel finden. Erkundigen Sie sich nach den aktuellen Terminen in der nächsten Touristeninformation. Meist finden sie in regelmäßigem Turnus statt: in **Ferragudo** (Zona Ribeirinha) am 2. Sonntag im Monat; in **Lagoa** (Recinto da Fatacil) am 4. Sonntag im Monat; in **Lagos** (Parque de Estacionamento do Complexo Desportivo) am 1. Sonntag im Monat; in **Portimão** (Parque de Feiras e Exposições) am 1. und 3. Sonntag im Monat. Zudem gibt es feste Tage für Märkte (*mercados*): am 2. Sonntag im Monat in **Lagoa** (Gelände gegenüber Fatacil), am 1. Samstag im Monat in **Lagos** (neben dem Estádio Municipal), am 4. Montag im Monat in **Odiáxere** (Largo do Moinho) und am 2. Freitag im Monat in **Monchique** (Largo do Mercado).

Wohin zum ... Ausgehen?

Praia da Rocha und Lagos sind in der Westregion der Algarve die verlässlichsten Orte für Abend- und Nachtschwärmer; auch in Carvoeiro herrscht einiges Leben.
In Lagos ist die Bar Stevie Ray's (Rua Senhora da Graça, http://stevie-rays.com) für Live-Musik bekannt, in der umliegenden Altstadt gibt es weitere Spots für Ausgehfreudige. Im Parque das Freiras (Parque Dr. Júdice Cabral) von Lagos wird das Auditório Municipal für **Open-Air-Veranstaltungen** genutzt.

Kinos finden Sie im Komplex Algarve Shopping bei Guia. Für Abwechslung sorgen ambitionierte **Kunstausstellungen**, teils begleitet von bunten **Sommerevents**, organisiert von der Vereinigung Arte Algarve (www.artealgarve.net) im Großgebäude der Weinkooperative von Lagoa, das direkt an der Durchgangsstraße N-125 liegt. Eine weitere Ausstellungsadresse der Vereinigung Arte Algarve ist die Galerie in Ferragudo (Rua 25 de Abril 55–57).

FREIZEITAKTIVITÄTEN

Ideal auch für 👪 Familien mit Kindern sind **Bootstouren** zu den Grotten der Ponta da Piedade und Ausfahrten zum Whalewatching ab Lagos. Auch in Carvoeiro starten Bootstrips an der sehenswerten Felsküste entlang.

Beliebte Ausflugsziele sind ferner der 👪 **Parque Zoológico de Lagos** (▶ 135) etwa 10 km nordwest-

lich von Lagos, der **Parque da Mina** (▶ 136) im Hinterland zwischen Portimão und Caldas de Monchique und das spektakuläre **Fiesa-Sandskulpturenfestival** (▶ 139) bei Pêra (zwischen März und Oktober). Stolze Preise haben die Besuche von **Aquaparks** und von **Zoomarine** (▶ 140); diese Ziele öffnen nur während der wärmeren Jahreszeit. Sportlich Aktive können Wind- und Kitesurfen, auch Stand Up Paddling ist möglich. **Windsurf Point** (www.windsurfpoint.com) hat seine Reviere an der Meia Praia bei Lagos und an der Praia do Martinhal bei Sagres. Ein Surferstrand nahe dem Cabo de São Vicente ist die Praia do Beliche. Zum **Tauchen** können Sie ab Sagres in See stechen, z. B. mit **Divers Cape** (Tel. 282 62 43 70, www.diverscape. com). Östlich von Armação de Pêra in Richtung Albufeira ist ein Abzweig zum **Reiterhof** Quinta da Saudade (Vale Parra, Tel. 964 94 29

29, www.cavalosquintadasauda de.com) ausgewiesen; hier werden auch **Ausritte** angeboten. **Wanderungen** sind auf den Fernwanderwegen Via Algarviana und Rota Vicentina möglich. Ein schöner Abschnitt führt von Vila do Bispo teils an der Klippenküste entlang bis zum **Cabo de São Vicente** (▶ 127). Zu den **Golfplätzen** zählen u. a. Vale de Milho Golf (http://valedemilho golf.com) und Vale da Pinta Golf (www.pestanagolf.com).

Costa Vicentina

Kleine Erlebnisse

Beachwalking

Bringen Sie sich und Ihren Kreislauf an der
Praia da Bordeira (► 163) in Schwung und
starten Sie Ihr persönliches Beachwalking!

Traumblick

Lassen Sie sich an der **Ponta da Arrifana**
(► 162) den Seewind um die Nase wehen!
Welch eine Aussicht über die Steilküste!

Ritt durch die Wellen

Wer den Atlantik und Wassersport liebt,
bucht einen Surfkurs. Es gibt **Surfkurse**
(► 158) für alle Niveaus.

Erste Orientierung

Keine Bettenburgen, kein Massentourismus – an der Costa Vicentina gibt die Natur durchweg den Ton an. Und zwar einen extrem rauen! Naturfans werden von den wilden Kulissen begeistert sein. Hier finden Surfer ihre Territorien, hier lernen Sie abseits abgegraster Urlaubsgebiete eine komplett andersartige Algarve kennen.

Klippen und ungeschützte Strände treiben ein wildromantisches Wechselspiel, das die Costa Vicentina durchgängig dominiert. Der Küstenabschnitt beginnt nördlich des **Cabo de São Vicente**. Seine Aushängeschilder sind Strände wie die **Praia do Amado**, die **Praia da Bordeira** und die **Praia de Monte Clérigo**. Die Unterschiede zwischen Ebbe und Flut sind immens, Wellen und Strömungen bergen Gefahren. Also: Niemals richtig rausschwimmen! Lokale Entenmuschelsammler sind an die Gegend gewöhnt und ernten die unter Feinschmeckern beliebten Entenmuscheln (*percebes*) an den messerscharfen Klippen, was durchaus riskant ist.

Der Atlantik an der Costa Vicentina ist aufgewühlter und kühler als in anderen Teilen der Algarve und verzeichnet mehr als die Hälfte aller in Portugal nachgewiesenen Algenarten. Unter Wasser treiben die meisten Mikroorganismen der gesamten Westflanke des Landes und stehen am Beginn einer Nahrungskette, die Fisch- und Vogelreichtum garantiert. Fischadler finden ebenso reich gedeckte Tische

Die Strände der Costa Vicentina sind ein Eldorado für Surfer und Wanderer.

TOP 10

⭐ Praia do Amado ➤ 158

Nicht verpassen!
44 Aljezur ➤ 160

Nach Lust und Laune!
45 Praia de Monte Clérigo ➤ 162
46 Praia da Arrifana ➤ 162
47 Praia da Bordeira ➤ 163
48 Carrapateira ➤ 164
49 Praia do Castelejo ➤ 164

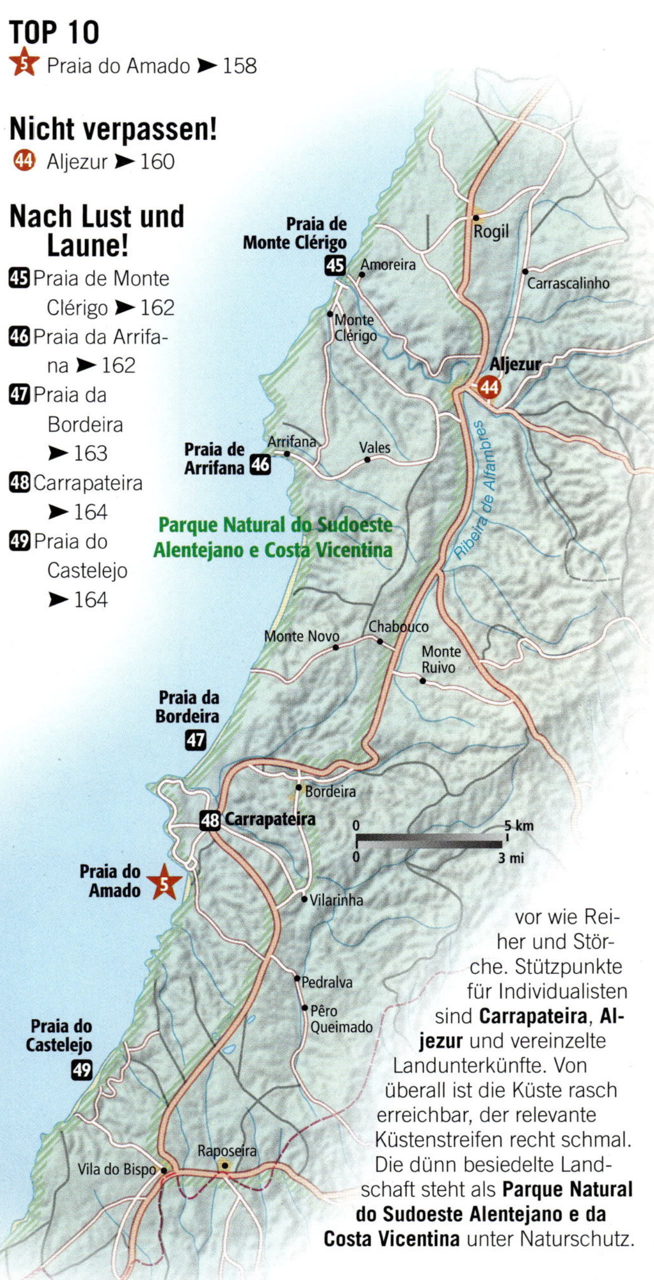

vor wie Reiher und Störche. Stützpunkte für Individualisten sind **Carrapateira**, **Aljezur** und vereinzelte Landunterkünfte. Von überall ist die Küste rasch erreichbar, der relevante Küstenstreifen recht schmal. Die dünn besiedelte Landschaft steht als **Parque Natural do Sudoeste Alentejano e da Costa Vicentina** unter Naturschutz.

An einem Tag

Das Leitmotiv an der Costa Vicentina ist zwangsläufig die Natur mit ihren Felsküsten und rauen Stränden. Kleine Kulturziele zur Anreicherung Ihres Tagesprogramms sind die Burgruinen und das Gemeindemuseum von Aljezur. Ein wunderschönes Küstenpanorama beschert zum Abschluss die Landspitze von Arrifana. Für die Tour ist ein (Miet-)Auto unverzichtbar.

Vormittags

Beginnen Sie den Tag mit der Fahrt zu einem Strandhighlight der Costa Vicentina, der ⭐ **Praia do Amado** (► 158), wo meist Surfer über die Wellen flitzen. Wer sich nicht selbst auf ein Brett schwingt, kann zumindest das Panorama auf die Speicherkarte bannen und vom Großparkplatz aus an den weiten Strand bzw. ans Wasser hinabgehen. Planen Sie für einen Strandspaziergang, die Ausbreitung von Handtüchern und eine Abkühlung im Atlantik besser weiter nordwärts die an der Mündung eines kleinen Flusses gelegene **47 Praia da Bordeira** (► 163) ein; die Zufahrt führt über den Ort **48 Carrapateira** (► 164). Kalorienverluste können Sie im Anschluss an die Fahrt nach **44 Aljezur** wieder aufstocken, dem rundherum wichtigsten Ort im Inland. Kehren Sie dort zum Mittagessen ein.

Nachmittags

Fahren oder gehen Sie nach der Mittagsrast in **44 Aljezur** (► 160) zu den dortigen **Burgruinen** hinauf: Das Areal ist jederzeit frei zugänglich und garantiert einen guten Ausblick ins Umland. Auf dem Rückweg von der

Burganlage in die Unterstadt können Sie dem kleinen **Museu Municipal** (Gemeindemuseum) von Aljezur einen Besuch abstatten. Im Museum geht es um geschichtliche Zeugnisse und Volkskunde.

Bleiben Sie fortan im Gemeindegebiet von Aljezur, wobei Sie Ihre Entdeckungstour wieder unter das Leitmotiv der Strände stellen. Unterwegs oder auf den Felsen über den Stränden wachsen häufig auf trockenen Böden Sukkulenten (Abb. oben), die über lange Zeit Wasser in ihren Blättern speichern können. Fahren Sie ab Aljezur zur 45 **Praia de Monte Clérigo** (▶ 162, Abb. links), die immer wieder mit der begehrten »Blauen Flagge« für Wasserreinheit ausgezeichnet worden ist und sich dank ihrer Größe auch für 👪 Familien mit Kindern eignet. Spektakulärere Ansichten beschert die 46 **Praia da Arrifana** (▶ 162), in deren Rücken sich Felsküstenwände auftürmen. Angesichts äußerst begrenzter Parkplatzflächen bleibt Ihnen je nach Saison vielleicht nichts anderes übrig, als zu Fuß zu gehen.

Zurück im Wagen, fahren Sie weiter westlich bis zur Arrifana-Landspitze, der **Ponta da Arrifana** (▶ 162), hoch über der Steilküste. Dort endet die schmale Straße. Die Ausblicke über Atlantik und Klippen und die Reste der **Fortaleza de Arrifana**, einer kleinen historischen Festung, sind einfach fantastisch.

Abends

Das Restaurante O Paulo (Mo geschl.) in der Nähe der Fortaleza de Arrifana bietet sich für eine Einkehr zum Abendessen an.

⭐5 Praia do Amado

Vor Jahrhunderten galt es, die Küstengegend der Costa Vicentina vor Piraten zu schützen. Heute lassen die Großparkplätze an der Zufahrt zur Praia do Amado erahnen, dass sich Attacken anderer Art ereignen: von Naturfans. Schließlich eröffnet sich hier im Südwesten des Orts Carrapateira ein Strand der Extraklasse. Allerdings ist die Praia do Amado wegen der starken Brandung weniger ein landläufiger Badestrand, denn ein Dorado für Surfer und Bodyboarder.

Schwimmer sollten sich nur mit der üblichen Vorsicht ins Wasser wagen. Die Sandflächen sind sauber, reflektieren grell in der Sonne und spannen sich über eine Länge von etwa 1 km von Felsmassiv zu Felsmassiv. Auch hinter einem Teil des Strands erheben sich Felsen. Das Hinterland ist unbebaut, die Infrastruktur dürftig. So ist und bleibt die Praia do Amado wunderbar naturbelassen.

Surferrevier

Viele Surfschulen unterhalten hier eines ihrer Reviere und bieten Kurse an, an manchen Tagen ist der Atlantik regelrecht bepunktet mit Surfern. Die Praia do Amado gilt für Anfänger als besonders geeignet, da sich die Wellen früh brechen und lange ausrollen. Aufwärm-, Dehn- und Trockenübungen gehen den Praxistests auf dem Meer voraus. Für sportlich Aktive, die an Land bleiben wollen, bietet sich Beachwalking an.

Die **Surfschulen** sind an der Praia do Amado vor allem in der wärmeren Jahreszeit präsent. Vertreten sind beispielsweise die Future Surfing School (Tel. 918 75 58 23, www.future-surf.com) und die Algarve Surf School (Tel. 962 84 67 71, www.algarvesurfcamp.com). Beachten Sie, dass die Kurssprache gewöhnlich Englisch und die Bereitstellung von Material (Brett, Neoprenanzug) im Preis enthalten ist. Die Lektionen finden normalerweise in kleinen Gruppen

Zur Einstimmung Trockenübungen beim Surfkurs am Strand (oben): Die Praia de Amado ist auch für Anfänger gut geeignet. Wer oben im Strandcafé sitzt, behält den Überblick (rechts).

statt. Es steht nach Absprache frei, sich direkt an der Praia do Amado zu treffen oder einen Pick-up-Servivc zu arrangieren.

Für einen **Tagessurfkurs** mit Gruppenunterricht müssen Sie 50–60 € pro Person veranschlagen. Die Preise für ein siebentägiges Surfcamp-Paket der Algarve Surf School liegen bei 345–475 € pro Person, inklusive Surfstunden, gestelltem Material und einfacher Unterkunft in Gemeinschaftsräumen. **Surfcampwochen** in der Gegend bieten auch Fun Ride (Tel. 967 60 74 80, www.funridesurf camp. com) und das Amado Surf Camp (Tel. 927 83 15 68, www. amadosurfcamp.com) an.

KLEINE PAUSE

Oberhalb der Praia do Amado werden zwischen dem Parkplatz und dem Strandzugang saisonal Erfrischungsstände mit kleinen Terrassen geöffnet – eine gute Gelegenheit, um sich niederzulassen, die Stimmung und das Panorama zu genießen.

✝ 198 B3

BAEDEKER TIPP

■ Gleich hinter der Praia do Amado wird nachhaltig vor Erosionsabbrüchen gewarnt. Wagen Sie sich nicht zu weit auf die Felsen vor.

■ Sind die Surfkurse des Tages vorbei und die meisten Besucher weg, genießen Sie eine schöne Abendstimmung.

■ Falls Sie über ein robustes Fahrzeug verfügen, können Sie nahe der Steilküste über eine Piste von der Praia do Amado nordwärts bis zum Parkplatz nahe der **Praia da Bordeira** (▶ 163) und weiter in den Ort **Carrapateira** (▶ 164) fahren. Die Strecke ist staubig und steinig, eine Reifenpanne kann in dieser einsamen Gegend äußerst unangenehm sein. Seien Sie also vorsichtig. Unterwegs können Sie bei der Pistenfahrt an der Seite stoppen und zu Fuß auf kleine Holzstege gehen, die oberhalb der Küste zu einer Art Aussichtsvorsprüngen führen. Wer auf den Einsatz des Fahrzeugs verzichten will, kann zwischen der Praia do Amado und der Praia da Bordeira auch an der Piste entlangwandern. Nähert sich ein Wagen, kann es jedoch passieren, dass Sie etwas Staub schlucken müssen!

⓬ Aljezur

Die größte Ansiedlung in einem weiten Einzugsbereich zu sein, verleiht Aljezur automatisch Bedeutung. Der Ort mit 3000 Einwohnern liegt in einer landwirtschaftlich geprägten Gegend im Inland. Er ist recht weitläufig und gliedert sich in drei Teile, ein Unter- und ein Oberdorf und den etwas abseits gelegenen neueren Teil, der auf das 18. Jh. zurückgeht.

Nach den schweren Zerstörungen durch das Erdbeben von 1755 regte der Algarve-Bischof die Gründung einer neuen Siedlung an, um die Abwanderungsströme der Bevölkerung zu bremsen. Im neuen Ortsteil wurde auch eine neue Pfarrkirche, die Igreja Matriz, aus der Taufe gehoben. In der Ebene in Richtung des ursprünglichen, hügelwärts aufsteigenden Orts vereinen sich die Ribeira das Alfambras und die Ribeira das Cercas zur Ribeira de Aljezur, einem Flüsschen, das weiter nordwestwärts bei der Praia da Amoreira in den Atlantik mündet. Agrarische Besonderheiten im Distrikt von Aljezur sind der Anbau von Erdnüssen und von stärkereichen Süßkartoffeln.

Auch zum Sonnenuntergang lohnt ein Ausflug von Aljezur an die Praia de Monte Clérigo.

Vorrang für Besucher hat zunächst der obere Ortsteil, der von den weithin sichtbaren Ruinen seines **Castelo** beherrscht wird. Die Burg, so heißt es in einer lokalen Quelle, ist als Symbol »der Kämpfe zwischen Mauren und Christen« zu verstehen. Damit richtet sich der Blick zurück ins Mittelalter, als Aljezur über Jahrhunderte in maurischer Hand lag. Sogar der Name des Orts geht noch auf das Ara-

BAEDEKER TIPP

■ **Süße Spezialitäten** der Gegend sind Süßkartoffelkuchen (*torta de batata-doce*) und Süßkartoffelpudding (*pudim de batata-doce*).

■ Östlich von Aljezur schafft eine relativ wenig befahrene kleine Straße, die N-267, über Marmelete Anbindung in die **Serra de Monchique** (➤ 136). Eine gute Möglichkeit, Bergluft zu schnuppern und nicht über die deutlich stärker frequentierte Strecke nördlich von Portimão anzufahren.

■ Nördlich von Aljezur verläuft die N-120 durch das Inland nach Odeceixe. Zufahrten führen zu weiteren **Stränden** wie der Praia da Amoreira, wo die Ribeira de Aljezur zuströmt, zur Praia da Carriagem und zur Praia de Odeceixe an der Mündung des Flusses Ceixe. An der oft windigen Praia de Odeceixe finden sich gern Surfer und Bodyboarder ein.

bische zurück. Höchstwahrscheinlich ist er dem Terminus *al-jazira* entlehnt, was »die Insel« besagte und den Rückschluss zulässt, welche Bedeutung das Wassers des Flusses gehabt haben muss. Immerhin besaß Aljezur damals sogar einen Flusshafen, doch allmählich versandete der kleine Strom. Die Burg datiert mutmaßlich aus dem 10. Jh. und wurde den Mauren von den Christentruppen im Jahr 1249 unter Paio Peres Correia, dem Großmeister des Santiago-Ordens, nach blutigen Kämpfen entrissen. Ab dem Spätmittelalter verfiel die Burg allmählich. Für die Festungsruinen brauchen Sie kein Ticket zu lösen, da sie jederzeit offen stehen. Der Blick ins Umland lohnt die Anfahrt bzw. den Aufstieg. Gleich vor dem Kastell können Sie parken, die Auffahrt ist allerdings recht steil.

Im oberen Dorf, wo sich auch die **Igreja da Misericórdia** (16. Jh.) befindet, gibt das im einstigen Rathaus untergebrachte **Museu Municipal** (Gemeindemuseum) Gelegenheit, ein wenig mehr in die Geschichte eintauchen. Die Ausstellungsstücke datieren u. a. aus dem Neolithikum, der Ära der Römer und der Maurenzeit. Aufschlussreich ist überdies eine volkskundliche Abteilung mit landwirtschaftlichem Gerät wie Äxten und Feldhacken sowie dem Nachbau einer typischen kleinen Landküche.

Aljezur fungiert als Sprungbrett an die **Strände**: die Praia da Arrifana (▶ 163) und die Praia de Monte Clérigo (▶ 162) liegen in gut erreichbarer Nähe. Das beschauliche Aljezur scheint Welten von Lagos (▶ 132), dem Ferienzentrum der Westalgarve, entfernt, dabei sind es nur 30 km.

KLEINE PAUSE

Das nahe am Fluss gelegene Marktcafé von Aljezur ist bei den Dorfbewohnern beliebt. Sollte es gerade geschlossen sein, brauchen Sie nur über die kleine Flussbrücke Richtung unteres Dorf zu gehen und finden dort Alternativen.

Blick in eine Vitrine mit römischen Vasen im Museu Municipal

✚ 198 C5 🛈 Posto de Turismo ✉ Rua 25 de Abril 62, ☎ 282 99 82 29; www.cm-aljezur.pt 🚌 Busse u. a. nach Lagos und Odeceixe; www.eva-bus.com

Museu Municipal de Aljezur
✉ Largo 5 de Outobro
🕐 Di–Sa 9–13, 14–17 Uhr
✋ 2 € (Kombiticket).
Dieses Ticket gilt für mehrere lokale Museen: für das Haus des örtlichen Malers José Cercas (1914 bis 1992) Casa-Museu Pintor José Cercas und das Museu de Arte Sacra (beide liegen in der Rua do Castelo) sowie für das Museu Antoniano in der Rua de Santo António.

Nach Lust und Laune!

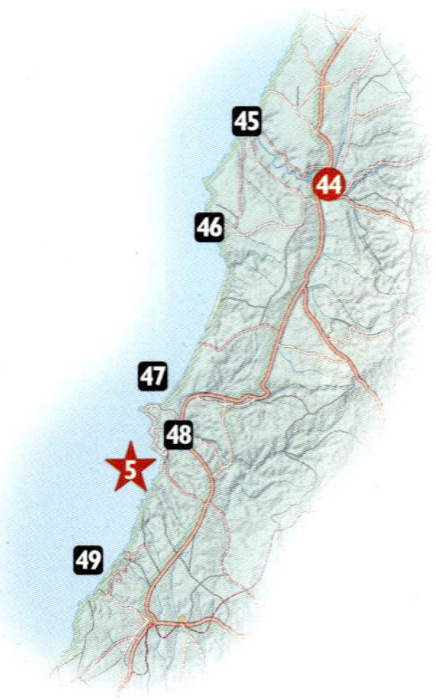

kellosen Sandstrand, über dem an einer Seite eine kleine Siedlung mit Wochenend- und Ferienhäuschen den Felshang hinaufklettert. Außerhalb der Sommersaison geht es häufig sehr einsam zu.
✝ 198 C5

46 Praia da Arrifana

Rückwärtig abgeschirmt von **Steilküstenwänden**, wendet sich die Praia da Arrifana zur weiten Bucht von Arrifana hin. Die **Sandflächen** des Strands schwinden bei Flut beträchtlich. Bei der Zufahrt hinab müssen Sie sich auf ein starkes Gefälle, Kurven und wenig Parkraum einstellen; manche lassen ihr Fahrzeug gleich oben stehen und gehen zu Fuß zur Praia da Arrifana, was beim späteren Aufstieg einige Schweißtropfen kostet.

Lohnendes Ziel ist nicht nur der Strand, sondern eine nahe Landspitze, die **Ponta da Arrifana**. In der Nähe der Überbleibsel einer Festung, der **Fortaleza de Arrifana** aus

45 Praia de Monte Clérigo

Diesen schönen, auch bei Familien populären Strand erreichen Sie nordwestlich von Aljezur (➤ 160); die Zufahrt ist ausgeschildert. Ein Steg führt über Dünen an den ma-

Serpentinen führen an Häusern und Fischrestaurants vorbei zur Praia da Arrifana hinab.

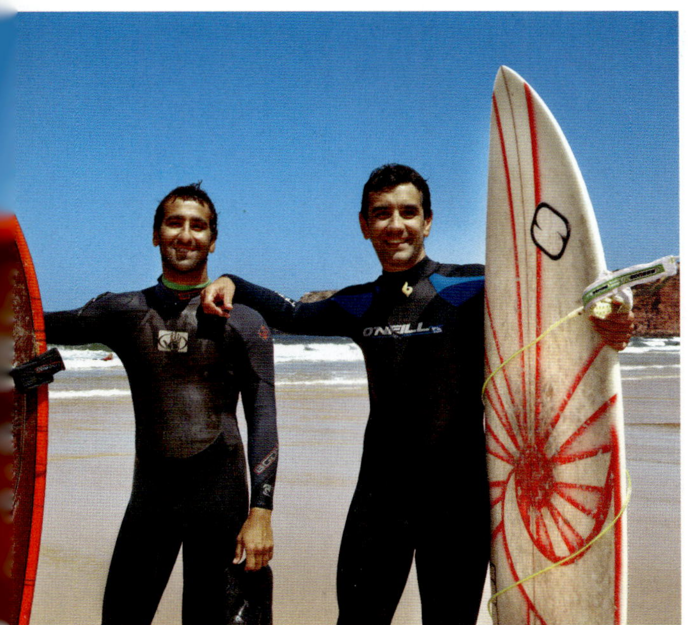

Die Costa Vicentina gilt in Surferkreisen als heißer Tipp.

dem 17. Jahrhundert endet die Straße. Interessanter als die Mauerreste der Festung sind die beeindruckenden **Küstenpanoramen**, die sich vor allem zur Rechten vor und unter Ihnen auftun: mächtige Steilflanken, ausgestreute Felsnasen im Wasser, Felsvorsprünge in Haifischflossenform, dazu die oftmals wild und schäumend brandende See. Welch ein traumhafter Aussichtspunkt!

Die Bucht von Arrifana liegt geschützter, es gibt auch einen kleinen Fischerhafen. Der freistehende, nadelgleiche Fels heißt Pedra de Agulha. Aus der Ferne sehen Sie die Praia da Arrifana.
✚ 198 B4

47 Praia da Bordeira

Vorausgeschickt sei, dass es zu diesem Strand und dem Mündungsbereich eines Flüsschens eine Namensverwirrung gibt. Da die Praia da Bordeira recht nah am Ort Carrapateira liegt, kennt man sie auch unter dem Namen Praia da Carrapateira. Das **Flüsschen**, das je nach Karte und Quellenlage wahlweise als Ribeira da Carrapateira und Ribeira da Bordeira auftaucht, schafft es oftmals nicht bis zum Atlantik, sondern staut sich zu einer Art **Lagune** auf und versickert vorher (aber nicht immer!). Je nach Wasserstand lässt sich das Gewässer gut durchwaten. Ein alternativer Zugang ist eine Treppe von einem höher gelegenen Parkplatz.

Aus Carrapateira kommend und stets das Meer im Blick führt die Fahrt zu diesem Parkplatz über ein Stück Piste zunächst links hinauf in Richtung Praia do Amado (▶ 86), dann über eine Abzweigung nach rechts. An der Holztreppe bietet sich ein wunderschöner Ausblick über den weiten Strand. Die relativ lange Treppe kann im unteren Bereich in schlechtem Zustand sein. Die Praia da Bordeira ist extrem breit und etwa 3 km

Windmühle in Carrapateira

lang. Außerdem ist es ein rauer, einsamer, schattenloser, unge- schützter Strand, über den oftmals Winde hinwegfegen und wo es kei- ne touristischen Einrichtungen gibt. Kurzum: für Naturfans ein Traum! An einem Teil des Strands schie- ben sich rostbraune Felsen vor. Im Hinterland der Praia da Bordeira schließen sich Dünen an.
✚ 198 B3

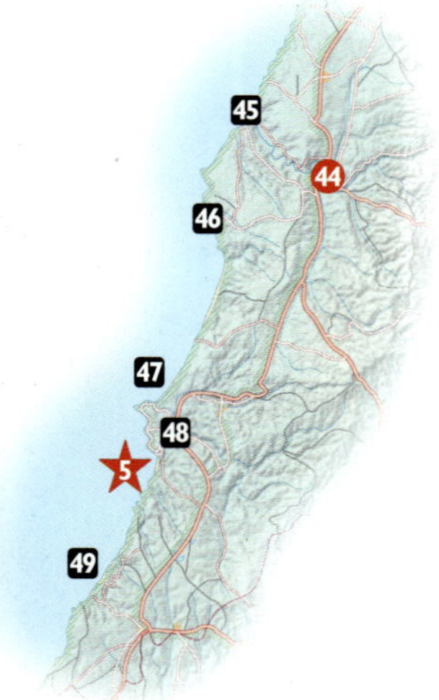

48 Carrapateira

Dieser etwas größere Durchgangs- ort liegt im Inland und hat für Rei- sende eher strategische Bedeutung als Stützpunkt mit einfachen Unter- künften bzw. Ausgangspunkt zu Ausflügen an attraktive Strände wie die Praia do Amado (➤ 158) und die Praia da Bordeira (➤ 163). Ört- liche Blickfänge sind die alte Wind- mühle auf einem Hügel und die Binnendünen. Das **Museu do Mar e de Terra** veranschaulicht mit seinen Exponaten Themen rund um Meer und Landleben.

Die Bebauung erscheint recht unstrukturiert; zwischen manchen Häusern breiten sich erstaunlich große Grünflächen und Agaven aus. An der Durchgangsstraße fin- den Sie ein paar Einkehrmöglich- keiten. Außerhalb der Saison wirkt Carrapateira recht ausgestorben. Zwischen Carrapateira und Aljezur erstrecken sich wenig frequentierte Strände: die Praia Vale Figueiras und die Praia do Canal.
✚ 198 B3

Museu do Mar e de Terra
✉ Rua do Pescador ☎ 282 97 00 00
🕐 Di–Sa 10–13 und 13.30–16.30 Uhr
✋ 3 €

49 Praia do Castelejo

Dieser etwas schmalere, raue, lan- ge Strand gehört zur Gemeinde Vila do Bispo und wendet sich unge- schützt dem Atlantik und seinen manchmal ungestümen Wellen zu. Die hinterrücks gelegenen Klippen werden mitunter von Gleitschirm- fliegern zum Start genutzt. Die Praia do Castelejo dient als Surfer- terrain und bildet zusammen mit der nahen Praia da Cordoama und der Praia da Barriga ein traumhaf- tes Strändetrio. Im Hinterland brei- ten viele Schirmpinien ihr grünes Astwerk aus.
✚ 198 A2

Natur- und Surfertraum: die Praia da Cordoama

Wohin zum …
Übernachten?

ALJEZUR

Amazigh Hostel €
In dem netten Hostel finden Traveller aus aller Welt zusammen. Das günstige Preisniveau gilt für die Zimmer und insbesondere für die Betten in den Gemeinschaftsräumen. Die Einrichtung ist sympatisch und der Service freundlich. Über die Hostelzimmer hinaus werden auch komplette Villen in der Umgebung vermietet, die allerdings mit einem ganz anderen Qualitäts- und Preisniveau (€€–€€€) aufwarten, was sich zu mehreren aber lohnen kann.
✚ 198 C4 ✉ Rua da Ladeira 5 ☎ 282 99 75 02; www.amazighostel.com

Herdade Monte do Sol €€–€€€
Die Unterkunft des ländlichen Tourismus besteht aus mehreren kleinen Häusern, die jeweils mit einer Terrasse und einer kleinen Küche ausstaffiert sind. Den Pool umgeben großzügige Außenanlagen. Das Landgut liegt außerhalb von Aljezur. Tipp für die Orientierung: Drucken Sie sich von der Homepage auf jeden Fall die Anfahrtsbeschreibung (auf Englisch) aus.
✚ 198 C5 ✉ Herdade Monte do Sol ☎ 282 99 73 58; www.herdademontedosol.com

CARRAPATEIRA

Pensão das Dunas €
Die familiär betriebene Pension in traditionellem Stil macht einen freundlichen Eindruck. Als Unterkünfte stehen hier sechs Ferienwohnungen und vier Zimmer zur Wahl; die Ferienwohnungen sind jeweils mit Küchen ausgestattet. Hier kommen Sie zu recht günstigen Preisen unter. Die Pension wird auch gern von Surfern als Basisquartier genutzt.
✚ 198 B3 ✉ Rua da Padaria 9 ☎ 282 97 31 18; www.pensao-das-dunas.pt

PEDRALVA

Aldeia da Pedralva €€–€€€
Dank privatem Engagement, aufwendiger Restaurierung und planerischer Weitsicht im Hinblick auf die Nachfrage nach Alternativtourismus ist das Inlandsdorf Pedralva wieder so richtig zum Leben erweckt worden. Die erhoffte rege Nachfrage hat sich in der Tat eingestellt. In der gewachsenen Dorfstruktur werden über eine zentrale Reservierungsstelle mehr als zwei Dutzend Häuser verschiedener Größe und Ausstattung an Gäste vermietet. Die Quartiere laden dazu ein, die Ruhe auf dem Land (➤ 40) zu genießen und dabei das Tempo des Lebens automatisch zu drosseln. Einfach erholsam! Die nächsten Strände liegen in erreichbarer Entfernung. Bis dahin brauchen Sie mit dem Auto etwa 10–15 Minuten. Erfrischen können Sie sich auch im Pool der Aldeia da Pedralva.
✚ 198 B3 ✉ ausgeschilderter Abzweig zur Aldeia da Pedralva an der Landstraße zwischen Vila do Bispo und Carrapateira, Rua de Baixo – Casa da Pedralva ☎ 282 63 93 42; www.aldeiadapedralva.com

REGUENGO

Reguengo €

In dem alternativ wirkenden Inlandsquartier liefert die Sonne die Energie und Brunnenwasser das kühle Nass. Zur Wahl stehen Zimmer und Apartments. Allein die sanften Farbanstriche sorgen für ein behagliches Ambiente. Es gibt Yoga- und Meditationstreffs. Diese Unterkunft ist alles andere als *mainstreamig*, liegt an der Obergrenze dieser Preiskategorie und wird von Palmira und Stephan Biesenbach geführt. Nicht zuletzt wegen der Kinderbetreuung während der Ferienzeiten ist Reguengo auch für 👪 Familien mit Kindern geeignet. Die Anfahrt führt südöstlich von Odeceixe über Zambujeira de Baixo. Laden Sie sich unbedingt das PDF mit der Wegbeschreibung von der Webseite, damit Sie nicht lange suchen müssen.

✚ **199 D5** ✉ **Reguengo, detaillierte Wegbeschreibung zum Downloaden auf der Webseite** ☎ **282 91 19 01; www.reguengo.de**

Wohin zum …
Essen und Trinken?

Preise
für ein Drei-Gänge-Menü ohne Getränke und Service
€ unter 20 Euro   €€ 20–35 Euro   €€€ über 35 Euro

ALJEZUR

Pont'a Pé €–€€

Das Bar-Restaurant im Unterdorf von Aljezur nahe der Fußgängerbrücke über das Flüsschen wird von Einheimischen geschätzt. Auf der Speisekarte stehen Salate und Omelettes, aber auch aufwändigere Gerichte wie eine Fisch-*Cataplana* für zwei Personen. Bei den Nachtischen stechen Spezialitäten aus Süßkartoffel (*batata-doce*) hervor. Die Terrasse füllt sich schnell.

✚ **198 C5**
✉ **Largo da Liberdade 12**
☎ **282 99 81 04; www.pontape.pt**
🕐 **Mo–Sa 9–23 Uhr**

CARRAPATEIRA

L-Colesterol €

Einfach und schnörkellos kommt dieses Restaurant mit ökologischen Noten und dem humoristischen Namen daher, das Fischgerichte und frisches Gemüse aus dem Garten serviert. Wem's gefällt, der kann sich gleich im Bed & Breakfast L-Colesterol einquartieren.

✚ **198 B3**
✉ **Horta do Rio**
☎ **282 99 81 47; http://l-colesterol.com**
🕐 **tägl. 10–21 Uhr**

PEDRALVA

Sítio da Pedralva €€

Geschmackvolles Hauptrestaurant in dem alten, auf Vordermann gebrachten Dorf Aldeia da Pedralva (▶ 41). Zu den Spezialitäten zählen Stockfisch nach Art des Hauses und Lammrippchen mit Süßkartoffelpüree. Nach dem Essen können Sie durch das Dorf schlendern.

✚ **198 B3**
✉ **Abzweig zur Aldeia da Pedralva an der Landstraße zwischen Vila do Bispo-Carrapateira**
☎ **282 63 93 42; www.aldeia dapedralva.com**
🕐 **tägl. 12–15 und 19–23 Uhr**

Costa Vicentina

O Paulo €€

Dieses in Flachbaustil gehaltene Restaurant ist ein richtig gemütlicher Glasbau an windumtoster Stelle auf der Ponta da Arrifana, ganz in der Nähe der Festungsreste der Fortaleza de Arrifana. Fisch und Schalentiere geben den Ton an und werden schmackhaft zubereitet und freundlich aufgetischt. Nach dem Essen fast ein Muss: ein Mini-Verdauungsspaziergang zu den herrlichen Aussichtspunkten über der Steilküste.

✚ 198 B4 ✉ Arrifana, nahe der Fortaleza ☎ 282 99 51 84; www.restauranteopaulo.com ◷ Di–So 12–15, 19–22.30 Uhr

Restaurante da Praia €€

In diesem Beachrestaurant gleich oberhalb des Arrifana-Strands isst das Auge mit – allein wegen der schönen Aussicht! Salate, auch mit Meeresfrüchten, haben gleichermaßen ihren festen Platz auf der Speisekarte wie frischer Fisch. Je nach Anlieferung des Tages gibt es auch die exklusiven Entenmuscheln (*percebes*).

✚ 198 B4 ✉ oberhalb des Strands ☎ 282 99 85 27; http://restaurantepraia arrifana.com ◷ Juni–Mitte Sept. tägl. 9.30–24, Rest des Jahres tägl. 10.30–20 Uhr

Wohin zum … Einkaufen?

Die Costa Vicentina ist eine Natur-, keine Shoppingregion. Einkaufen und sich mit Proviant für Wanderungen versorgen, können Sie aber auf Märkten.

In **Aljezur** ist jeweils am 1. Sonntag im Monat von etwa 9–13 Uhr ein Allerleimarkt im Bereich der Escola Primária dos Vales. Am jeweils 4. Sonntag im Monat gibt es einen Markt nahe dem Gebäude der Junta de Freguesia. Im Juli und August ist in Aljezur jeden Samstag die *Feira da Terra*, ein Fest, das im Zeichen der regional angebauten Produkte steht. Ansonsten liefert die winzige Markthalle in Flussnähe mit das Nötigste.

Wohin zum … Ausgehen?

Wummerndes Nightlife ist an der Costa Vicentina Fehlanzeige. Etwas trinken gehen können Sie in Aljezur, am kleinen Platz an der Durchgangsstraße in Carrapateira und in den saisonalen Surfertreffs oberhalb der Praia do Amado. Hier kommen Sportler und Naturliebhaber zusammen, die vor allem die Natur genießen. Viel los ist bei den Volksfesten.

Leben in die beschauliche Region bringen diverse Volksfeste, vor allem im August, wenn **Carrapateira** und **Odeceixe** zu wechselnden Terminen ihre Feste feiern. Erlebenswert ist auch die *Festa dos Pescadores*, das Fest der Fischer, am letzten Juli-Wochenende im kleinen Hafen der Bucht von Arrifana sowie die multikulturelle Nacht *Noite A* Ende August in **Aljezur**.

Anfang September steigt in **Odeceixe** der traditionelle Jahrmarkt *(feira)*, Ende desselben Monats in **Aljezur**. Hat die milde Winterzeit eingesetzt, steht in Aljezur – entweder am letzten Wochenende im November oder am ersten Wochenende im Dezember – das *Festival da Batata-doce* an, bei dem sich alles um die in der Region angebauten Süßkartoffeln dreht.

Spaziergänge & Touren

1 DAS ALTE FARO

Spaziergang

LÄNGE: 1,8 km
DAUER: 45–60 Minuten
START/ZIEL: Jardim Manuel Bivar ✚ 202 C2/3

Faros historisches Viertel überrascht. Lassen Sie sich gemächlich durch die Gassen treiben, deren Vorläufer aus dem Mittelalter stammen. Weißgetünchte Häuser erinnern an das maurische Erbe. Sehenswert ist die Kathedrale. Teile des mächtigen Stadtmauerverbunds werden zu Ihren Begleitern. Je nach Tag bekommen Sie in der Altstadt mitunter Soundeffekte geboten: das Klappern von Storchenschnäbeln!

❶–❷

Der **Jardim Manuel Bivar**, die kleine Grünanlage hinter dem Becken des pittoresken Sport- und Freizeithafens, ist Ihr Startpunkt in die von Mauern umzogene Altstadt. Gehen Sie Richtung Touristeninformation in der Rua da Misericórdia, wo Sie sich einen Stadtplan und weitere Infos besorgen können. Gleich nebenan geht es durch den **Arco da Vila**, ein im 19. Jh. erneuertes Stadtmauertor, ins historische Viertel hinein.

❷–❸

Hinter dem Arco da Vila geht es geradeaus und leicht aufwärts durch die **Rua do Município**, wobei Sie es unterwegs nicht versäumen sollten,

Hinter dem Arco da Vila beginnt Faros gemütliche Altstadt.

sich umzudrehen. Der Arco da Vila wirkt aus dieser Perspektive besonders fotogen! Und gelegentlich sitzt ein Storchenpaar darauf, falls es nicht gerade ausgeflogen ist.

3–4

Hinter einer Rechtsbiegung der Rua do Município kommen Sie auf einem Teil des Kathedralenvorplatzes aus, dem **Largo da Sé**. Dort werden Sie von Orangenbäumen empfangen und von der trutzigen **Kathedrale** (➤ 100), deren Ursprünge aus dem 13./14. Jh. datieren. Die beste (Foto-)Ansicht haben Sie, wenn Sie jetzt ein Stück weiter nach rechts um die Kathedrale herumgehen, wo sich auch der

Orangenbäume säumen den weiten Vorplatz von Faros Kathedrale.

Spaziergänge & Touren

Eingang befindet. Für einen Besuch der Kathedrale und den Turmaufstieg sollten Sie zusätzlich mindestens eine halbe Stunde mehr einplanen.

4–5

Sie kehren zurück auf die Höhe der Einmündung der Rua do Município, lassen die Kathedrale nun rechter Hand hinter sich liegen und spazieren um die Rückfront des Gotteshauses herum. Dann gelangen Sie automatisch in die Gasse **Rua de Domingos Guieiro**.

5–6

Die Rua de Domingos Guieiro dient als kurze Verbindungsgasse zum nächsten Platz, der **Praça do Afonso III.** Unübersehbar und keinesfalls willkürlich platziert, steht hier ein Denkmal von König Afonso III. (1210–1279), nach dem der Platz benannt ist. Schließlich gelang unter seiner Herrschaft die Rückeroberung Faros aus den Händen der Mauren. Am Platz liegt der Zugang zu Faros Stadtmuseum **Museu Municipal** (► 101), das in dem ehemaligen Kloster Nossa Senhora da Assunção untergebracht ist. Für den Besuch brauchen Sie zusätzlich etwa eine Stunde – besonders schön ist der gut erhaltene Kreuzgang.

6–7

Gehen Sie ab der langgestreckt angelegten Praça do Afonso III. mit dem Rücken zum Museumseingang gewandt nach rechts durch die nächste beschauliche Gasse, die **Rua do Repouso**.

7–8

Die Rua do Repouso bringt Sie nach kurzer Zeit vor den **Arco do Repouso**, ein weiteres historisches Stadttor.

8–9

Wenn Sie nun durch den Arco do Repouso gehen, verlassen Sie das historische Viertel. Schauen Sie sich gleich rechts hinter dem Tor das blau-weiße Kachelbild an. Es zeigt die Geschichtsszene »Outorga do Foral aos Mouros forros por D. Afonso III« aus dem Jahr 1269: »König Afonso III. gewährt den unterworfenen Muselmanen gewisse Rechte«. Nun gehen Sie außen zunächst etwa 300 m an den **Stadtmauern** entlang – ein schöner Anblick. Nur zur Orientierung: Links prägen große Parkplätze den Largo de São Francisco.

9–10

Am Ende der 300 m entlang der Stadtmauer zweigt eine für den Verkehr gesperrte kleine Straße nach rechts ab: Es ist die Verlängerung der **Rua Comandante Francisco Manuel**.

10–11

Die Rua Comandante Francisco Manuel verläuft außen an den restaurierten Stadtmauern entlang, während sich etwas versetzt weiter links auf schmaler Trasse Bahngleise befinden. Da wenig Züge fahren, stört dies nicht. Ab und zu powern sich an den Mauern rundherum Graffitikünstler aus. Dieses **Promenadenstück** ist wirklich nett. Es führt am Gebäude des kleinen interaktiven Wissenschaftszentrums **Centro Ciência Viva do Algarve** (www.ccvalg.pt) vorbei, das auf Kinder und Jugendliche zugeschnitten ist. Am Schluss gerät geradeaus Ihr Ausgangspunkt ins Blickfeld: der **Jardim Manuel Bivar**. Dort können Sie sich zur Rast niederlassen. Mit Blick auf den Hafen ist es natürlich am schönsten!

2 ZUM CABO DE SÃO VICENTE
Wanderung

LÄNGE: 13 km
DAUER: 4–5 Stunden
START: Vila do Bispo ✠ 198 B2
ZIEL: Cabo de São Vicente ✠ 198 A1

Brechen Sie bei dieser Halbtageswanderung zu Portugals von Wind und Wellen gepeitschtem Traumeck auf: dem Cabo de São Vicente. Südwestlich von Vila do Bispo verläuft die Strecke durch herrliche, einsame Weiten oberhalb des Atlantiks, verlangt aber auch nach Vorausplanung. Setzen Sie sich rechtzeitig vorher mit einem Taxiunternehmen in Verbindung (als zuverlässig gilt: Taxi T, Tel. 964 85 85 17, www.taxi-t.com), das Sie nach der Tour vom Cabo de São Vicente abholt. Alternativ können Sie – je nach Zeit und Kondition – dieselbe 13 km lange Strecke zurückgehen oder im Vorfeld ein zweites Fahrzeug am Kap abstellen.

❶–❷

Die Wanderung beginnt am Ortsrand in **Vila do Bispo** am Marktgebäude, dem *Mercado Municipal*. Dort können Sie sich (außer So) noch mit Obst eindecken oder eine Rast in der kleinen Cafeteria machen. Folgen Sie in Sichtweite des Markts von Vila do Bispo den rotweißen Markierungen des Fernwanderwegs GR-11, der sich hier mit dem sogenannten »Historischen Weg« der Rota Vicentina deckt. Es geht zunächst an einer wenig befahrenen Nebenstraße

Belohnung auf dieser Wanderung: die frische Brise und die grandiose Aussicht von oben auf das tosende Meer

Spaziergänge & Touren

entlang und leicht aufwärts, vorbei an Häusern und Feldern, deren Bewirtschaftung, z. B. mit Saubohnen, Tomaten oder Paprika, je nach Saison wechselt. Wer sich umdreht, kann den Blick zurück auf Vila do Bispo genießen. Nach **2,1 km** stößt von rechts ein Erdweg hinzu, dies nur zur Orientierung.

2–3

Ein Eukalyptushain rechter Hand erinnert daran, dass in den 1960er/70er-Jahren, zu Zeiten der Salazar-Diktatur, Eukalyptus eingeführt wurde. Dabei ging es um den schnellen Profit für die Papierindustrie. Auf der weiteren Strecke folgt schönes weites Wiesen- und Weideland. Auf einem breiten befahrbaren Erdweg verläuft die Wanderung zwischen Zäunen hindurch. Es ist flach, rechts taucht das Meer in der Ferne auf, verschwindet aber dann vorübergehend aus dem

KLEINE PAUSE

Da es unterwegs kein Dorf gibt, können Sie auch nicht einkehren. Gönnen Sie sich mit einem selbst mitgebrachten Picknick an exponierter Stelle hoch über der Küste eine kleine Pause mit Meerblick. Alternative dazu: Am Parkplatz vor dem Cabo de São Vicente stehen in der Regel ein paar Imbissbuden.

Blickfeld. **4 km** hinter Vila do Bispo weist ein Schild auf dem GR-11 zum Cabo de São Vicente. Von den angegebenen 10 km können Sie 1 km abziehen, weil Sie später einer anderen, schöneren Wegvariante folgen.

3–4

Es geht weiter auf breiter Trasse durch wunderbares abgeschiedenes Flachland. In der Ferne ragt ein **Kontrollturm** zur Überwachung des Schiffsverkehrs aus der Weite empor. Unter die Vegetation mi-

schen sich Zistrosen und niedrige Kiefern. Der Weg hat keinen nennenswerten Schwierigkeitsgrad, aber es gibt auch keinen Schatten. Zwischendurch kommt ein optionaler Abzweig zum Küstenaussichtspunkt **Ponta Ruiva**, aber die Route verläuft nach wie vor ein Stück landeinwärts.

4–5

Zur Rechten ist wieder der Ozean im Hintergrund zu sehen. Bald zeichnet sich voraus in der Ferne der Leuchtturm des Cabo de São Vicente ab. **6 km** hinter Vila do Bispo gibt es in der Einsamkeit eine Gabelung. Hier heißt es, aufpassen: Statt der landeinwärtigen Variante des GR-11 (ausgewiesen sind 8 km bis zum Cabo de São Vicente) wählen Sie den mit grün-blauen Markierungen versehenen **Fischerweg** der Rota Vicentina. Auf dem Schild steht: Praia do Telheiro 3 km, Cabo de São Vicente 7 km. Hier sind Sie richtig.

5–6

Rundherum wächst gedrungener Wacholder, zur Rechten verschmilzt das Grün mit dem Blau der See – ein echter Traumblick. Die extrem flache Vegetation ist dem Wind geschuldet, der die Pflanzen niedrig hält. In dieser Umgebung gibt es weit und breit kein Dorf und keine Häuser. Achten Sie auf die Markierungen der Rota Vicentina. Sie sind auf Steine und eigens eingesetzte Holzpflöcke aufgemalt. Ein Orientierungspunkt im Hintergrund ist und bleibt fortan der Leuchtturm über dem Kap. Der Wanderweg verläuft zunächst etwa 150 m von den Klippen entfernt, dann geht es näher heran. Der Pfad zieht sich enger zusammen, es wird steiniger und geht abwärts an Zistrosen und Wacholder vorbei. Oberhalb eines Buchteinschnitts, der **Praia do Telheiro**, wird es mitten in einer spektakulären Naturszenerie besonders holprig, also assen Sie sich hier besser nicht zu sehr von der schönen Aussicht ablenken!

6–7

4 km fehlen noch bis zum Kap. Sie spüren den Wind im Gesicht, das Salz auf der Haut. Genießen Sie Stimmung und Panorama! Der Wegbelag ist teils sandig, Wacholderzweige werfen Schatten auf den Pfad. Mitunter taucht eine Zwergpalme auf. Einmal mehr der Hinweis: Achten Sie genau auf die Markierungen! Zwischendurch mahnt ein Schild den respektvollen Umgang mit der Natur an, was auch bedeutet, nicht vom Weg abzuweichen. Es geht in eine kleine Schlucht hinab, später nahe dem Klippenrand über extrem steiniges Terrain. Da muss man genau sehen, wo man

die Füße hinsetzt. Gleichzeitig wandern und fotografieren ist hier keine gute Idee. Das letzte Wegstück zum Kap entspricht dem GR 11, zu erkennen an seinen weiß-roten Markierungen. Verfehlen können Sie Ihr Ziel nicht: Der Leuchtturm weist stetig den Weg. Ist die asphaltierte Zufahrtsstraße zum Cabo de São Vicente (➤ 127) erreicht, hat die Einsamkeit ein Ende. Motorenlärm und Parkplatzflächen erinnern an die Zivilisation. Um das Kap eröffnet sich ein Traumpanorama, das die bisherigen noch übertrifft!

3 SERRA DE MONCHIQUE

Autotour

LÄNGE: 84 km
DAUER: 1 Tag
START/ZIEL: Portimão ✛ 200 A3

Die Bergwelt ruft! In der Serra de Monchique dominiert das Grün, ein Kontrastpunkt zu den Küstenwelten, auch klimatisch. Diese Autotour ist eine gute Gelegenheit, sich mit dem Hinterland vertraut zu machen und sozusagen auf das Dach der Algarve zu fahren: 902 m misst die höchste Erhebung, die Sie auf dem Fóia erreichen. Bereits von der Küste aus sehen Sie, ob sich das Bergmassiv gerade in Wolken gehüllt hat. Falls ja, sollten Sie warten oder einen anderen Tag wählen – schließlich geht es nicht zuletzt um die schöne Aussicht.

❶–❷

Die Orientierung ab dem Stadtrand von **Portimão** fällt nicht schwer: Nördlich landeinwärts geht es auf den weithin sichtbaren Gebirgsbuckel der Serra de Monchique zu, zunächst auf der N-124, dann auf der N 266. Es wird allmählich grüner, das Vorgebirge ist noch Weißstorchterrain. Statt auf der Hauptstraße zu bleiben, wählen Sie kurz vor dem Ortseingang von **Rasmalho** den Rechtsabzweig in Richtung Alferce. Passen Sie genau auf, denn das Schild ist recht unscheinbar.

❷–❸

Die kleine Nebenstraße, die Sie nun befahren, führt kurvig und abgeschieden durch die grüne Landschaft. Ein kleiner Talgrund ist mit Orangen gefüllt, vereinzelt sehen Sie Olivenbäume, Korkeichen, Landhäuser. Hier befinden Sie sich bereits in den vielhöckerigen Ausläufern der Serra de Monchique, die Farbtöne verlaufen grün in grün. Fahren Sie vorsichtig, denn es kommt durchaus vor, dass gerade eine Kuhherde über die Straße trottet. Rechter Hand taucht ein glasklarer Fluss auf, die Ribeira de Odelouca. 9 km hinter der Abzweigung,

Begegnung mit einer Kuhherde auf der Straße – in den Bergen nicht selten.

die man vor Rasmalho nimmt, ist nach rechts die Talsperre **Barragem de Odelouca** ausgeschildert. Folgen Sie der kleinen Straße, die in Aufs und Abs ans Stauseeufer führt. Allerdings ist es eine Sackgasse und ihre Endstation

Bilder und Beete mit aromatischen Pflanzen auffallen. Das tägliche Leben in dem freundlichen Höhenort geht seinen geruhsa-

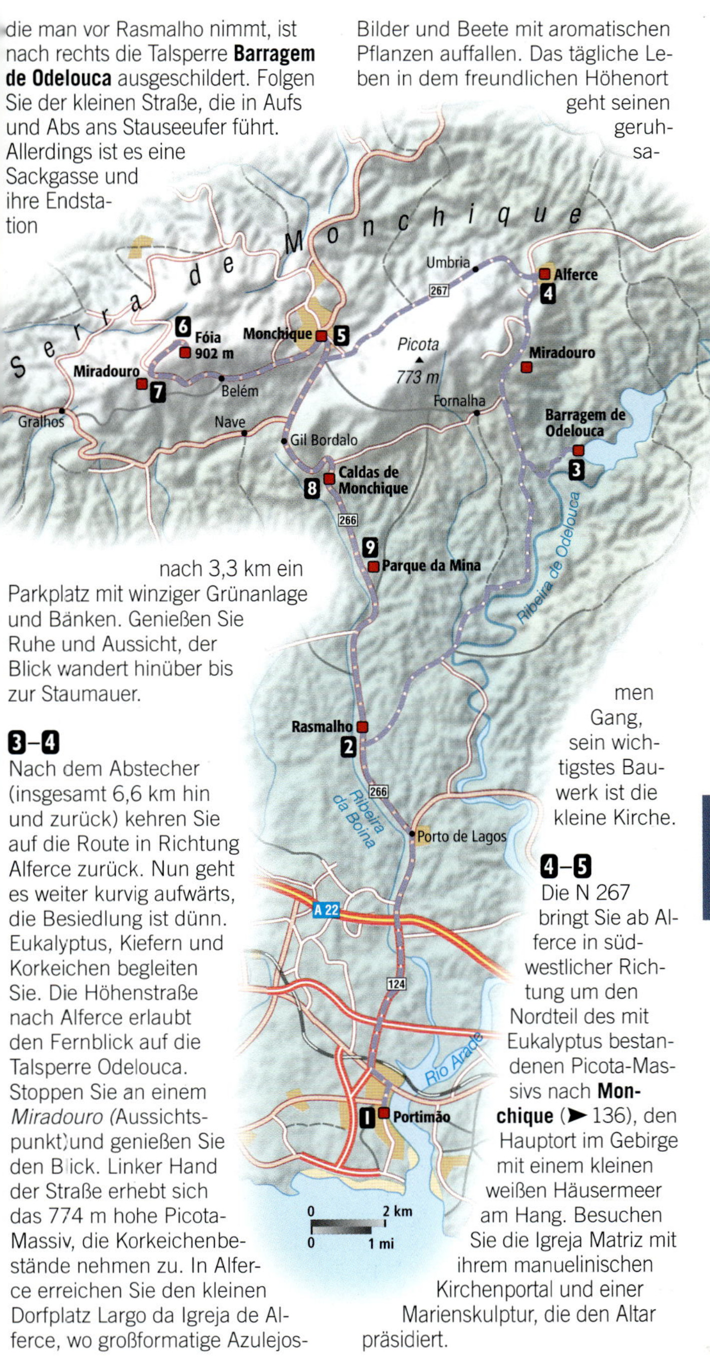

nach 3,3 km ein Parkplatz mit winziger Grünanlage und Bänken. Genießen Sie Ruhe und Aussicht, der Blick wandert hinüber bis zur Staumauer.

3–4

Nach dem Abstecher (insgesamt 6,6 km hin und zurück) kehren Sie auf die Route in Richtung Alferce zurück. Nun geht es weiter kurvig aufwärts, die Besiedlung ist dünn. Eukalyptus, Kiefern und Korkeichen begleiten Sie. Die Höhenstraße nach Alferce erlaubt den Fernblick auf die Talsperre Odelouca. Stoppen Sie an einem *Miradouro* (Aussichtspunkt) und genießen Sie den Blick. Linker Hand der Straße erhebt sich das 774 m hohe Picota-Massiv, die Korkeichenbestände nehmen zu. In Alferce erreichen Sie den kleinen Dorfplatz Largo da Igreja de Alferce, wo großformatige Azulejos-

men Gang, sein wichtigstes Bauwerk ist die kleine Kirche.

4–5

Die N 267 bringt Sie ab Alferce in südwestlicher Richtung um den Nordteil des mit Eukalyptus bestandenen Picota-Massivs nach **Monchique** (▶ 136), den Hauptort im Gebirge mit einem kleinen weißen Häusermeer am Hang. Besuchen Sie die Igreja Matriz mit ihrem manuelinischen Kirchenportal und einer Marienskulptur, die den Altar präsidiert.

Spaziergänge & Touren

In der Serra wird das rauere Höhenklima genutzt, um Windenergie zu erzeugen.

5–6

8 km trennen Monchique vom 902 m hohen **Fóia**. Die Auffahrt führt an ein paar Streckenrestaurants vorbei. Es ist kurvig, der Duft von Eukalyptus hängt markant in der Luft. Lassen Sie sich auf dem Fóia nicht von den Antennenmasten und dem Großparkplatz ernüchtern! Sobald Sie ihnen den Rücken kehren, genießen Sie einen ungetrübten wunderbaren Ausblick bis zur Küste.

6–7

Die Abfahrt ab dem Fóia erfolgt auf derselben Route. Nach knapp 2 km bietet sich rechter Hand der Straße ein Zusatzstopp an einem weiteren *Miradouro* (Aussichtspunkt) an. Dazu fahren Sie auf einen von der Straße abgetrennten Parkplatz. Hier ist das Panorama ebenso schön, und Sie haben keine Antennen in der Nähe. Außerdem können Sie sich an einem Brunnen mit herrlich kühlem Bergwasser erfrischen.

7–8

Ab dem *Miradouro* setzen Sie die Fahrt über Monchique fort und wählen nun die direkte Verbindung südwärts, auf der N 266 Richtung Portimão. 24 km sind es von Monchique nach Portimão, aber rauschen Sie nicht in einem Rutsch durch. Im ersten Teil der Strecke bietet sich ein Abstecher in den kleinen Thermalkurort **Caldas de Monchique** (▶ 136) an, der abseits der Gebirgsstraße in einer Talsenke liegt. Parken Sie am Ortsrand, bummeln Sie durch das Minizentrum und die Parkanlage mit ihren schattenspendenden Bäumen. Eine Quelle sorgt für Erfrischung.

8–9

Ab Caldas de Monchique geht es weiter abwärts, das Gebirge verliert allmählich an Kraft. Optionaler Halt, vor allem für Familien mit Kindern, ist der 👫 **Parque da Mina** (▶ 136), ansonsten geht es nach Portimão zurück.

KLEINE PAUSE

Im winzigen Zentrum des historischen Thermalkurorts **Caldas de Monchique** ist die Bar O Tasco wie geschaffen für eine Rast mit Drinks und Häppchen. Für eine opulentere Einkehr bietet sich in Caldas de Monchique das Restaurante 1692 (so heißt es wirklich) an, wo Sie auch schön auf der großen Terrasse sitzen.

4 AUF DER ECOVIA
Radtour

LÄNGE: 42 km
DAUER: 1 Tag
START/ZIEL: Cabanas de Tavira ✝ 206 B1

Schlagen Sie ab Cabanas de Tavira Kurs nach Osten in Richtung Vila Real de Santo António ein. Beide Orte sind durch den Fernradweg Ecovia (auch: Ecovia Litoral) verbunden. Vorausgeschickt sei, dass der Radweg nur zum Teil separat oder parallel zur Straßenführung verläuft. Eine portugiesische Radroute kann nicht mit deutschem oder niederländischem Maßstab gemessen werden. Der Start- und Endpunkt Cabanas de Tavira ist nicht zufällig gewählt: Hier betreibt Megasport (Tel. 289 39 30 44 und 962 01 06 61, www.megasport.pt) von März bis Oktober/November eine Radverleihstation am Hotel Pedras da Rainha (▶ 82). Achten Sie darauf, dass Ihr Rad ein gutes Schloss hat. Die Ecovia ist mit gelb markierten Minipfosten an den Seiten gekennzeichnet, die Sie stets beachten sollten. Prägen Sie sich außerdem den Routenverlauf gut ein, denn es geht auf derselben Strecke zurück. Vergessen Sie ausreichend Trinkwasser und auch Badezeug nicht.

❶–❷

In **Cabanas de Tavira** (▶ 68) radeln Sie zunächst zur Avenida Ria Formosa, der Promenade parallel zum Kanal. Am Ende der Promenadenstraße, dort, wo diese einen Links-

Kleine Verschnaufpause und Fotostopp am Wegesrand

Auf dem Rückweg lohnt sich ein Abstecher nach Cacela Velha.

knick macht, radeln Sie einfach geradeaus auf einem Erdweg weiter. Dann biegen Sie links ab und umfahren die historische Festung Fortaleza São João da Barra (nicht zu besichtigen). Rundherum prägen Mandel- und Feigenbäume das Bild. Die Beschilderung ist zunächst nicht die beste, doch wenn Sie weiterradeln, erreichen Sie bald Schilder, die Ihnen die Ecovia anzeigen. Der Radwanderweg deckt sich hier vorübergehend mit einem Stück Jakobsweg. Bald sehen Sie eine erste Orangenplantage und Johannisbrotbäume.

Ein kurzes Stück lang streift die Ecovia die vielbefahrene N 125, dann führt sie über eine Nebenstraße, vorbei am Robinson-Club und dem Abzweig nach Cacela Velha. Am besten sparen Sie sich einen Abstecher in das pittoreske Dorf für die Rückfahrt auf.

Gesäumt von Johannisbrot- und Mandelbäumen führt die Straße immer wieder bergauf und bergab, kurzzeitig geht es auch nah an die N 125 heran, dann zum Glück aber wieder weg von der Nationalstraße, und schließlich erreichen Sie **Manta Rota**.

2–3

Durchradeln Sie Manta Rota. Die Tour geht weiter durch das Inland, die kleine Straße geht in ein sehr schönes Stück kombinierten Rad- und Fußweg über und führt einen knappen Kilometer weit durch ein Wiesengebiet bis zum nächsten Ort – **Altura**.

Dort kommen Sie auf der doppelspurigen Ortseinfahrtsstraße raus. Radeln Sie nach rechts, vorbei am Hotelkasten von Eurotel.

3–4

Hinter Altura erreicht die Ecovia aufs Neue die viel befahrene N 125 und führt dort etwa 1,5 km entlang, leider nicht als abgetrennter Radweg. Dies ist ein unerfreulicher Abschnitt, da gibt es nichts zu beschönigen. Hinter

dem Rechtsabzweig mit dem Strandschild Cabeço folgt wieder eine schöne Nebenstraße durch Kiefernforst.

Etwa 300 m vor dem Zubringersteg zur **Praia do Cabeço** führt die Ecovia links in den Kiefernforst hinein. Gönnen Sie sich zuvor einen Strandabstecher an die Praia do Cabeço, wo es wichtig ist, die Räder gut abzuschließen. Erfrischen Sie sich am Strand – stürzen Sie sich in die kühlen Fluten!

4–5

Nach dem Kurzabstecher an die Praia do Cabeço erwartet Sie ein echtes Highlight: Nun führt die Ecovia durch wunderbaren Kiefernforst. Links der Strecke gibt es an einem **See** ein Birdwatching-Häuschen, das Gewässer wird von reichlich Röhricht bestanden. Ein Zaun trennt den See vom Fuß- und Radweg, dann führt die Route aus dem schattigen Kiefernforst auf ein sonniges Stück und in den Ferienort **Monte Gordo** (➤ 79).

6–7

Drehen Sie eine Runde durch Vila Real de Santo António und lassen Sie keinesfalls die schöne Promenade am **Rio Guadiana** an der portugiesisch-spanischen Grenze noch den Hauptplatz, die Praça do Marquês de Pombal, mit Kirche, Obelisk und Terrassencafés aus! Stärken Sie sich dort,

bevor es auf derselben Strecke wieder zurückgeht, also über Monte Gordo, Altura und Manta Rota.

Einziger Unterschied: Schieben Sie unterwegs hinter Manta Rota unbedingt einen Kurzabstecher nach links nach **Cacela Velha** (➤ 79) ein, ein pittoreskes Minidorf mit grandiosen Ausblicken über die östlichsten Ausläufer des Parque Natural da Ria Formosa. Das beste Panorama bietet sich an der Dorfkirche. Danach kehren Sie auf die Hauptstrecke und zum Ausgangspunkt **Cabanas de Tavira** zurück.

5–6

Nach diesem Traumstück durch die Natur mag Monte Gordo mit seinen Apartmentkomplexen zunächst ernüchtern, doch die weiten Strandflächen des Urlaubsorts sind makellos. Radeln Sie über die Promenade und dann auf der Straße zwischen den Hotelkästen von Yellow und Vasco da Gama hindurch.

Parallel zur Straße beginnt fast am Ortsausgang von Monte Gordo ein richtiger Radweg. Nun hält die Ecovia in Kieferngebieten, die zum **Naturschutzareal** Mata Nacional das Dunas Litorais de Vila Real de Santo António gehören, geradewegs auf **Vila Real de Santo António** (➤ 76) zu. Die kleine Stadt ist gleichzeitig der Endpunkt der Ecovia. Vom Cabo de São Vicente im Westen bis hierher ist sie insgesamt 214 km lang.

KLEINE PAUSE

In Vila Real de Santo António empfiehlt sich eine Pause auf der Praça do Marquês de Pombal, wo große Terrassen zur Einkehr verlocken, darunter die des Puro Café. Zusätzliches Plus: Hier haben Sie die abgestellten Räder dauerhaft im Blick.

5 IN DIE NACHBARREGION ALENTEJO

Tour

LÄNGE: 490 km
DAUER: 4 Tage
START: Vila Real de Santo António ✝ 206 C2
ZIEL: Lagos ✝ 199 D2

Erkunden Sie den Alentejo, die nördliche, dünn besiedelte Nachbarregion der Algarve: Im ersten Teil der Strecke erwarten Sie die Weiten des Inlands, im zweiten die Schönheit der Küste. Lassen Sie sich von der Verzahnung der Kultur- und Naturziele überraschen! Hügelland, karge Weiten, fruchtbare Senken, sommerliche Gluthitze, Abkühlung an den Stränden des Alentejo Litoral (Küsten-Alentejo) – all dies gehört zu dieser vergleichsweise wenig entdeckten Region. Beachten Sie bei der Detailplanung, dass montags einige Museen und Monumente geschlossen sind, darunter auch die Burg von Mértola, das Regionalmuseum in Beja und das Stadtmuseum in Évora.

❶–❷

n **Vila Real de Santo António** staren Sie Kurs Nord-Nordwest. Zu Beginn flankieren die Salinen um Castro Marim die Landstraße IC-27. Bei der weiteren Anfahrt über die N-122 zum ersten Zwischenstopp **Mértola** nehmen Kiefern und Olivenhaine zu; 66 km trennen Vila Real de Santo António von Mértola. Hinter einer Biegung gerät das mittelalterliche Kastell von Mértola in Sicht, das Städtchen selbst fällt zum Rio Guadiana und der Ribeira de Oeiras hin ab. Stellen Sie Ihr Auto auf dem Parkplatz am Ortsrand ab und steigen Sie zum Burgberg mit seinem markanten Hauptturm Torre de Menagem hinauf. Direkt am Weg liegt ein anderes lohnendes Ziel: die leuchtend weiße Igreja Matriz, die einst aus einer Moschee hervorging. Und das sieht man ihr von innen noch deutlich an! Gläubige Christen verehren hier das Marienbildnis der Nossa Senhora de Entre as Vinhas (Unsere Liebe Frau zwischen den Weinbergen). Die Touristeninformation von Mértola liegt in der Rua da Igreja.

❷–❸

Ab Mértola geht es nordwestwärts weiter durch die Weiten des Alentejo in Richtung **Beja**, das 53 km entfernt liegt. Das Korkeichenterrain gewinnt Oberhand, Weingärten und Stierweiden bringen Abwechslung ins Landschaftsbild. Manche Telefonmasten sind mit Storchennestern besetzt. Es gibt kaum Dörfer, der Fahrzeugverkehr ist spärlich.

Beja öffnet sich dem Betrachter wie ein weißes kleines Häusermeer, die Einwohnerzahl liegt bei knapp 25 000 Menschen. Beziehen Sie Quartier in der Pousada de São Francisco (Largo D. Nuno Álvares Pereira, Tel. 284 31 35 80, www. pestana.com; €€–€€€), einem

Für Kulturliebhaber lohnt ein Besuch in Bejas Klarissinnenkloster Convento Nossa Senhora da Conceição (links).

einstigen Franziskanerkloster und späteren Regimentssitz. Hier können Sie außerdem hervorragend essen.

Besuchsziele in Beja sind die zinnengekrönte Burg, die Kathedrale und das in dem ehemaligen Klarissenkloster Convento Nossa Senhora da Conceição untergebrachte Regionalmuseum. Bum

In und um Évora nisten Störche auf vielen Gebäuden und Masten.

meln Sie auch über die Praça da República.

❸–❹

Die schier unendlichen Weiten des Alentejo begleiten Sie ab Beja rund 80 km weiter bis **Évora**, der sehenswertesten Stadt der Region. Die mauerumzogene Altstadt gehört zum Weltkulturerbe der UNESCO. Schauen Sie sich die Kathedrale (Sé) und das angegliederte Museum für Sakrale Kunst an, die freistehenden Reste des Templo Romano (Römertempels) und die schaurige, zur Igreja de

Sonnengelbe Blumenrabatten vor dem Templo Romano, Évoras Wahrzeichen

São Francisco gehörende Capela dos Ossos (Knochenkapelle). Unweit der Kathedrale liegt das Mu-

seu de Évora, ein interessantes Stadtmuseum, das sich der Archäologie und den Schönen Künsten widmet. Schönster Platz und Treffpunkt ist die teilweise von Arkaden gesäumte Praça do Giraldo mit dem Marmorbrunnen aus dem 18. Jh. und einigen Straßencafés.

Von hier aus lassen sich die weitere Altstadt, die Fußgängerzone und nette Gassen bestens entdecken. Außerhalb der imposanten Stadtmauern ist der Aquädukt aus dem 16. Jh. ein Blickfang.

Ein freundliches Dach über dem Kopf bietet das etwa 3 km südlich der Stadt gelegene Landgut Monte da Serralheira (Tel. 266 74 12 86, www.monteserralheira.com; €). Die Apartments sind für zwei bis vier Personen konzipiert. Ruhe finden Sie am Pool.

4–5

Ab Évora fahren Sie zunächst über Montemor-o-Novo nach Alcácer do Sal (historisches Burg- und Salzstädtchen am Rio Sado), dann an den Ausläufern der Serra de Grândola entlang bis **Santiago do Cacém**. Falls Sie an Kultur interessiert sind, halten Sie in Santiago do Cacém an, um die Hauptkirche und das römische Ruinenareal Miróbriga in Augenschein zu nehmen. Das Kastell ist prägnant, aber von innen ist es nicht zu besichtigen.

Das Restaurant Botequim da Mouraria in Évora serviert frische Petiscos (Häppchen).

5–6

Ziel der etwa 55 km langen Weiterfahrt ab Santiago do Cacém Richtung Süden ist eine Perle des Küsten-Alentejo: das an den Mündungstrichter des Rio Mira grenzende Städtchen **Vila Nova de Milfontes** mit seinen Stränden Franquia und Farol. Nett ist der Platz um das kleine Kastell mit einigen Restaurants in der Nähe. Etwas außerhalb liegt der Fischerhafen. 10 km nördlich finden Sie einen weiteren schönen Strand, die **Praia do Malhão**, zu der auch ein Küstenwanderweg führt. Etwa 3 km von Vila Nova de Milfontes entfernt liegt ein schönes Landquartier: Herdade do Freixial (Estrada

de S. Luís, Tel. 283 99 85 56, www.her dadedofreixial.com; €€).

6–7

Ab Vila Nova de Milfontes kehren Sie dann südlich über Aljezur wieder nach **Lagos** (➤ 132) an die Algarveküste zurück und fahren dazu noch mal etwas über 90 km.

Das quirlige Lagos pulsiert vor Leben. Hier finden Sie nette Unterkünfte ebenso wie den Sporthafen, Strände, die bizarren Felsformationen der Ponta da Piedade, die abends schön beleuchtete Altstadt – ein toller Abschluss dieser Tour!

6 IM PARQUE NATURAL DA RIA FORMOSA

Wanderung

LÄNGE: 3,8 km
DAUER: mindestens 1 Stunde
START/ZIEL: Parkplatz am Centro de Educação Ambiental
✚ 205 D1

Ideal, um einen kleinen, charakteristischen Teil des Parque Natural da Ria Formosa kennenzulernen, ist diese kurze Wanderung bei Olhão. Der Naturpark wird von Feuchtgebieten bestimmt. Dort haben Sie die Möglichkeit zum Birdwatching. Mit etwas Glück sehen Sie Störche, Flamingos und Seidenreiher. Fernglas, Sonnenschutz, Wasser und ein Picknick für eine kleine Verschnaufpause nach der Wanderung nicht vergessen! Am Parkplatz (▶Kasten 187) gibt es einen Picknickplatz. Einen nennenswerten Schwierigkeitsgrad hat der Naturlehrpfad nicht, es bleibt durchgehend flach. Der Weg ist auch gut für Familien mit Kindern 👫 geeignet.

❶–❷

Ab dem Parkplatz **(parque de estacionamento)** geht es geradeaus auf den Lehrpfad, der zunächst mit gelben Pfeilen gekennzeichnet ist. Linker Hand lassen Sie das Picknickareal **(piquenique)** unter Kiefern hinter sich, das Sie ganz zum Schluss noch einmal ansteuern. Die Strecke führt breit und flach durch das Inland. Biegen Sie bald nach links in einen etwas schmaleren, idyllischen Weg durch ein kleines Heckengebiet **(sebes)** ab.

❷–❸

Am Ende des Heckengebiets ist rechts ein alter Schöpfbrunnen **(nora)** vom Zahn der Zeit angenagt.

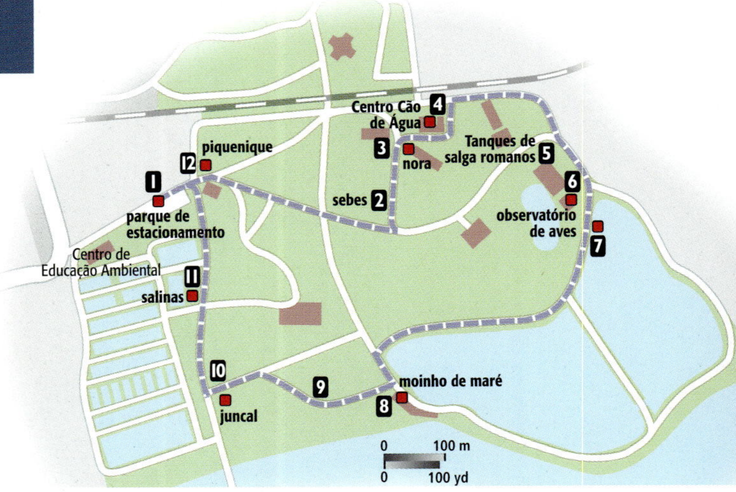

Blick aus dem Vogelbeobachtungshaus an der Strecke

🖪–🖪

Folgen Sie hinter dem Schöpfbrunnen dem Pfad nach rechts um das **Centro Cão de Água** (eine ehemalige Hundezuchtstation) bis zu einer T-Kreuzung: Dort geht es nach rechts.

🖪–🖪

Rechts des Wegs sehen Sie eine Kakteenhecke, Sumpfwiesenland und das Areal der Vogelpflege- und -aufzuchtstation. Hinter dem Zaun zur Linken verläuft die Bahnstrecke. Die Route beschreibt nun einen Rechtsbogen. Bleiben Sie auf dem breiten Hauptwanderweg, biegen Sie nicht auf Wegvarianten ab. Eine Ausnahme: Auf der rechten Seite verweist ein Schild auf römische Einsalztanks **(tanques de salga romanos)** aus dem 1. Jh., was nur einen Miniabstecher von etwa 30 m erfordert. Dahinter glitzert eine Seefläche durch.

🖪–🖪

Zurück auf dem Naturlehrpfad, folgt nun der schönste Teil der Wanderung mit Blicken über die Feuchtgebiete und Gelegenheiten zum Birdwatching. Dabei hilft ein erster Vogelbeobachtungsposten **(observatório de aves)** in Holzbauweise. Hier bzw. in den benachbarten Salzmarschen kommen Weißstörche, Purpurhühner und sogar

SO GEHT ES ZUM AUSGANGSPUNKT

1 km östlich der Stadtgrenze von Olhão liegt der Abzweig zum Centro de Educação Ambiental (Umweltbildungszentrum Quinta Marim) an der N 125, aber auf dem Hinweisschild steht lediglich »Ria Formosa«. Ab dem Abzweig sind es etwa 900 m auf einer Nebenstraße. Sie führt u. a. über Bahngleise, dann geht es links auf einen Parkplatz. An der Zufahrt liegt ein Infohäuschen, das in der Regel einen kleinen Übersichtsplan zum Lehrpfad und auch Infos zum Naturpark auf Deutsch bereithält. Das Umweltbildungszentrum selbst ist für diese Tour nicht interessant. Maßgeblich ist der Naturlehrpfad.

Spaziergänge & Touren

Flamingos vor, Teichrallen, Blässhühner, Seidenreiher, Graureiher,
Grünschenkel, Enten- und Möwenarten. Echte Langschnäbler sind
die Großen Brachvögel. Vogelbeobachtungen hängen natürlich vom
Tagesglück ab, ebenso von der
Jahreszeit. Auch die Vegetation im
umliegenden Parkgelände hat ihren Reiz: Sie besteht aus hoch-
stämmigen Kiefern, Kakteen,
Stechginster, Röhricht, Kräutern
sowie Sumpf- und Salzpflanzen.

6–7

Ein zweiter *observatório de aves*
liegt linker Hand des Wegs und
weist direkt zu den Salzmarschen,
hinter denen sich in gerader Linie
der Ort Armona auf der gelichnami-
gen Insel abzeichnet.

7–8

Auf dem Weg kommen Sie wunderbar nah ans Wasser heran, die
Ausblicke sind fantastisch. An einer Weggabelung bringt Sie ein
Linksabzweig zu einer Gezeitenmühle (**moinho de maré**), die noch
heute in Betrieb ist.

8–9

Die Gezeitenmühle hinter sich las-
send, geht es landeinwärts (etwas

versetzt parallel zum Wasser) auf
einem **Holzsteg** über Salzwiesen
hinweg.

9–10

Der Holzsteg mündet auf einen
breiteren Weg, dort nach links. Linker Hand befindet sich eine Röh-
richtzone (**juncal**).

10–11

An der nächsten T-Kreuzung geht
es nach rechts und dann nur noch
geradeaus. Einen interessanten Anblick bieten zum Abschluss die
kommerziell genutzten Salzbecken
(**salinas**) zur Linken.

11–12

Dann sehen Sie bereits das Pick-
nickgelände (**piquenique**), wo sich
der Kreis schließt. Hier können Sie
ein Picknick machen oder am
Ende des Rundwegs nach links
zum Parkplatz abbiegen.

Im Naturpark sind Stelzenläufer und Seidenreiher in ihrem Element.

Praktisches

Praktisches

WICHTIGE PAPIERE

● Erforderlich
○ Empfohlen
▲ Nicht erforderlich

	Deutschland	Österreich	Schweiz
Pass/Personalausweis	●	●	●
Visum	▲	▲	▲
Weiter- und Rückflugticket	▲	▲	▲
Impfungen (Tetanus und Polio)	○	○	○
Krankenversicherung (► 194, Gesundheit)	○	○	○
Reiseversicherung	○	○	○
Führerschein (national)	●	●	●
Kfz-Haftpflichtversicherung (Internationale Grüne Versicherungskarte)	●	●	●

REISEZEIT

Hauptsaison · Nebensaison

	JAN	FEB	MÄRZ	APRIL	MAI	JUNI	JULI	AUG	SEPT	OKT	NOV	DEZ
	15°C	16°C	18°C	20°C	22°C	25°C	28°C	28°C	26°C	22°C	19°C	16°C

Sonnig · Wechselhaft · Regnerisch · Bewölkt

Angegeben sind die durchschnittlichen Tageshöchsttemperaturen eines jeden Monats. Wer nicht von Schulferienzeiten abhängig ist, sollte die besten Zeiten im Frühling (April–Juni) und Herbst (Sept./Okt.) nutzen. Im Sommer kann es sehr heiß werden. Im Landesinneren ist es dann extrem trocken, an der Küste sorgt der Atlantik für ein wenig Erleichterung. Die Wassertemperaturen an den Stränden gehen bis etwa 23 °C hinauf, an der Westküste ist es kühler. Die Winter sind angenehm mild, was aber nicht bedeutet, dass man an der Algarve ohne Heizung auskommt! Die Badesaison reicht von März/April bis Oktober/November. Die Hotels (einige schließen im Winter) sind in der Nebensaison günstig und senken ihre Hochsaisonpreise um zuweilen weit über die Hälfte.

INFORMATION VORAB

Websites
www.visitalgarve.pt
www.visitportugal.com
www.visitalentejo.pt

www.portugalforum.de
www.algarve-reisen.com
www.icnf.pt
www.algarvetouristguide.com

www.algarveexperiences.com
www.lissabon.diplo.de
www.portugal-aktuell.de
www.portugiesisch-kurs.de

ANREISE

Mit dem Flugzeug: Der Internationale Flughafen von Faro, Portugals Drehkreuz des Südens, ist ab zahlreichen Flughäfen in Mitteleuropa erreichbar. Zwischen Frühjahr und Herbst wird Faro häufig und z. T. auch direkt angeflogen, u. a. von Air Berlin, Ryanair, Tuifly, Eurowings/Germanwings, Austrian und Swiss Air sowie von Portugals Flugline TAP Air Portugal. Im Winter gibt es generell nur deutlich eingeschränkte Verbindungen. Statt in Eigenregie die Reisebausteine zusammenzufügen, kann es durchaus sein, dass das Pauschalangebot eines Reiseveranstalters günstiger ist. Die Flugpreise sind im Sommer und in den Ferienzeiten (in Portugal dauern die Schulsommerferien meist von Ende Juni bis in den September hinein) am höchsten. Bei der Auswahl der Flugverbindungen helfen Vergleichsportale wie www.fluege.de und www.opodo.de.
Mit dem Auto: 2500 km fährt man im Durchschnitt ab Deutschland pro Strecke. Der Nachteil ist die Maut, dafür sind Sie flexibel und können auch Nordspanien oder Lissabon ansteuern.
Mit dem Zug: Interrail (http://de.interrail.eu/destinations/portugal) gibt es immer noch, aber eine Zugfahrt, z. B. über Paris und Irun dauert über 40 Stunden.
Mit dem Bus: Mit dem Europabus über Frankreich und Spanien anzureisen, ist zwar möglich, kommt aber allenfalls in Betracht, wenn man wie bei der Zug- oder Autofahrt ausreichend Urlaubszeit zur Verfügung hat. Über Ticketpreise (ca. 300 €) und Ziele informiert die Deutsche Touring GmbH (www.eurolines.de).

ZEIT

In Portugal gilt die westeuropäische Zeit (WEZ oder GMT, Greenwich Mean Time, Ende März–Ende Okt. Sommerzeit). Besucher aus Deutschland, Österreich oder der Schweiz müssen ihre Uhren um eine Stunde zurückstellen.

WÄHRUNG

Währung: Portugal gehört zur Eurozone.
Geldautomaten: In allen größeren Orten finden Sie Geldautomaten, an denen man mit den gängigen Bank- und Kreditkarten Geld abheben kann. Geheimzahl nicht vergessen! Mitunter ist eine Bedienung der Automaten in mehreren Sprachen möglich.
Kreditkarten: Banken, Hotels, Restaurants der mittleren bis gehobenen Kategorie, Autovermieter, Supermärkte sowie Einzelhandelsgeschäfte akzeptieren mehrheitlich die bekannten internationalen Kreditkarten. Bei Autovermietern muss man eine Kreditkarte als Garantie vorlegen.
Sperrnummer: Unter dem Sperr-Notruf können Sie in Deutschland aus dem Ausland unter Tel. 0049-30 40 50 40 50 (www.sperr-notruf.de) rund um die Uhr Kredit- und Mobilfunkkarten und elektronische Signaturen nach Verlust oder Diebstahl sperren lassen. Unter www.notrufnummer.at sind verschiedene Notfallnummern für Österreich aufgeführt. Wichtige Notfallnummern in der Schweiz: Tel. 0041-44 65 96 900 (Swisscard) und 0041-44 82 83 501 (UBS Card Center).

FREMDENVERKEHRSAMT FÜR DEUTSCHLAND, ÖSTERREICH UND DIE SCHWEIZ

Portugiesisches Fremdenverkehrsamt
Zimmerstr. 56
D-10117 Berlin
Tel. 030 254 10 60

www.visitportugal.com
E-Mail: edt.berlin@turismodeportugal.pt

Praktisches

FEIERTAGE

1. Januar Neujahrstag
März/April Karfreitag
25. April Jahrestag der Revolution von 1974
1. Mai Tag der Arbeit
10. Juni Nationalfeiertag
15. August Mariä Himmelfahrt
8. Dezember Mariä Empfängnis
25. Dezember Weihnachten

An Feiertagen sind die meisten Geschäfte geschlossen.

ERMÄSSIGUNGEN

Junge Leute: Museen geben auf Personal- oder Studentenausweis oft ermäßigte Eintrittskarten aus, kleinere Kinder haben meist freien Eintritt.
Senioren: Reisende über 65 Jahre erhalten ebenfalls in zahlreichen Museen Ermäßigungen.

ÖFFNUNGSZEITEN

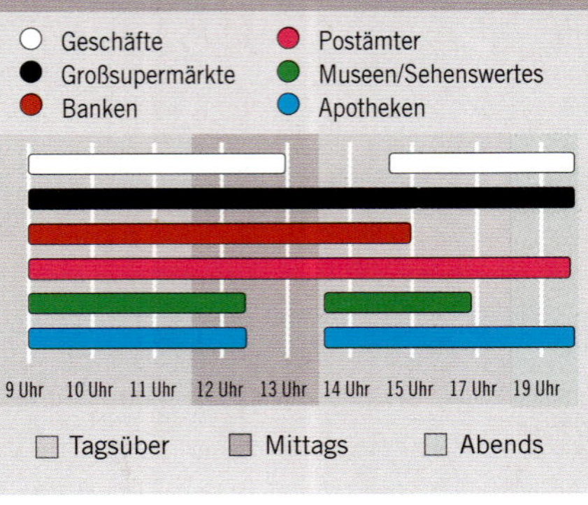

Geschäfte: oft Mo–Sa 9–13, 15–19 Uhr geöffnet
Einkaufszentren: oft tägl. 9–20/21 Uhr
Banken: Mo–Fr 8.30–15 Uhr
Postämter: Mo–Fr 9–18, Sa 9–12 Uhr, kürzer und/oder mitunter mit Mittagspause
Museen/Kirchen: häufig 9.30/10–12.30, 14–17 Uhr, meist montags geschlossen
Apotheken: 9–12.30, 14–19 Uhr, Notdienste länger

TRINKGELD

Im Tourismus, der vielfach Arbeitsplätze im Niedriglohnsektor mit sich bringt, wird man sich über ein Trinkgeld freuen. Dies setzt guten Service voraus.
Restaurant: 5–10 % des Rechnungspreises
Kneipe/Café: Aufrundung des Betrags
Taxi: allenfalls Aufrundung des Betrags
Gepäckträger: 1 € pro Gepäckstück
Zimmermädchen: 1–2 € pro Tag
Stadtführer: halbtags 1–2 €, ganztags 2–3 €
Toiletten: Kleingeld

ELEKTRIZITÄT

Das Stromnetz führt 220 Volt Wechselspannung, für Steckdosen braucht man in der Regel keinen Adapter.

ZEITUNTERSCHIED

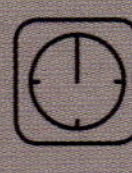

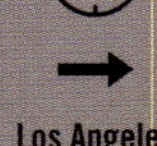

Faro	MEZ (Berlin)	London	New York	Los Angeles	Sydney
12 Uhr	13 Uhr	12 Uhr	7 Uhr	4 Uhr	21 Uhr

IN KONTAKT BLEIBEN

Post: Das Porto für Ihre Urlaubspost erhalten Sie in Postämtern. Karten und Briefe (0,70/1,90 €) nach Mitteleuropa brauchen im Schnitt vier bis fünf Tage, die Tarife steigen fast jährlich; einen aktuellen Portokalkulator finden Sie auf der Post-Webseite www.ctt.pt. Sendungen mit wertvollem Inhalt sollten Sie entweder als Einschreiben (*correio registado*) oder mit internationalen Kurierdiensten versenden.

Öffentliche Fernsprecher: Öffentliche Telefonzellen sind zunehmend mehr im Rückzug begriffen, doch es gibt sie noch. Statt herkömmlicher Telefonkarten gibt es eine Art Codekarten (mit Zugangscodes auf dem Zahlungsbeleg), erhältlich in Postämtern. Es können auch noch Münzen für  den Einwurf verwendet werden. Telefonate vom Hotel aus können schwer ins Geld gehen.

Internationale Vorwahlen:

Deutschland	00 49
Österreich	00 43
Schweiz	00 41
Portugal	00 351

Mobilfunkanbieter und -dienste: Mobiltelefone wählen sich auch an der Algarve automatisch über Roaming in das entsprechende Partnernetz ein. Die Kosten sind abhängig von Ihrem Vertrag, fragen Sie im Zweifelsfall vor der Reise Ihren Dienstanbieter. Alternative ist eine vor Ort erhältliche Prepaid-Karte. Die Nummern portugiesischer Handys beginnen im Übrigen mit 9.

WLAN und Internet: Hochgeschwindigkeitsinternet ist überall an der Algarve verfügbar, WLAN (portugiesisch: Wi-fi) weit verbreitet. Im Falle von Hotels ist es Sache des Hauses, ob WLAN kostenlos angeboten wird oder nicht. An der Algarve gibt es auch noch Internetcafés bzw. öffentliche Internet-Terminals mit älteren Geräten.

SICHERHEIT

Die Algarve ist nicht unbedingt ein gefährliches Pflaster. Polizeistationen gibt es in vielen Orten der Algarve. Sollten der Pass, die Kreditkarte oder andere Gegenstände abhanden gekommen sein, müssen Sie für Versicherung bzw. Ersatz zwecks Anzeige zur Polizei gehen.

■ Lassen Sie Wertsachen am Strand oder Pool niemals unbeaufsichtigt.

■ Hüten Sie sich auf Märkten, Volksfesten, in Kneipenzonen, Bahnen, Bussen und auf Bahnhöfen vor Taschendiebstahl, indem Sie die Tasche vor dem Bauch bzw. Bargeld am Körper tragen. Ein traditioneller Geldgürtel kann gute Dienste tun.

■ Lassen Sie das Gepäck nicht unbeaufsichtigt, während Sie am Schalter eines Autoverleihers oder auf die Kofferverladung in einen Bus warten.

■ Reduzieren Sie Ihre Bargeldbestände, die Sie über Tag mitnehmen, auf das Nötigste. Schließen Sie das Weitere bzw. andere Wertsachen im Hotelsafe ein, selbst wenn dies mit einer kleinen Extragebühr zu Buche schlagen kann.

■ Lassen Sie nie etwas offen im Auto liegen. Sämtliche Sachen gehören auch beim Verlassen des Fahrzeugs in den Kofferraum.

POLIZEI	112
FEUERWEHR	112
KRANKENWAGEN	112
NOTARZT	112

Praktisches

GESUNDHEIT

 **Krankenversicherung:** Reisende mit der Europäischen Krankenversicherungskarte haben denselben Anspruch auf öffentliche Gesundheitsversorgung wie die Portugiesen. Wenden Sie sich an das nächste Gesundheitszentrum (*centro de saúde*), in schwereren Fällen an die Notfallstation (*urgências*) eines Krankenhauses (*hospital*). Der Abschluss einer privaten Zusatzversicherung ist zu überdenken, doch studieren Sie vorher im Vertrag das berühmte Kleingedruckte!

 **Zahnärzte:** Die zahnärztliche Versorgung läuft privat. Bei der Kostenübernahme sollte Ihre Reiseversicherung einspringen.

 **Wetter:** Die Sonne scheint das ganze Jahr über reichlich. Schützen Sie alle exponierten Körperstellen vor Sonnenbrand, auch bei bedecktem Himmel. Wind ist ebenfalls trügerisch und führt schneller zu Sonnenbrand.

 **Medikamente:** Apotheken (*farmácias*) sind gewöhnlich Mo–Fr 9–13 und 14.30–19 Uhr sowie Sa 9–12.30 Uhr geöffnet. Der Not- bzw. Nachtdienst ist in den Fenstern der Apotheke angezeigt. Die Apotheker sind im Regelfall gut ausgebildet. Falls Sie einen Nachschub an Arzneien brauchen, die Sie regelmäßig einnehmen, sollten Sie die Packungsbeilage mit in die Apotheke nehmen.

 **Trinkwasser:** Das Wasser aus dem Hahn ist genießbar, obgleich nicht sehr schmackhaft. Besorgen Sie sich besser Mineralwasser mit Kohlensäure (*água com gás*) oder ohne Kohlensäure (*água sem gás*).

VORSICHT

Unterschätzen Sie die Wellen und Strömungen des Atlantiks nicht. Vorsicht ist auch wegen der meterhohen Unterschiede zwischen Ebbe und Flut geboten.

EINRICHTUNGEN FÜR BEHINDERTE

Rollstuhlgerechte Eingänge in Hotels etc. haben zugenommen. In Innenstädten gibt es speziell markierte Parkplätze und in öffentlichen Einrichtungen häufig separate Toiletten. Auskunft erteilt die Touristeninformation vor Ort.

KINDER

Portugal gilt zu Recht als kinderfreundlich, fröhliches Kindergekreische zu späterer Stunde ist durchaus normal. Besondere Attraktionen für Kinder sind durch oben stehendes Logo gekennzeichnet. Die Eintritte in Aqua-/Tier-/Vergnügungsparks etc. sind recht hoch.

TOILETTEN

Öffentliche Toiletten gibt es in Einkaufszentren und auch an einigen größeren Stränden.

ZOLL

Die Ausfuhr von Souvenirs, die von seltenen/gefährdeten Tierarten stammen, ist verboten bzw. genehmigungspflichtig. Für Schweizer (www.zoll.ch) gelten geringere Freigrenzen für Tabak und Spirituosen.

BOTSCHAFTEN UND KONSULATE IN LISSABON

Deutschland
☎ (00351) 218 81 02 10

Österreich
☎ (00351) 213 94 39 00

Schweiz
☎ (00351) 213 94 40 90

m Portugiesischen gibt es zwei besondere Ausspracheregelungen. Erstens die Nasalvokale mit einer Tilde (~, wie im Spanischen die Tilde auf dem ñ): So wird pão (Brot) ähnlich wie »pau« mit einem starken nasalen Klang ausgesprochen. Zweitens werden »s« und »z« oft wie ein schwaches »sch« artikuliert: notas (Banknoten) lautet dann mehr wie »notasch«.

IMMER ZU GEBRAUCHEN

Ja/Nein **Sim/Não**
Bitte (um etwas) **Se faz favor**
Danke **Obrigado (männlicher Sprecher)/
    Obrigada (weibliche Sprecherin)**
Bitte, gerne (als Antwort) **De nada/Foi um
    prazer**
Hallo/Auf Wiedersehen **Olá/Adeus**
Willkommen **Bem vindo/a**
Guten Morgen/Tag **Bom dia**
Guten Abend/Nacht **Boa noite**
Wie geht es Ihnen? **Como está?**
Gut, danke **Bem, obrigado/a**
Verzeihung **Perdão**
Entschuldigung, können Sie mir helfen?
    Desculpe, podia-me ajudar?
Mein Name ist … **Chamo-me …**
Sprechen Sie Englisch/Deutsch?
    Fala inglês/alemán?
Ich verstehe nicht **Não percebo**
Ich spreche nicht Portugiesisch
    Não falo português

IM NOTFALL: URGÊNCIA

Hilfe! **Socorro!**
Stopp! **Pare!**
Halten Sie den Dieb! **Apanhe o ladrão!**
Feuer! **Fogo!**
Gehen Sie weg, sonst schreie ich!
    Se não se for embora, começo a gritar!
Lassen Sie mich in Ruhe! **Deixe-me em paz!**

ZAHLEN

0	zero	16	dezasseis
1	um	17	dezassete
2	dois	18	dezoito
3	três	19	dezanove
4	quatro	20	vinte
5	cinco	21	vinte e um
6	seis	30	trinta
7	sete	40	quarenta
8	oito	50	cinquenta
9	nove	60	sessenta
10	dez	70	setenta
11	onze	80	oitenta
12	doze	90	noventa
13	treze	100	cem
14	catorze	101	cento e um
15	quinze	500	quinhentos

Ich habe meine Geldbörse/Brieftasche
    verloren **Perdi o meu portamoedas/a
    minha carteira**
Mein Pass wurde gestohlen **Roubaram-me o
    passaporte**
Rufen Sie bitte einen Arzt? **Podia chamar
    um medicó depressa?**

REISE

Auto **Automóvel**
Bus **Autocarro**
Bushaltestelle **Estação de camionetas**
Fahrkarte **Bilhete**
    Rückfahrkarte **Ida e volta**
    Einfach **Bilhete de ida**
Flughafen **Aeroporto**
Haltestelle **Estaçao**
Kirche **Igreja**
Krankenhaus **Hospital**
Markt **Mercado**
Museum **Museu**
Platz **Praça**
Schiff **Barco**
Straße **Rua**
Taxistand **Praça de táxis**
Zug **Comboio**
Ich habe mich verirrt **Estou perdida**
Wie viele Kilometer sind es bis …? **Quantos
    quilómetros faltam ainda para chegar a …?**
Hier/Dort **Aqui/Ali**
Links/Rechts **À esquerda/Á direita**
Geradeaus **Em frente**

WOCHENTAGE/TAGESZEITEN

Heute **Hoje**
Morgen **Amanhã**
Gestern **Ontem**
Heute Nacht **Esta noite**
Vergangene Nacht **Ontem à noite**
Morgens **De manhã**
Nachmittags **De tarde**
Später **Logo/Mais tarde**
Diese Woche **Esta semana**
Montag **Segunda-feira**
Dienstag **Terça-feira**
Mittwoch **Quarta-feira**
Donnerstag **Quinta-feira**
Freitag **Sexta-feira**
Samstag **Sábado**
Sonntag **Domingo**

Sprachführer

BANK/GELD

Bank **Banco**
Wo gibt es hier eine Bank?
   Onde há aqui um banco?
Geld **Dinheiro**
Banknoten **Notas**
Münze **Moneda**
Kasse **Caixa**
Kreditkarte **Cartão de crédito**
Post **Correio**
Postamt **Agência do correio**
Reisescheck **Cheque de viagem**
Scheck **Cheque**
Könnten Sie mir bitte Kleingeld geben?
   **Podia-me dar também dinheiro trocado,
   se faz favor?**

ÜBERNACHTEN

Gibt es …? **Há …?**
Ich hätte gern ein Zimmer mit Blick zum Meer
   Queria um quarto com vista para o mar
Wo ist der Notausgang/Fluchtweg? **Onde fica
   a saída de emergéncia lescada de
   salvação?**
Ist das Frühstück inklusive? **Está incluido o
   pequeno almoço?**
Hat das Hotel einen Zimmerservice? **O hotel
   tem serviço de quarto?**
Ich habe reserviert **Reservei um lugar**
Aufzug **Elevador**
Badezimmer **Casa de banho**
Balkon **Varanda**
Dusche **Duche**
Handtuch **Toalha**
Heißes Wasser **Água quente**
Hotel **Hotel**
Klimaanlage **Ar condicionado**
Nacht **Noite**
Schlüssel **Chave**
Telefon **Telefone**
Wasser **Água**
Zimmer **Quarto**
Zimmermädchen **Camareira**
Zimmerservice **Serviço de quarto**

RESTAURANT: RESTAURANTE

Kann ich einen Tisch reservieren? **Posso
   reservar uma mesa?**
Bitte einen Tisch für zwei Personen
   **Uma mesa para duas pessoas, se faz
   favor**
Wir möchten bitte die Speisekarte **Poderia
   dar nos a ementa, se faz favor**

Was ist das? **O que é isto?**
Eine Flasche … **Uma garrafa de …**
Alkohol **Álcool**
Bier **Cerveja**
Rechnung **Conta**
Brot **Pão**
Frühstück **Pequeno almoço**
Café/Kaffee **Café**
Abendessen **Jantar**
Mittagessen **Almoço**
Speisekarte/Menü **Ementa/Menú**
Milch **Leite**
Mineralwasser **Água mineral**
Pfeffer **Pimenta**
Salz **Sal**
Tisch **Mesa**
Tee **Chá**
Kellner **Empregado/a**

EINKAUFEN

Geschäft **Loja**
Wo bekomme ich …? **Em que loja posso
   arranjar …?**
Können Sie mir helfen? **Pode-me atendar?**
Ich suche … **Estou a procura de …**
Ich möchte … **Queria …**
Wie viel kostet das? **Quanto custa?**
Das ist zu teuer **Acho demasiado caro**
Ich nehme dies/diese **Levo este(s)/ esta(s)**
Größer **Maior**
Kleiner **Mais pequeno**
Offen/Geschlossen **Aberto/Fechado**

AUSSPRACHE DER STÄDTENAMEN

Évora	Éwora
Faro	Fáru
Lagos	Lágosch
Lisboa	Lischbóa
Monte Gordo	Montegordu
Sagres	Sságresch
Portimão	Portimau
Porto	Pórtu
Silves	Ssílvesch
Tavira	Tawíra

Reiseatlas

Kapiteleinteilung: siehe vordere Umschlaginnenseite

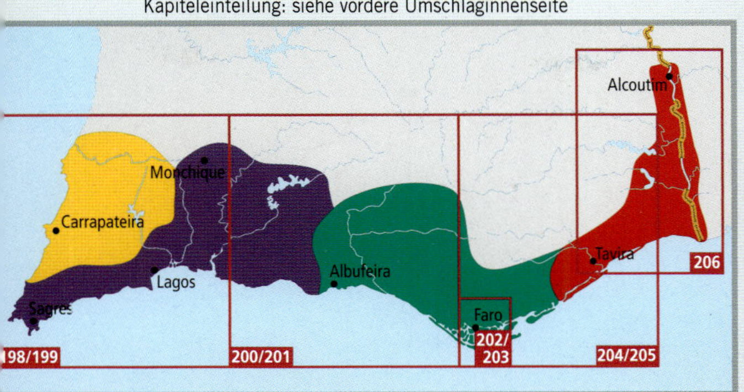

Legende

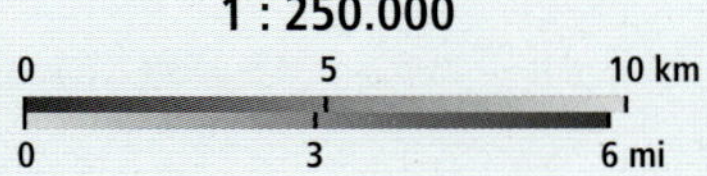

Oceano
Atlântico
A
B
C
Samouqueira
Esteveira
Vinagre
Bunheira
Azia
Rogil
Saice
Amoreira
Serominheiro
Carrascalinho
Praia da Carriagem
Praia de Monte Clérigo
45
Monte Clérigo
Castelo mourisco
Ponta da Atalaia
Aljezur
Igreja Nov
44
Monte da Gorda
Palmeirinha
Ponta da Arrifana
Arrifana
Vales
Ribeira de Alfambres
Vale F
Praia da Arrifana
46
Arrifana
114 m
Praia do Penedo
Canal de Bo.
Barranco da Vaca
Praia de Vale de Figueiras
268
Chabouco
120
Monte Novo
Monte Ruivo
Mesquita
115 m
Ribeira da Bordeira
Serr
47
Praia da Bordeira
Pontal
42 m
Carrapateira
Rib. da Carrapateira
Bordeira
48
Milharada
A
Praia do Amado
5
Praia da Murração
Vilarinha
Pedra Branca
178 m
Ber
268
Monteiros
138 m
Pedralva
Pardieiro
144 m
Barão de São João
Praia do Mirouço
Praia da Barriga
Pêro Queimado
Pedregos
Praia da Cordama
Mosqueiro
143 m
Barão de São Miguel
49
Praia do Castelejo
Torre de Aspa
156 m
N. S. de Guadalupe
Vila Algarviana
Raposeira
Budens
Vale de Boi
Ponta Ruiva
VILA DO BISPO
125
Figueira
Burgau
84 m
Praia d. Ponta Ruiva
Santo Antonio
Hortas do Tabual
Barrancão
Burga
42
Praia do Telheiro
Figueira
93 m
Salema
Ponta de Almádena
Zavial
Praia do Vale de Figueiras
Praia de Figueira
Praia da Salema
Praia de Almádena
Praia do Boca do Rio
Praia do bu
Grutas do Monte Frances
Ponta da Torre
Praia do Zavial
Praia da Ingrina
Praia d. João Vaz
Praia do Barranco
Cabo de São Vicente
268
268
Beliche
Enseada
Pousada do Infante de Belixe
43
Sagres
Forta- leza
Ponta de Sagres
Praia do Tonel
Praia de Mareta
Ponta da Atalaia
Enseada da Baleeira
Ponta da Torre
Praia d. Rebolinhos
Praia da Martinhal
198

Zambujeira
Galé de Baixo
Galé de Cima
Giraldo
Besteiro
Pêro Negro
Ameijoafra
Abutaireira
Arvores
Corcino
Guena
Alamos 181 m
Pincho
Foz do Besteiro
Foz do Arroio
Chã da Casinha
Foião
Pacil
Portela
Marmelete
Picos 574 m
Gralhos
Pé do Frio
Maçarotal
Zebro
Vale de Agua
Malhão
Romeiras
Tojeiro
Três Figos
Vale da Horta
Barranco do Milho 217 m
Autódromo
Espinhaço de Cão
Ribeira de Seixe
Ribeira E Perna da Negra
Foz do Carvalhoso
Ladeira de Cima
Brejo
Mesquita 516 m
Carvalho
Foz do Farelo
Pedras Juntas
Peso
Boucinhas
32
SERRA DE MONCHIQUE
Barranco dos Pisões Garganta
Cabeços
Umbria
Alferce
Cabeça de Aguia
Malhada Quente
267
Monchique
Fóia 902 m
Meia Viana
Picota 773 m
Barragem de Odelouc
266-3
266
Belém
Nave
Ladeira
Gil Bordalo
Barranco do Banho
Caldas de Monchique
Picota
Fornalha
267
Caldas de Monchique
Barração
DISTRITO
40
Embarradoiro
Ribeira das Canas
Cavaca 229 m
Chiqu 237
Montes de Cima
Moinho da Rocha
Ribeira da Torre
Ribeira da Boina
200
Barragem da Bravura
Túmulos de Alcalar
Castelo Belinho 105 m
Odelouca
266
Furadouro 112 m
124
Almarjã
Monte Ruivo 133 m
Odiáxere, Mexilhoeira Grande
Porto de Lagos
Reguengo
Portimão Norte
Arrochela
Vend
Contifo
Arão
Ruivo
3
Portimão Oeste
4
Torre
Donalda
5
124
A 22
IC 4
Mexilhoeira Grande
Chão das Donas
Estomb
Lagos, Odiáxere
2
125-9
Petra Branca
Odiáxere
125
Penina
Montes de Alvor
São Sebastião
Cardosas
Grutas de Ibne Ammar
Rio Arade
Mocho
Parchal
Portelas
1
Cerro Ruivo
Alfarrobeira
Abicada
Pirra
Vale da França
Portimão
slide & splash
Colégio
120
Sargaçal
Caldeiroa
Torre
Vale de Lama
São
36
Seixosas
Louzeira
Portelas
Caliças
40
Alvor
39
Vau
37
Ferragudo
Mato Serrão
Sesmarias
Monte Judeu
Marateca
Meia Praia
Ria de Alvor
38
Mont Carv
Alto da Cerca
Falfeira
Alhardeira
Meia Praia
Ponta do Altar
3
Ferrel
125
Santo Antaro
Baía de Lagos
Praia da Rocha
Carvoeiro
piche
Calicos
31
Lagos
Praia d. Alvor
Praia dos Três Irmãos
Praia do Vau
Praia da Rocha
Praia d. Ferragudo
Praia d. Caneiros
Praia d. Vale da Lapa
2
Praia d. Carvo
Luz
41
Porto de Mós
Torralto
Praia d. Dona Ana
Praia d. Camilo
Ponta da Piedade
Praia da Luz
Praia d. D. Maria
Praia d. Canavial
Praia de Porto de Mós
I
199

Perna da Negra
Serra da Carapinha
Joios
Monte Ruivo
Baião
Telhade
A
B
Mesquita 516 m
Carvalho
Monte Velho
São Marcos da Serra
Ladeira de Cima
Brejo
Cansino
Silveira
IC 1
Ramos
Pomba
266
Sapeira
Sela 353 m
Seiceira
Barranco dos Pisões Garganta
32
MONCHIQUE
Peso
Cabeços
Umbria
Alferce
Talurdo
Pego Escuro
Monte Branco
Cabeça de Aguia
267
Malhada Quente
Barragem de Odelouca
Ribeira de Odelouca
Monchique
Fóia 902 m
266-3
Picota 773 m
Barragem do Funcho
São
Belém
Nave
266
Meia Viana
Picota
Fornalha
Funcho
Pedreiras
Gil Bordalo
Barranco do Banho
Caldas de Monchique
DISTRITO DE FARO
Vale Fuzeiros
Gregórios
Cortes
Caldas de Monchique
Barracão
Chiqueiro 237 m
Barragem de Arade
Casa Queimada
Alfa
Ribeira das Canas
Barranco do Resgalho
Cumeada
124
Nora
Cavaca 229 m
Ribeira da Boina
Via Algarviana
Norinha
Ribeira de Arade
Franqueira
Moinho da Rocha
Castelo Belinho 105 m
266
Odelouca
Silves (arab.: Xelb)
34
Alvados e Fontes
199
Furadouro 112 m
124
Almarjão
Figueirinha
Vale da Vila
Ribeira Alta
Porto de Lagos
Sé Catedral
Medeiros
Malhão
Mesquita
Reguengo
Portimão Norte
Arrochela
269
Montes Grandes
Portimão Oeste
4
5
Venda Nova
Algo
Torre
Donalda
124-1
Lagoa
6
Poço Fundo
Fonte da Matosa
269-1
Seixosas
125
Chão das Donas
124
Estômbar
Loubite
Sobral 102 m
IC 4
Alcantarilha
7
Algoz
8
Penina
Montes de Alvor
Cardosas
Rio Arade
Grutas de Ibne Ammar
Lagoa
Vale de Lousas
Aqualand
São Sebastião
Mocho
Parchal
slide & splash
Sr. do Carmo
125
Porches
Alcantarilha
Pirra
Vale da França
37
Portimão
Seixosas
Lombos
269-1
Quintão
Pêra
Zooma Par
39
Vau
36
Ferragudo
Sesmarias
124-1
Salicos
Porches Velho
Aldea Mourisca
33
Mato Serrão
Monte Carvoeiro
35
Alfanzina
Caramujeira
Pontal
Armação de Pêra
Morga das Relv
Praia d. Alvor
Praia dos Três Irmãos
Praia do Vau
Praia da Rocha
38
Ponta do Altar
Praia d. Ferragudo
Carvoeiro
Algar Seco
Cabo Carvoeiro
Benagil
Nossa Senhora da Rocha
Praia da Armação de Pêra
Sesm
Praia d. Caneiros
Praia d. Vale da Lapa
Praia d. Carvoeiro
Praia de Vale Centianes
Praia do Carvalho
Praia de Benagil
Praia da Marinha
Praia da Albandeira
Praia da Senhora da Rocha
Praia d. Cova Redonda
Praia do Evaristo
Praia da Galé
Ponta d'O
200
A
B
C

Corte Figueira
Azilheira
Renda
Soeiras
Pampilhais
Vale de Hortas
Santa Suzana
Várzea Redonda
Brunheira
Cansados
Ribeira de Odelouca
Moimentos
Mudo 577 m
Felizes
Perna Seca
Gralha 425 m
São Barnabé
Corte do Cabo
Cravais
Vale Fontes
Moita Redonda
Palheiros
Aguas Frias
Sitio das Eguas
537 m
Monte Alto
Zebro
Zambujal
Malhão
Sobreira Formosa
Ribeira de Arade
Vale Figueira
Gavião de Cima
Curral
Sobradinho
Pé do Goelho
Alcaria
Freixo Seco
Gavião de Baixo
João Andrês
Azinhal
Cortinhola
São Pedro
São Bartolomeu de Messines
Pico
Vale
Alto Cerro
Macheira
Sarnadas
Rocha dos Soidos 467 m
Rocha da Pena 479 m
Penina
Rocha
Brazieira
Pé da Serra
São Bartolomeu de Messines
281 m Gralheira
Portela
Torre
Santa Margarida
Alte
Benafim Pequeno
Ribeira de Alte
Paço
Castelo mouro
Amorosa
Messines
Benafim
Peña
Montes de Cima
Covõ
Ifarrobeira
Monte Branco
Monte da Charneca
Monte Brito
Zimbral
Nave do Barão
Barrocal
Calvos
Abelheira
Areeiro
Carrasqueira
Rocha Amarela
Esteveira
Alto Fica
Fonte B
Carrasqueira
Barranco Longo
Esteval dos Mouros
Lentiscais
Espargal
Aldeia da Tôr
Alta Ferrarias
Krazy World
Amendoais
Aldeia dos Matos
Paderne
Aldeia Grande
Ribeira de Algibre
Cerro
204
Alfeição 321 m
Alfeição
Tunes
Tunes Gare
Amoreira
Serra 96 m
Cerca Velha
Estela Montes
Vale Rodrigo
Gilvrazino
Picota
Soalheira
Alto da Serra
Cerro do Ouro
Mem Moniz
Centieira
Paderne
Aroal
Alcaria
Campina
Boliqueime
Monte Zorros
Senhora da Piedade
Assumada de Aljoz
Canais de Albufeira
Malhadais
Agostas
Boliqueime
Valverde
Albufeira
Ataboeira
Cotovio
Vale Covo
Pedra de Agua
Cabeço de Câmara 227 m
Loulé
Guia
Texugueiras
Ferreiras
Fontainhas
Maritenda
Vale do Judeu
Zoomarine Park
Tavagueira
Vale da Ursa
Alpouvar
Pinhal Patã
Azinhal
Pereiras
Vale d Egua
Terras Novas
Brejos
Branqueira
Vale de Carros
Quinta da Quarteira
Cerro de Agua 116 m
Oura
Olhos d'Água
Cerro da Vila (Vila Romana)
Vilamoura
Quarteira
Ferrarias
Sesmarias
Albufeira
Forte Novo
Praia do Castelo
Praia d. Baleeira
Praia d. São Rafael
Praia da Coelho
Praia d. Albufeira
Praia d. Oura
Praia da Balaia
Praia d. Maria Luisa
Praia d. Olhos de Água
Praia d. Falésia
Praia dos Tomates
Praia da Quarteira
Vale do Lobo
Praia d. Trafal
Praia d. Vale do Lobo
Praia do An
Ponta do Castelo
Ponta do Evaristo
201

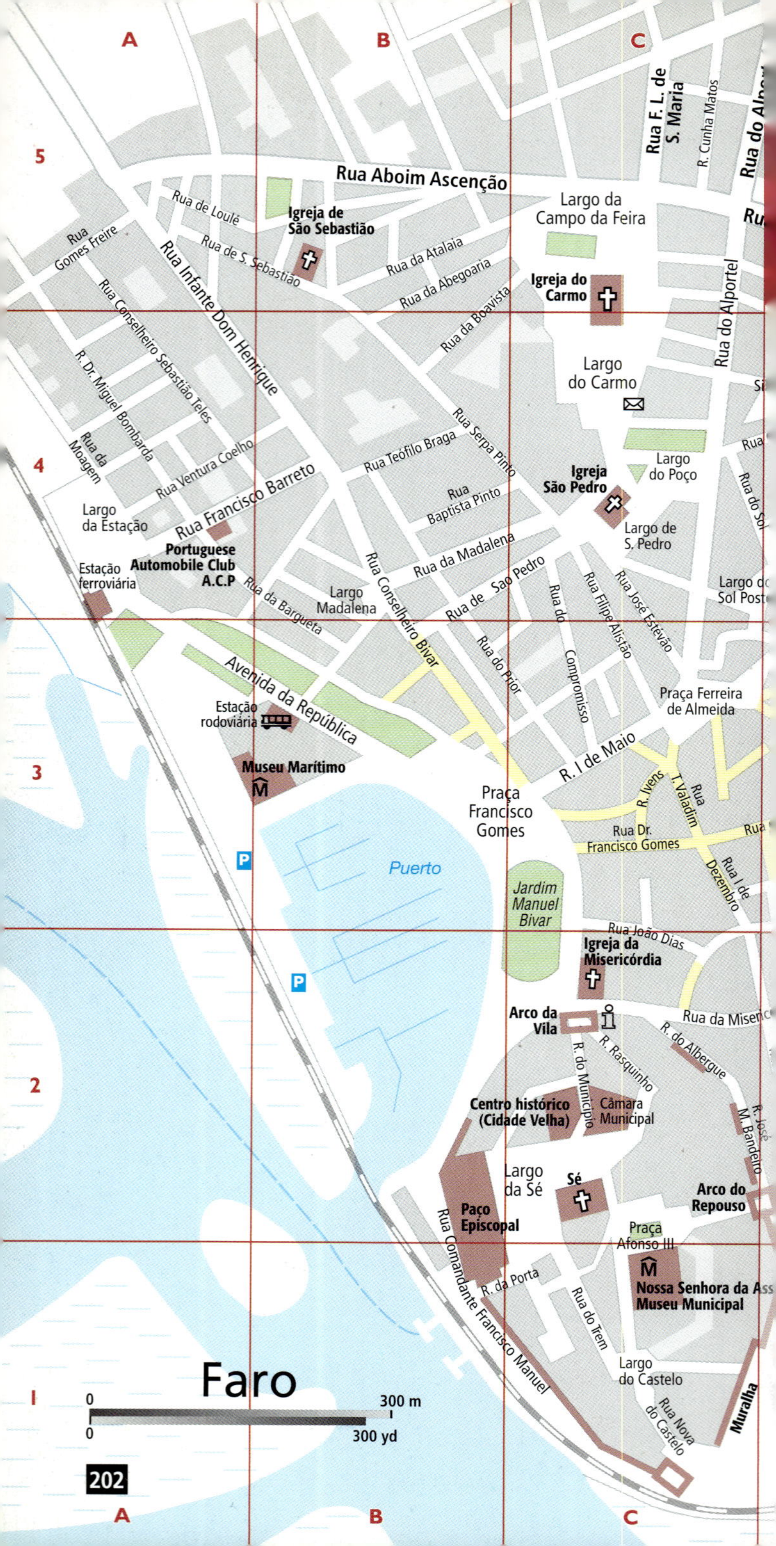
A
B
C
5
Rua Aboim Ascenção
Rua de Loulé
Rua de S. Sebastião
Igreja de São Sebastião
Rua da Atalaia
Rua da Abegoaria
Rua da Boavista
Rua F. L. de S. Maria
R. Cunha Matos
Rua do Alb...
Largo da Campo da Feira
Igreja do Carmo
Ru...
Rua Gomes Freire
Rua Conselheiro Sebastião Teles
Rua Infante Dom Henrique
R. Dr. Miguel Bombarda
Rua da Moagem
Rua Ventura Coelho
Largo do Carmo
Rua do Alportel
4
Largo da Estação
Estação ferroviária
Portuguese Automobile Club A.C.P
Rua Francisco Barreto
Rua da Bargueta
Largo Madalena
Rua Conselheiro Bivar
Rua Teófilo Braga
Rua Serpa Pinto
Rua Baptista Pinto
Rua da Madalena
Rua de São Pedro
Igreja São Pedro
Largo de S. Pedro
Rua Filipe Alistão
Rua José Estêvão
Rua do Sol
Largo do Poço
Largo do Sol Poste
Rua do Prior
Rua do Compromisso
Praça Ferreira de Almeida
Avenida da República
Estação rodoviária
Museu Marítimo
3
Puerto
R. I de Maio
R. Ivens
T. Valadim
Rua Dezembro
Rua Dr. Francisco Gomes
Praça Francisco Gomes
Jardim Manuel Bivar
Rua João Dias
Igreja da Misericórdia
P
P
Arco da Vila
Rua da Miseric...
R. do Albergue
2
Centro histórico (Cidade Velha)
R. do Município
R. Rasquinho
Câmara Municipal
R. José M. Bandeiro
Largo da Sé
Sé
Arco do Repouso
Muralha
Paço Episcopal
Rua Comandante Francisco Manuel
R. da Porta
Praça Afonso III
Nossa Senhora da Ass Museu Municipal
Rua do Trem
Largo do Castelo
Rua Nova do Castelo
Faro
0   300 m
0   300 yd
202
I
A
B
C

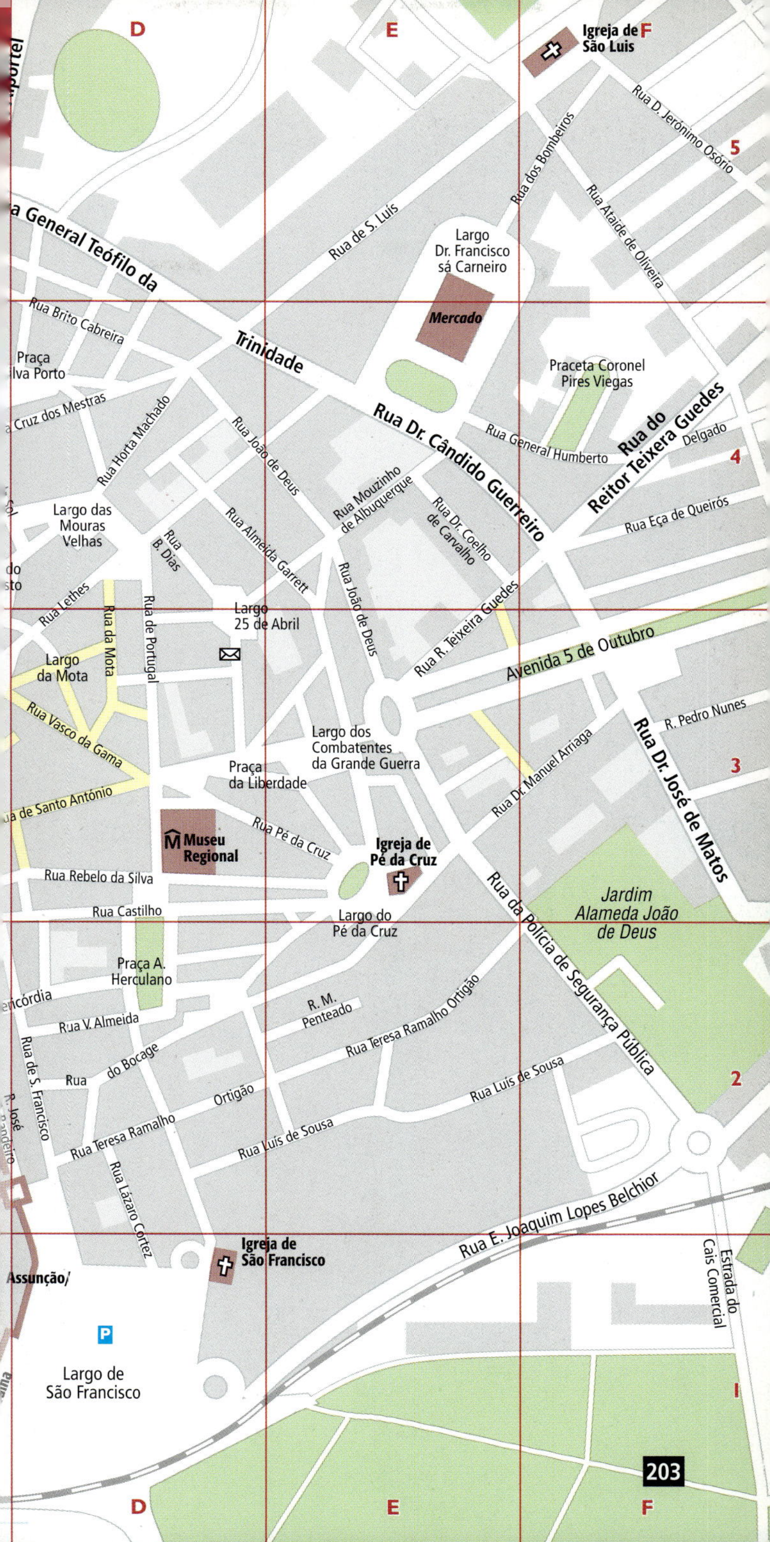

D
E
Igreja de São Luis
F
Rua D. Jerónimo Osório
5
Rua dos Bombeiros
Rua Ataíde de Oliveira
Rua General Teófilo da
Rua de S. Luís
Largo Dr. Francisco sá Carneiro
Rua Brito Cabreira
Mercado
Praceta Coronel Pires Viegas
Praça Silva Porto
Trinidade
Rua do Reitor Teixeira Guedes
Cruz dos Mestras
Rua Horta Machado
Rua Dr. Cândido Guerreiro
Rua General Humberto
Delgado
4
Rua João de Deus
Rua Mouzinho de Albuquerque
Rua Dr. Coelho de Carvalho
Rua Eça de Queirós
Largo das Mouras Velhas
Rua Almeida Garrett
Rua B. Dias
do sto
Rua Lethes
Largo 25 de Abril
Rua João de Deus
Rua R. Teixeira Guedes
Rua da Mota
Rua de Portugal
Largo da Mota
Avenida 5 de Outubro
R. Pedro Nunes
Rua Vasco da Gama
Largo dos Combatentes da Grande Guerra
Rua Dr. Manuel Arriaga
Rua Dr. José de Matos
3
ua de Santo António
Praça da Liberdade
Museu Regional
Rua Pé da Cruz
Igreja de Pé da Cruz
Rua Rebelo da Silva
Rua da Polícia de Segurança Pública
Jardim Alameda João de Deus
Rua Castilho
Largo do Pé da Cruz
Praça A. Herculano
oncórdia
R. M. Penteado
Rua V. Almeida
Rua Teresa Ramalho Ortigão
Rua de S. Francisco
Rua do Bocage
Rua Luís de Sousa
2
Ortigão
R. José
Rua Teresa Ramalho
Rua Luís de Sousa
Rua Lázaro Cortez
Rua E. Joaquim Lopes Belchior
Estrada do Cais Comercial
Assunção
Igreja de São Francisco
P
Largo de São Francisco
1
D
E
F
203

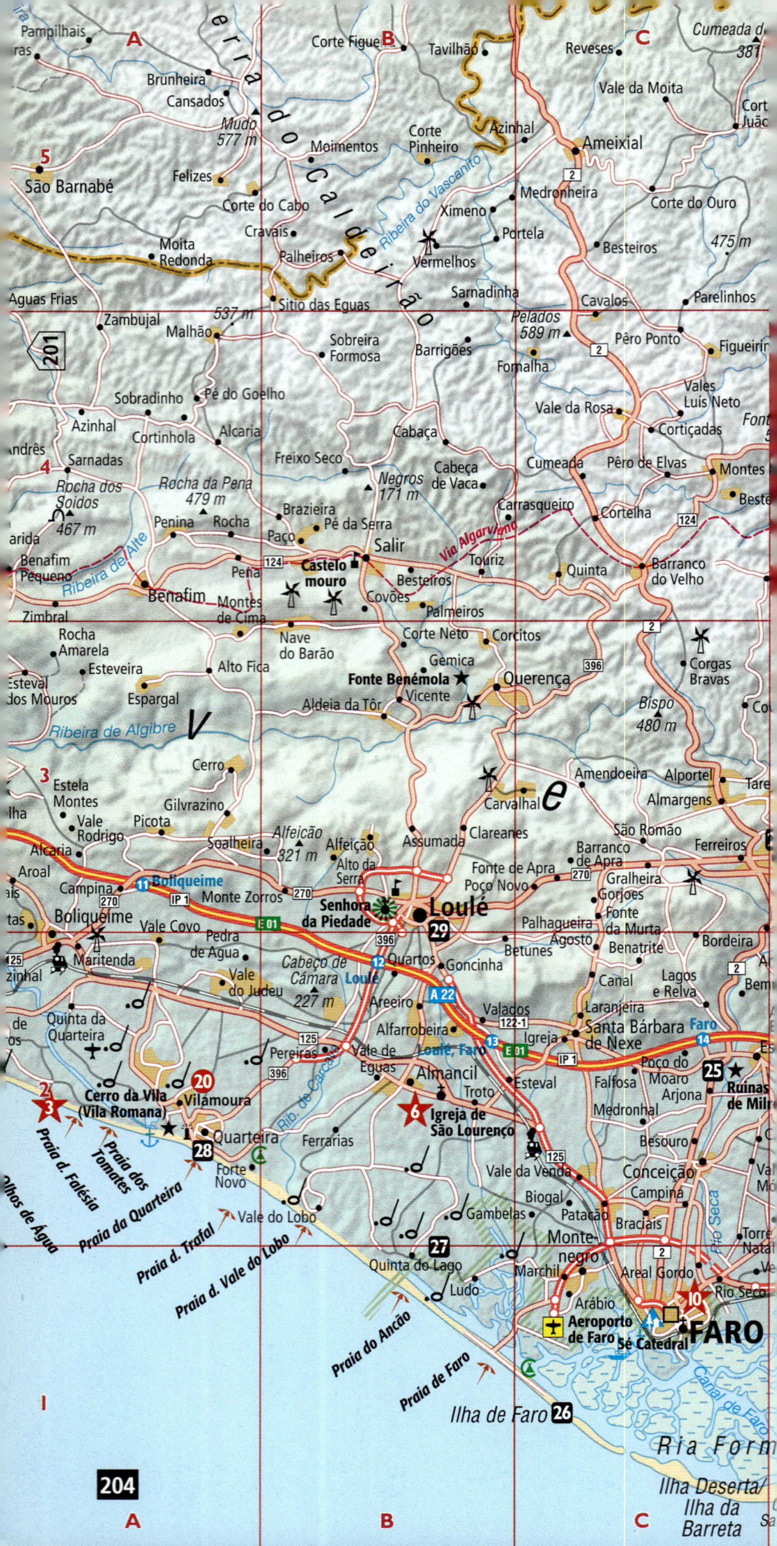

Pampilhais
Brunheira
Cansados
Mudo 577 m
São Barnabé
Felizes
Corte do Cabo
Cravais
Moita Redonda
Palheiros
Aguas Frias
Sitio das Eguas
Zambujal
537 m
Malhão
Pé do Goelho
Sobradinho
Azinhal
Cortinhola
Alcaria
Freixo Seco
andrês
Sarnadas
Rocha dos Soidos 479 m
Rocha da Pena 479 m
Negros 171 m
Penina
Rocha
Brazieira
Pé da Serra
Paço
Salir
467 m
arida
Benafim Pequeno
Ribeira del Alte
Peña
Castelo mouro
Besteiros
Covões
Palmeiros
Benafim
Montes de Cima
Zimbral
Rocha Amarela
Nave do Barão
Corte Neto
Corcitos
Esteval dos Mouros
Esteveira
Alto Fica
Gemica
Fonte Benémola
Querença
396
Espargal
Vicente
Aldeia da Tôr
Bispo 480 m
Ribeira de Algibre
Cerro
Amendoeira
Alportel
Estela Montes
Gilvrazino
Carvalhal
Almargens
Vale Rodrigo
Picota
Soalheira
Alfeição 321 m
Alfeição
Assumada
Clareanes
São Romão
Ferreiros
Alcaria
Alto da Serra
Fonte de Apra
Barranco de Apra
Gralheira
Aroal
Campina
Boliqueime
Monte Zorros
270
Poço Novo
270
Gorjoes
Fonte da Murta
Boliqueime
IP 1
Loulé
Vale Covo
Pedra de Agua
Senhora da Piedade
396
Palhagueira
Agosto
Benatrite
Bordeira
125
Maritenda
Cabeço de Cámara 227 m
Loulé
Quartos
Goncinha
Betunes
Canal
Lagos e Relva
zinhal
Vale do Judeu
Areeiro
A 22
Valados
122-1
Laranjeira
Santa Bárbara de Nexe
Faro
Quinta da Quarteira
Pereiras
125
Vale de Eguas
Alfarrobeira
Igreja
Loulé, Faro
E 01
IP 1
Esteval
Falfosa
Poço do Moaro Arjona
14
25
Cerro da Vila (Vila Romana)
Vilamoura
Quarteira
Almancil
Troto
Medronhal
Ruinas de Milr
Praia d. Tomates
Praia d. Falésia
Forte Novo
Ferrarias
Igreja de São Lourenço
125
Vale da Venda
Besouro
Conceição
Campiná
ilhos de Água
Vale do Lobo
Biogal
Gambelas
Patacão
Braciais
Rio Seca
Praia da Quarteira
Praia d. Trafal
27
Monte-negro
Marchil
Areal Gordo
Rio Seco
Praia d. Vale do Lobo
Quinta do Lago
Ludo
Arábio
10
FARO
Praia do Ancão
Aeroporto de Faro
Sé Catedral
Praia de Faro
Ilha de Faro
26
Canal de Fa
RIA Form
204
Ilha Deserta
Ilha da Barreta

Malhão
Estradas
Barroso
Monte de Argil
Ferrarias
Mesquita
Alcaria Queimada
D
E
F
Arrizada
Pão Duro
Vaqueiros
Zambujal
Soud
Marques
Corte Serranos
Mafrade
Preguiças
Via Alga
124
Vale de Odre
Monchique
Lagoa 333 m
5
Mealha
Amoreira
Madeiras
Bentos
Galaxos
Ribeira de Odeleite
Fe
Redonda
Casas Baixas
Fernandilho
Jardos
Várzea
Cachopo
Passa Frio
Garcia
Galego
Azinhosa
Alcarias
Preguiça
Almarginho
124
Botareo 493 m
Grainho
Alta Mora 276 m
Currais
Taipas
Fonte do Corxo
Medronheira
Vales
397
Alcaria
Cabaços
Funchosa
ha
Raja 541 m
Feiteira
Alcaria Alta
Portela
Cabeça Gorda
Vale da Rosa
Chitac
DISTRITO DE FARO
Novos
Castelão
Cortelha
Mercador
Carne Cerva
Beliche do Cerro
Umbrias de Camacho
4
irinhos
Parizes
Cabanas
Ceróis
Peralva
Garrobo
Tafe
Pocilgoes
Vale Covo 115 m
Campeiros
Javali
Lajes
Amendoeira
Aguas dos Fusos
Borracheira
Alcaria
Vale de Ebros
Cerro
Alcaria do Cume 525 m
Malhada de Algarvai
Taleiros
Cotovio
Mig
Serra de Alcaria do Cume
Carvalhal
397
Corte Besteiros
Estorninho
Malhado do Judeu
Alcorvel
Casas Altas
Ribeirinha
Malhada de Santa Maria
206
Corte de Agua
Cortalha
Agua de Tábuas
Tábuas 503 m
Malhada do Rico
Vale da Murta
Malhada de Santa Maria
Carriço
ova da Muda
Sitio do Bemparece
Fornalha
Zimbral
Malhada do Peres
Ribeira de Alportel
Porto Carvalhoso
Umbria
Malhada do São
Palheirinhos
Currais Boieiros
eja
Bico Alto
Barroso
Várzeas do Vinagre
Morenas
Eira do Palma
3
Vigia 240 m
Eiras Altas
IP 1
Mealhas
Santa Catarina da Fonte do Bispo
Soalheira do Pereiro
Cascata Moinhos da Rocha
E 01
Valongo
24
Mesquita
270
Fonte do Bispo
Paúl
São Marcos
397
125
São Brás de Alportel
Alcarias
Marco
Asseca Malhão
Mato do Santo Espírito
Machados
Desbarate
398
Monte Agudo
Tavira
16
Santa Margarida
Azinhal e Amendoeira mposta
Ribeira de Asseca
Santo Estevão 118 m
Santo Estevão
270
7
Tavira
Jordana
Foupana
IP 1
Campina
Sinagoga
Bernardinheiro
Castelo
Alcaria Branca
Barranco de São Miguel
E 01
Esteiramentens
Brejo
São Pedro
Estol
Azinheiro
15
Grutas de Moncarapacho
Gonçalves
Pedras d'el Rei
18
Santa Luzia
Serra de Monte Figo
Moncarapacho
Cabeça
Pés do Cerro
Gião
Belmonte
Luz
Arroio
19
Ilha de Tavira
Ireu
Fornalha
Maragota
Pinheiro
125
Arrotoia
Praia de Barril
Chaveca
2-6
Alecrineira
Poço Longo
Boavista
Torre de Ares
Pechão
Paraíso
398
Bias do Norte
Fuseta
Praia de Olhão
Galvana
Brancanes
Quelfes
Ana Velha
Bela Romão
22
re de tal
Belmonte
Arrochela
Marim
Bias do Sul
Barra da Fuseta
Vergílios
125
Olhão
Quinta do Marim
Ilha da Armona
Praia da Fuseta
Golf of
4
Parque Natural
23
Ilha da Culatra
9
Praia da Armona
Cádiz
da Ria Formosa
I
mosa
Farol
Praia d. Culatra
Praia de Hangares
205
Cabo de Santa Maria
Praia do Farol
D
E
F

Vento
Almoinha Velha
Espiritu Santo
A
Vicentes
Colgadeiros
B
Mesquita
C
Mina de Santa Catalina
Granado 318 m
Los Cuarteles de Gil
El Gran
Bartolomeu e Via Glória
Gato
Sedas
Monte Vascão
Rio Guadiana
Besteiros
Zambujal
Afonso Vicente
Sapateiro 194 m
5
Alcarias de Javazes · 200 m
IC 27
Santa Marta
Cortes Pereiras de Cadavais
Sanlúcar de Guadiana
Clarines
Coita
Ribeira de Cadavais
Corte Tabelião
Alcoutim
Farelos
Cerro da Vinha
Tesouro
122-1
Viçoso
Velhas
Vicentes
Pereiro
Corte da Seda
Marmeleiro
ria Alta 289 m
Alcaria Alta
Tacões
124
Torneiro
Puerto Carbón
Marim
Fornalha 273 m
Balurcos
Balurcos 226 m
a Justa
Alcaria
IC 27
Montinho das Laranjeiras
El Romerano
4
Fonte Zambujo
Palmeira
Laranjeiras
Guerreiros do Rio
upana
Mesquita
Alcaria Queimada
Corte das Donas
Alamo
ros
Zambujal
Soudes
Via Algarviana
Corte de São Tomé
Tenencia
Foz de Odeleite
Casas de la Pa
Mafrade
Preguiças
Corte Nova
Vale de Pinheiro
Furnazinhas
Ribeira de Odeleite
Fortes
Montinho
122
Odeleite
Casas Esparter
Bentos
Galaxos
Carvalhinhos
Barragem de Odeleite
Alcaria
nandilho
Jardos
Várzea
Choça Queimada
Fonte do Penedo
Rio Guadiana
3
Preguiça
Monte de Baixo Grande
Corujos
Portela Alta
Almada de Ouro
Alcarias
Estrada
Murteira
8
Alcaria
Alta Mora 276 m
Magoito
Quebradas 190 m
Piçarral
Cabeça Gorda
Cabaços
Funchosa
Corte do Gago
Sentinela
Azinhal
F A R O
Poço dos Negros
Marroquil
Alcarias Beliche
Barragem de Beliche
Beliche
IC 27
va
Beliche do Cerro
Chitados
Murtal
Moila
Tafe
Umbrias de Camacho
Cortelha
Vale Andreu
Junqueira
as
Pocilgoes
Vale Cova 115 m
Campeiros
Cerro do Anho
Botelhas Cabeço
Castro Marim
Vila Real de Sto. António
os
Borracheira
Alcaria
Carrapateira
Nora
Campeiros
Soalheiras
18
alhada e Algarvai
Taleiros
Vale de Ebros
Pomar
Lagoa
Ribeiro
Rio Seco
Monte Francisco
12
2
397
Corte Besteiros
Cotovio
Miguel Anes 229 m
Sesmaria
Esteiro da Leziria
Castro Marim
Ayamo
205
Ribeirinha
Estorninhos
Champana
Reserva Natural do Sapal de Castro Marim
14
Vila Real de Sto. António
da rta
Malhada de Santa Maria
Carriço
Ribeira da Gafa
Montinho
Monte Gordo
IP 1
125-1
122
13
Malhada do São
Zimbral
Malhada do Peres
Currais Boieiros
A 22
Santa Rita
Morgadinha
Aroeira
17
São Bartolomeu
Monte Gordo
15
Palheirinhos
Eira do Palma
IP 1
Nora
Coutada
Pocinho
Altura
Vila Nova de Cacela
Lagoa
125
Monte Gordo
Cascata Moinhos da Rocha
E 01
Valongo
Cacela Velha
16
Praia de Monte Gordo
Praia Verde
Paúl
São Marcos
Fábrica
Manta Rota
eca Malhão
397
Mato do Santo Espirito
125
Conceição
17
Praia d. Alagoas
Santa Margarida
Tavira
Praia de Manta Rota
Santo Estevão
270
Tavira
Cabanas
Armação da Abóbora
C
Sinagoga
Bernardi
206
Castelo
Barra do Cochido
B
Praia de Cabanas
Pedras d'el Rei
São Pedro
Santa Luzia
Praia
18
A

Abbildungsnachweis

© MAIRDUMONT GmbH & Co. KG
VERLAG KARL BAEDEKER

1. Aufl. 2016

Text: Dr. Andreas Drouve
Redaktion: Petra Sparrer
Projektleitung: Dieter Luippold
Programmleitung: Birgit Borowski
Chefredaktion: Rainer Eisenschmid

Kartografie: © MAIRDUMONT GmbH & Co. KG, Ostfildern
3D-Illustrationen: jangled nerves, Stuttgart

Anzeigenvermarktung:
MAIRDUMONT MEDIA
Tel. 0711/4502 333
media@mairdumont.com
media.mairdumont.com

Verlag Karl Baedeker / Redaktion
Postfach 3162
D-73751 Ostfildern
Tel. 0711 4502 262
smart@baedeker.com
www.baedeker.com

10 GRÜNDE
WIEDERZUKOMMEN

1. Über **3000 Sonnenstunden** pro Jahr machen die Algarve klimatisch zur Vorzugsregion.

2. **Strände** wie Sand am Meer und in allen Formaten, klein und versteckt oder kilometerlang.

3. Auf dass der nächste Jahrgang der **Algarve-Weine** auch wieder solch ein guter wird!

4. Was die Natur um die **Ponta da Piedade** modelliert hat, raubt stets aufs Neue den Atem.

5. Mögen sie ewig auf ihren Untergründen haften bleiben: die Bilder und Muster aus **Azulejos**.

6. Traumthron mit fantastischer Aussicht über den wilden Atlantik: das **Cabo de São Vicente.**

7. Zum Glück gibt es keine Großindustrien – so bleibt die **Luft** wunderbar gesund und seidig.

8. Die Gelassenheit und ruhige Art der **Menschen**, gepaart mit Gastfreund- und Hilfsbereitschaft.

9. Für Liebhaber von Fisch und Meeresfrüchten ist die Algarve ein **kulinarisches Paradies.**

10. Rad- und Wanderwege, Golfplätze, Wassersport – hier kann man sich wunderbar **auspowern.**